수천억의 부를 가져오는 감사의 힘

수천억의 부를 가져오는 감사의 힘

초판 1쇄 발행일   2021년 10월 18일
초판 3쇄 발행일   2023년 10월 16일

지은이   샤넬 서(서미림)
펴낸이   최길주

펴낸곳   도서출판 BG북갤러리
등록일자   2003년 11월 5일(제318-2003-000130호)
주소   서울시 영등포구 국회대로72길 6, 405호(여의도동, 아크로폴리스)
전화   02)761-7005(代)
팩스   02)761-7995
홈페이지   http://www.bookgallery.co.kr
E-mail   cgjpower@hanmail.net

ISBN 978-89-6495-228-3 03320

Thank You Power

수천억의 부를 가져오는

감사의 힘

샤넬 서 지음

BIG 북갤러리

'감사'의 비밀을 통해 부와 행복에 이르는 여정에 당신을 초대합니다

"부자일수록 행복하기 힘들지……. 돈이 많다고 고민이 없니?"

수화기 너머로 들려온 2조 원의 사나이의 답변은 충격적이었다. 평소 호기심이 많아 궁금한 것은 곧바로 질문해 답을 얻고 마는 필자의 "돈이 그렇게 많은데 왜 행복하지 않으신가요?"라는 다소 거침없고 솔직한 질문에 돌아온 답변은 나무망치로 머리를 두들겨 맞은 것 같은 충격을 주었다. 이는 인생의 가치관이 크게 바뀔 만큼 생각에 잠기게 했고 큰 여운을 남겼다. '만남이 운명을 바꾼다.'라는 말을 실감한 순간이었다. 그 길고 깊은 사색의 시간들은 결국 성공과 행복에 관한 놀라운 지혜와 진리를 선물해 주었다. 필자는 어느 순간, 속으로 쾌재를 불렀다. '그래. 바로 이거야!'

세계적인 성공철학의 거장 나폴레온 힐(Napoleon Hill), 그도 기자였을 당시 운명을 바꾸게 된 철강왕 앤드류 카네기(Andrew Carnegie)와의 만남을 통해 "보통 사람들도 반드시 성공할 수 있는 인생의 법칙을 완성해 달라."는 제안을 받고 세계 최대 거부들과 성공한 사람들의 인생 법칙을 연구했다. 그는 20년간 앤드류 카네기가 건네준 성공한 기업가 507명을 직접 인터뷰해 성공의 원리를 정리한 끝에 20세기 최고의 성공 철학서로 평가받아 5,000만 부이상 판매된 세계적인 베스트셀러이자 명저를 집필하게 되었다. 결국 앤드류 카네기, 토머스 에디슨, 헨리 포드, 모건, 질레트, 록펠러 등 세계 최대 거부들의 경험은 그가 성공학의 대가가 되는 원천이 되어 준 것이다.

이와 비슷하게 호기심이 많은 필자도 평범한 사람들도 부모 도움 없이 혼자 힘으로 자수성가 부자가 될 수 있는 성공원리가 무척 궁금해 자수성가한 부자들을 만나 인터뷰하며 연구했다. 필자도 나폴레온 힐과 같은 사람이 되고 싶었다. 그 과정 중에 '아메리칸 드림을 이룬 2조 원의 사나이'와의 만남을 통해 깨달은 성공의 진리들이 이 책을 집필하게 된 결정적인 계기가 되었다. 그는 가난을 극복하고자 맨손으로 미국에 건너가 회사를 2조 원에 매각하여 IT 업계에서 동양인으로 유례없는 큰 성공을 거뒀고 수백 명의 직원이 있는 백만장자가 되었다.

그는 성공 후 베벌리 힐스 중 거부(巨富)들이 사는, 대지가 1,000평이나 되는 집에서 욕실이 11개나 되고, 건물면적 400평이 넘는 큰 집에서 살게 되었다. 러시아 화가를 불러 천장 벽화를 그리는가 하면 각종 유명한 그림을 사들여 집안의 빈 벽을 채우는 데만 2년이 걸리는 등 온갖 화려한 삶을 살며 미국 상류층의 고급 사교 문화를 즐겼다. 그러면서도 그 행복이 오래가지 못했다는 그의 말이 충격으로 다가왔다. 필자는 한동안 깊은 생각에 잠겼다. '많은

돈을 버는 것이 끝이 아니구나······.'

 그와의 만남을 통해 돈이 전부가 아닌, '행복한 성공'이 진짜 성공이라는 진리를 깨달았다. 대부분의 사람은 돈과 명예를 얻는 것만이 '더 나은 삶'을 사는 길로 생각하고, 그래야 행복할 수 있다고 착각한다. 그래서 현재의 행복은 유보하고 높은 목표만 향해 달려간다. 그러나 진정한 행복이란 열정을 쏟아 도전하고 성취하는 과정 중에 느낄 수 있으며 남들로부터 인정받는 현재의 삶에 있다는 것을 깨달았다. 또한 그를 통해 행복은 돈이 아무리 많고, 성공한다고 해도 저절로 찾아오는 것이 아닌, 끊임없이 노력해야 얻을 수 있는 선물이라는 진리를 얻었다. 그는 평생 다 쓰고 가지도 못할 정도로 충분히 돈이 있으면서도 또다시 새로운 행복을 찾고자 리더십센터를 세워 교육사업에 열정적으로 도전하는 것을 봐왔다. 필자도 그의 새로운 도전을 응원하며 교육사업이 더 크게 번성할 수 있도록 자진하여 교육 관련 콘텐츠 출간의 기획을 도운 바 있다. 그런 후 교육사업은 더욱 빠른 속도로 번성했고 그의 '행복 다시 찾기 미션'도 대성공했다. 특히 2조 원의 사나이는 모든 것에 '감사'했다는 점이 인상적이었다. 보통은 흙수저, 가난한 집에서 태어난 자신의 상황을 한탄하며 불평한다. 그러나 그는 오히려 결핍으로 인해 성공할 수 있었다며 결핍에 감사하며 오히려 부족함을 성공비결로 활용했다. 그는 "나를 키운 것은 결핍이었다."라고 고백했고, 심지어 부모님으로부터 받은 가장 크고 소중한 유산은 바로 '가난'이라고까지 말했다.

 어려운 형편에서 자란 사람은 가난에서 벗어나기 위해 몸부림치는 과정에서 강한 정신력을 갖게 되는데 이 '헝그리정신(Hungry Mind)'이야말로 그의 성공의 원동력이었다며 감사했다. 만약 자신의 집안이 부유했더라면, 절실한 목표가 없었을 것이고 지금의 성공 또한 주어지지 않았을 것이다. 부모님은 그에게 단 한 푼의 재산도 물려주지 못하셨지만, 그는 '가난'이라는 훨씬 값진 유산을 물려받은 것이라고 감사해했다. 이처럼 극도로 긍정적이고 역경조차도 감사할 수 있는 사람이기에 맨손으로 수조 원을 벌 수 있었던 것이 아닐까?

필자가 그동안 많은 성공자를 만나 인터뷰하고, 수천만 원의 교육과 수많은 성공학책을 읽으며 발견한 흥미로운 점은, 성공한 부자들은 이처럼 '감사의 힘'을 활용했다는 공통점이 있었다. 솔직히 필자도 처음에는 그들이 말하는 '감사의 힘'을 믿을 수 없었다. 그런 이야기들은 '지루하고 뻔한 이야기'라고 생각한 적도 있었다. '성경'에 나오는 구절 중 "항상 기뻐하라 쉬지 말고 기도하라 범사에 감사하라."는 말은 수천 번도 더 들었던 이야기였다.

그러나 자수성가 부자들을 연구하면서 과학적으로도 증명된 감사의 효과에 대한 방대한 자료와 전 세계 성공자들의 사례들을 분석하고 연구할수록 필자의 생각은 엄청난 착각이었음을 깨달았다. 감사하면 좋다는 것은 누구나 알고 모든 문화와 종교에서 내려오고 있는 중요한 덕목이다. 그러나 알면 알수록 감사에는 놀랍고 충격적인 성공의 비밀이 숨겨져 있음을 발견하게 되었다.

성공적인 삶을 사는 사람들은 다른 사람들이 절망하는 어려운 상황에서도 감사하는 마음을 잃지 않는 특별한 능력을 지녔다. 이 책에서는 부와 행복을 실현하기 위한 구체적인 방법론으로 '감사'에 주목했다. '어떻게 감사가 우리 삶을 더욱 행복하고 부유하게 바꿀 수 있는가?'에 대해 근본적으로 살펴보았다. 감사가 습관이 되면, 우리 삶에 놀랍도록 새로운 행복을 가져다준다. 그렇다. 감사는 기적을 가져온다고 확신한다.

필자는 감사하는 마음이 우리의 성공과 행복에 큰 영향을 미친다는 한 조사 결과를 접하게 된 후, 이 분야에 더욱 흥미를 갖게 되었다. 만일 감사가 뇌파를 변화시킨다면(몸의 변화는 마음과 밀접하게 연결되어 있다는 사실로 미루어 볼 때) 감사하는 마음은 우리 몸에 좋은 영향을 미친다는 것을 의미했다. 분노나 스트레스, 원한 등의 감정이 몸에 부정적인 영향을 미치는 것과 같은 이치였다. 뇌파가 감정 상태를 반영한다는 사실은 이미 과학적으로 입증되었다. 따라서 감사하는 마음이 주변 환경이나 인간관계를 이해하고 해석하는 데 긍정적인 영향을 미칠 수 있을 거라 추측할 수 있었다.

감사하는 마음이 몸에 미치는 영향을 증명한 과학적인 자료들도 샅샅이 찾아보았다. 그 과정에서 많은 과학자가 여러 감정에 따른 생리적인 반응(특히 심장 박동수와 뇌파의 변화)을 측정했다는 사실을 발견했다. 그리고 '감사'는 우리 심장이나 몸 그리고 정서에 매우 좋은 반응을 일으킨다는 결과도 나와 있었다. 혈압이 떨어지며, 심장 박동이 느려지고, 소화 작용을 촉진한다는 것이다. 또한 마음이 평온해지고, 스트레스가 감소하며, 면역계의 활동도 증가하는 것으로 나타났다. 이처럼 시간이 흐르면서 '감사하는 마음'에는 기대 이상으로 놀라운 힘을 가졌다는 사실을 깨닫게 되었다.

이 책을 통해 여러분과 '감사'를 공유하게 된 것을 매우 기쁘게 생각하고 진심으로 감사한다. 감사는 우리의 영혼에 필수 비타민 같은 작용을 한다. 필수 비타민이 부족하면 신체적인 건강을 잃듯이 감사가 부족하면 삶의 균형이 무너지고 불행하고 각박한 생활을 하게 된다.

물질적인 성장에 온 국민의 관심이 쏠려 있었기에 우리나라는 세계가 놀랄 정도로 고성장을 이루었고, IT 산업과 문화 산업에서 세계적으로 이름을 뽐내고 있다. 그러나 모든 것에는 양면성이 있다. 모두가 지금보다 더 잘 살아야 한다는 강박적인 열망만을 추구하며 현재에만 초점을 맞춰 우리가 이미 가진 것에 감사한 마음을 가지지 못했던 것이 사실이다. 이제 다시 초점을 돌려 감사를 우리 생활의 중심으로 삼아 매일을 살아간다면 물질적인 풍요와 함께 영적인 풍요와 행복도 누릴 수 있을 것이다. 감사의 문화가 펼쳐지는 데 이 책이 보탬이 되었으면 한다. 감사는 영혼을 살리는 힘이 있으며, 그 기적을 직접 체험해 보기 바란다.

이 책을 쓰는 것 자체가 필자에게 감사였다. 누군가에게 글로 희망과 용기를 전할 수 있다는 것은 즐거움이었고, 감사한 일이다. 성공과 행복한 인생의 놀라운 진리를 선물해 주신 '아시아의 빌 게이츠' 스티브김 이사장님 그리고 나의 하나님께 감사드린다.

2021년 9월

샤넬 서(서미림)

차례 Contents

CHAPTER 1

감사의 힘으로
엄청난 부를
얻는 방법

감사의
힘으로
엄청난 부를
얻는 방법

01 돈을 부르는 부자들의 말버릇

일본의 베스트셀러 작가 혼다 켄은 세무사인 아버지 덕분에 어릴 적부터 돈에 관심을 가졌다. 그는 대학 때 지인의 소개로 전 세계 성공한 사람들을 인터뷰하며 돌아다녔다. 당시 나이는 스무 살에 불과했으나 미국, 화교권, 인도, 유럽 등의 대부호들 눈에 들어 그들과 생활하는 행운을 가졌다. 그들과 대화를 통해 인생과 비즈니스, 돈 그리고 많은 것들을 배웠다. 그중에 꽤 흥미로웠던 것은 그들의 가르침이 신기하게도 같았다는 사실이다. 돈에 관한 생각과 대인관계, 사업을 하는 방법 등 문화적인 차이는 있으나 성공한 부자들의 말은 큰 줄기가 같았다는 것이다.

그는 성공한 부호들의 가르침을 삶에 잘 적용해 30세에 직장을 그만두고 육아 중심의 생활을 할 수 있었고, 주위 친구들은 그의 충고를 듣고 벤처사업 등으로 성공해 젊은 나이에 퇴직하고 풍요롭게 살 수 있었다. 부자들의 공통점을 연구한 그가 행복한 억만장자를 말하는 '경제자유인'이라고 부르는 이들은 경제적으로 자유를 얻었을 뿐만 아니라 시간의 자유도 손에 넣은 사람들이다. 이른바 프리리치(Freerich)라 할 수 있다. 행복한 억만장자들을 관찰해보면 보통 사람과는 다른 독특한 사고방식과 습관이 있다는 것을 깨달은 그는 저서《운을 부르는 49가지 말》에서 운명이 크게 좋아지는 말을 다음과 같이 꼽고 있다. 대부분이 감사와 관련된 것이다.

1. 감사할 줄 아는 사람에게는 운이 찾아온다.
2. 운이 좋은 사람은 감사 답변이 빠르다.
3. 감사는 슬픈 과거를 운이 좋은 과거로 바꾼다.
4. 자신에게 감사를 많이 하는 사람일수록 성공한다.
5. 신성한 장소에서 감사 명상을 한다.
이처럼 감사가 우리에게 주는 유익은 수없이 많다.

전 세계 베스트셀러《시크릿》의 공동 저자 존 디마티니(John Demartini)는 그의 저서《고마워, 한마디의 기적》에서 부를 축적하는 가장 중요한 도구는 바로 감사라고 했다. 그는 부를 축적하는 데에는 두 가지 주요한 원리가 있는데 먼저 자신의 가치를 인정해야 하고, 다음으로는 부의 가치를 인정해야 한다고 한다. 돈이 그 가치를 알아주는 사람에게 자동으로 흘러 들어가는 것은 당연한 일이다. 또한 돈은 사람과 똑같이 사랑받기 원하고 가치를 인정받고 싶어 하기에 당신이 누군가를 무시하고 존재 가치를 인정하지 않을 때 그 사람은 당신 곁을 떠나간다고 한다. 사람과 같이 돈 역시도 그 가치를 인정받을 수 있는 다른 곳으로 훌쩍 떠나버리는 것이다. 돈이 마치 인격을 가진 사람과 흡사하다는 사실에 놀라웠다.

또한 그는 "돈에 대한 우리의 가치를 보여주려면 돈을 연구하고, 돈에 대해 배우고, 돈에 관심을 가지고 돈을 지배할 수 있어야 한다."면서 1,000명의 사람에게 다음과 같이 물어보았다. "여러분들 중 부자가 되고 싶은 분은 손 들어보십시오." 이때 1,000명 모두의 손이 높이 올라가자 다음과 같이 물었다. "여러분들 중 지금 부자이신 분 손들어보십시오." 이번엔 드물게 몇 명만 손을 들었다. 이는 돈이 그들의 가치목록에서 낮은 순위에 포진해 있다는 것을 반증하는 것이다. 이처럼 우리의 가치체계가 우리의 재정적인 운명을 결정짓는다는 말은 부의 진리이다.

그는 또 감사의 마음을 지닐 때 우리의 존재 가치 역시 올라가고 감사를 잃으면 가치는 내려간다고 한다. 자존감과 순 자산 가치는 상호 관련성이 높아서 자기 존재를 감사히 여기지 않으면, 고객이나

> '감사합니다.'라는 말에는 몸과 마음에 쌓여 있던 부정적인 에너지를 긍정적인 에너지로 바꿔주는 엄청난 파워가 있고, 부정적인 에너지가 중화되고 우주 파이프가 깨끗해져서 긍정적인 에너지가 채워지기 시작해야 비로소 우주와 연결되어 있다는 감각을 느낄 수 있다.

고객의 요구를 인정하지 않고, 돈 그 자체를 인정하지 않는다면 이 모든 것은 우리 곁에 머무르지 않는다는 것이다. 그래서 부와 재산을 쌓으려면 자기 자신과 돈의 가치를 진심으로 인정할 줄 알아야 한다. 돈의 가치를 낮게 평가하고 부자를 욕하면서 자산가가 되기를 원한다는 것은 앞뒤가 안 맞는 말이다.

또한 "자존감이라 부를 수 있는 스스로에 대한 긍지를 지니는 것과 순 자산 가치라 부를 수 있는 부에 대한 가치를 인정하는 것은 모두 감사효과의 최고의 산물들"이라고 밝힌 존 디마티니는, 재산을 형성하고 싶다면 가장 우선으로 해야 할 일은 부가 제공하는 것들에 감사하는 법을 익히라고 한다. 이처럼 감사효과를 활용할 줄 안다면 부를 쌓고 부가 날로 늘어나는 기적을 체험할 수 있다.

[부의 여정을 인도하는 자기긍정의 말들]

내게 허용된 재정적인 풍요에 감사하다.
내가 지닌 넉넉한 재산에 감사하다.
현재의 재산 형태들에 감사하고 곧 나타날 형태들에도 감사하다.
서비스를 제공할 기회를 제공받은 데 감사하다. 더 많은 서비스를 제공할수록 더 많이 얻는다.
나에게 수십억을 벌어다 준 나의 서비스에 감사하다.
서비스를 제공해준 돈에 감사하다.
내 생활 수준을 높여준 돈에 감사하다.
나는 일하는 것을 좋아한다. 나는 사람들에게 서비스를 제공하는 것을 좋아한다. 그리고 나는 그에 대한 경제적인 보상을 받는 것을 좋아한다.

《고마워, 한마디의 기적》, 존 디마티니 지음, 비전코리아)

의류점을 운영하면서 진 2천만 엔의 빚 때문에 파산 지경에 몰렸다가 벼랑 끝에서 우주와의 연결을 생각해내고, 긍정적인 말버릇으로 잠재의식을 정화함으로써 2천만 엔의 빚을 모두 변제하고 인생을 역전시키는 데 성공한 고이케 히로시는 그의 저서 《2억 빚을 진 내게 우주님이 가르쳐준 운이 풀리는 말버릇》에서 "인간의 의식은 우주의 진리와 연결되어 있는데, 이런 기본적인 의식이 '현재 의식'이라고 한다. 이는 평소 인간이 자신의 작은 사고회로로 생각하는 의식이며, '잠재의식'에는 현재 의식의 6만 배나 되는 용량이 있다."고 한다. 그러나 오랜 시간 동안 자신에 대한 부정적인 말만 하면 소원을 주문하는 데에 필요한 우주 파이프에 부정적인 에너지가 흘러 들어가, 파이프가 손상되어 애써 결과를 정하고 주문을 해도 주문을 이룰 수 있는 힌트를 받기 어려워진다고 한다.

그래서 우주로 보내는 주문이 잘 통과하게 만들려면 먼저 지금까지 말했었던 부정적인 말만큼이나 '감사합니다.'를 외쳐서 중화시켜야 잠재의식이 정상 상태로 되돌릴 수 있다고 한다. 그는 '감사합니다.'라는 말에는 몸과 마음에 쌓여 있던 부정적인 에너지를 긍정적인 에너지로 바꿔주는 엄청난 파워가 있고, 부정적인 에너지가 중화되고 우주 파이프가 깨끗해져서 긍정적인 에너지가 채워지기 시작해야 비로소 우주와 연결되어 있다는 감각을 느낄 수 있다는 말이다.

또한 부자가 되고 싶다면 부자를 연출해야 하고, 이처럼 원하는 자신의 모습을 연출하면 소원이 이루어진다고 한다. 원하는 자신이 되거나 원하는 것을 손에 넣기 위해 이미 그런 자신이 되거나 원하는 것을 손에 넣기 위해 이미 그런 자신이 된 것처럼 연출하는 것은 우주로 보내는 강력한 주문이 된다는 것이다. 말의 힘은 위대하며, 돈이 더 들어오기를 원한다면 "내게는 충분한 돈이 있어."를 말버릇처럼 사용하면서 항상 그 증거를 찾아 연결시키라고한다. 예를 들어 "오늘 맛있는 저녁 식사를 했어. 그러니까 충분한 돈이 있는거야.", "이번 달 집세를 지불했어. 그러니까 내게는 충분한 돈이 있는 거야."라는 식으로 근거를 대면서 말이다.

그런가 하면 부자가 될 수 있는 사고방식을 다룬 《진짜 부자들의 돈 쓰는법》의 저자 사토 도미오도 그의 저서에서 "언제 어디서든 돈에 감사해야 한다."고 주장한다. 가령 "오늘도 돈이 있어서 멋진 생활을 할 수 있었어. 돈은나에게 자유와 쾌적함을 안겨주고 꿈의 실현을 도와주고 있어. 돈아, 정말로고마워." 이처럼 돈에 대한 진심 어린 감사의 마음은 이와 같은 자신의 행위를 긍정하고 모든 것에 기분 좋은 에너지를 발산시키는 기적과 같은 행위가된다. 그러면 자율신경계는 그것을 쾌적하다고 인식해 당신이 더 즐겁게 일할 수 있게 만들어 더욱더 많은 돈을 벌 수 있게 선순환된다는 원리이다. 이처럼 돈에 진심으로 감사할수록 점점 더 부자가 될 수 있다는 사실을 과학적인 원리로 명쾌하게 풀어줘서 이것을 머리로 받아들인다면 가슴으로 받아들일 수 있고, 행동으로 받아들여서 이것이 꾸준히 반복된다면 성공자의 '습관'으로 형성돼 사람의 운명을 바꾸게 된다는 사실은 소름 끼치게 놀랍고 가슴벅찬 일이 아닐 수 없다.

부자가 되는 가장 쉬운 방법은 부자들만의 습관과 이미 검증된 부자들의 방법을 그대로 '모방'하는 것이다. 당신도 부자가 되기를 꿈꾸는가? 필자는 자수성가 분야의 최고 멘토인 이승주 소장과 더불어 각 분야 전문가들과 함께 '1천 명의 자수성가 부자 양성하기' 비전을 품고 '자수성가 공부방(이하 자공방)'을 운영 중이다. 네이버에서 '자수성가 공부방'을 검색하면 '자수성가 공부방'의 네이버 카페와 홈페이지가 나온다. 누구라도 부모의 도움 없이 맨손 혹은 최소한의 자본으로 밑바닥 인생에서 안전하게 자수성가를 할 수 있는 확실한 방법을 안내해 주고 있다. '자수성가 공부방'은 소자본으로도 안정적으로 자수성가할 수 있도록 전력과 전술을 가르치고 공유하는 곳이다. 아무런 경험과 전략 없이 도전하는 사람과 철저한 전략과 기획으로 도전하는 사람의 결과는 다를 수밖에 없다. 누구라도 맨손으로 안정적으로 자수성가를 갈망하는 사람은 카카오톡 친구 채널 검색창에서 '자수성가 공부방'을 검색해 채널을 친구 추가하고 1:1 메시지로 '자수성가 부자가 되고 싶어요.'라고 남기거나 네이버에서 '자수성가 공부방' 카페와 홈페이지를 검색하면 부자 되는 방법에 대한 유익한 정보를 얻을 수 있고, 각 분야 전문가들과의 연계를 통해 가장 빠른 자수성가 방법을 안내받을 수 있다.

02 누구나 행복한 억만장자가 될 수 있다

고마워하는 마음이 가져온 놀라운 행운에 대한 다음 이야기를 소개한다. 미국 텍사스 댈러스에 사는 맥클러 박사는 동료 연구자와 함께 재미있는 실험을 생각해냈다. 처음에는 실험 대상이 없어 고민했지만, 마침내 기지를 발휘했다. 캘리포니아대학 신문과 게시판에 "실험에 참여하는 학생은 좋은 학점을 줄 테니 신청하라."는 안내문을 실었다.

다음 날부터 지원자가 수백 명씩 몰려 왔다. 맥클러 박사는 회심의 미소를 짓더니 지원자 중에서 300명을 선발해 100명씩 세 그룹으로 나누었다. 그리고 그룹마다 다음과 같은 과제를 내주었다.

1그룹 : 오늘 일어난 일들을 모두 적으시오.

2그룹 : 오늘 기분 나빴던 일들을 모두 적으시오.

3그룹 : 오늘 감사했던 일들을 모두 적으시오.

이 재미있는 실험은 3주 동안 계속되었다. 드디어 3주가 지났다. 과연 어떤 결과가 나왔을까? 우선 3그룹 학생들은 3주 동안 가장 행복했다고 답했다. 스트레스도 거의 받지 않았다고 고백했다. 그리고 그동안 병이 난 사람은 한 명도 없었다고 했다. 모두 활기가 넘쳤으며 밝은 표정으로 사람들을 대했다. 반대로 2그룹 학생들은 다른 때보다 친구들과 더 많이 다투었고, 남자 친구나 여자 친구랑 헤어지기도 했으며, 위장병이 생겼다고 했다. 물론 표정도 나빠졌다. 맥클러 박사는 다음과 같은 실험 결과를 발표했다.

- 감사하는 사람은 스트레스를 잘 받지 않는다.
- 감사하는 사람은 다른 사람보다 더 행복하다고 느낀다.
- 감사하는 사람은 힘이 넘치고 병에 잘 걸리지 않는다.
- 감사하는 사람은 다른 사람에게도 기쁨을 준다.
- 감사와 불평은 바이러스와 같아서 다른 사람을 전염시킨다.

감사는 우리 영혼에 필수 비타민 같은 작용을 한다. 감사는 더 큰 감사를 불러온다. '진심으로 감사하는 마음은 감사할 일들을 자꾸 끌어들이는 마력을 지니고 있다.' 이처럼 지극히 단순한 이 비결을 깨달아야 한다. 감사가 다른 감사를 끌어들이기 위한 필수 요소는 간절함과 순수함이다. 매 순간 감사할 요소를 찾아보면 놀라운 기적을 경험할 수 있다. 나의 내면에 먼저 감사가 차고 넘쳐야 나의 외적인 부분을 변화시킬 수 있다. 감사는 분명 현재 상황을 변화시킬 뿐 아니라 더 좋은 상황을 끌어들이는 힘을 가지고 있다. 우리에게 필요한 건 그 힘을 사용하는 방법을 제대로 아는 것이다.

"모든 사람은 부자가 될 권리를 가진다."고 주장하고 실제로 부자가 될 수 있는 행동 원칙을 제시한 《부자마인드 수업》의 저자 월러스 워틀스의 책은 금세기 자기계발서와 성공철학서의 시조가 되었고, 나폴레온 힐이나 데일 카네기, 로버트 슐러, 주디스 포웰 박사와 같은 이들도 모두 그의 영향을 받았다.

그는 저서 《부자마인드 수업》에서 '부자'와 '감사'의 놀라운 비밀을 다음과 같이 설명한다.

"나는 부자가 되기 위한 첫 번째의 단계가 무형의 재료에 당신이 얻고자 원하는 것에 관한 생각을 전달하는 것이라고 밝혔다. 이것이 진실이며, 그렇게 하기 위해 당신은 조화로운 방식으로 무형의 재료와 필수적인 관계를 맺어야 한다. …… 정신적인 조화와 조율의 전체 과정은 '감사'라는 말 한마디로 요약될 수 있다. …… 도대체 감사의 느낌을 갖는 것이 무슨 법칙이 될 수 있는가 하고 의아해하는 사람이 있을지 모른다. 하지만 이것은 부자가 되기 위해서 따라야 할 법칙이다.

감사의 법칙은, 다른 사람은 여전히 가난한데 당신만 부자가 되었다는 이유로 느낄 수 있는 죄의식에서 벗어나도록 해준다. 또한 감사의 법칙은 부자가 되는 길에 정신적으로 완전히 집중할 수 있도록 돕는 기능도 가지고 있다.

감사의 결핍으로 여전히 빈곤 속에서 살아가는 사람들이 너무도 많다. 그들은 무형의 재료로부터 한 가지 선물을 받고는 그에 대한 감사의 표시를 소홀히 함으로써 무형의 재료와의 연결 고리를 끊어버린 것이다. …… 우리에게 좋은 일이 다가올 때, 그것을 다가오게 하는 어떤 힘에 대해 더 깊은 감사의 마음을 간직할수록 그것은 더 많이 더 빨리 다가올

- 감사하는 사람은 스트레스를 잘 받지 않는다.
- 감사하는 사람은 다른 사람보다 더 행복하다고 느낀다.
- 감사하는 사람은 힘이 넘치고 병에 잘 걸리지 않는다.
- 감사하는 사람은 다른 사람에게도 기쁨을 준다.
- 감사와 불평은 바이러스와 같아서 다른 사람을 전염시킨다.

것이다. 그 이유는 간단한데, 감사하는 태도는 그 축복을 가져오는 원천과 더욱 가까이 접촉하도록 마음을 이끌기 때문이다. …… 감사는 그 특정한 법칙에 따르도록 당신의 마음을 이끌었을 것이다. 그리고 감사는 당신으로 하여금 창조적인 생각에 집중하고 경쟁적인 생각에서 멀어지도록 도와준다.

오직 감사만이 당신의 모든 것을 볼 수 있도록 해주고, 부의 공급이 제한적이라는, 당신의 희망을 꺾는 치명적이고 잘못된 생각에 빠지지 않도록 해준다.

감사의 법칙이 있고, 이는 원하는 결과를 얻고자 한다면 절대적으로 준수해야 하는 법칙이다. …… 당신은 감사 없이는 많은 힘을 발휘할 수 없다. 왜냐하면 당신을 힘과 연결시키는 고리가 바로 감사이기 때문이다."

이처럼 부와 감사는 한 몸과 같이 매우 밀접한 관계가 있다.

부동산 개발업자 피터 커밍스는 감사편지로 기적과 같은 일을 경험했다. 그는 1998년 디트로이트 심포니 오케스트라의 단장직을 처음 맡고서는, 악

단에 500달러 이상을 기부하는 모든 이들에게 친필 감사편지를 쓰기 시작했다. 교향악단 후원자가 자기 이름 철자가 잘못 인쇄된 획일적인 감사편지를 받는다든지, 혹은 자신의 친구들이 단장의 서명 인장이 찍힌 일괄적인 감사편지를 받는다는 것은 안 될 말이라고 생각했던 것이다.

그가 친필로 써 보낸 감사편지 중에는 디트로이트의 유력 가문이자 허드슨 백화점의 상속녀인 메어리 웨버 파커라는 사람에게 보낸 것도 있었다. 그녀는 오래전에 디트로이트를 떠나 거의 평생을 캘리포니아에서 살았다. 당시에는 남편을 여의고 코네티컷주 하트퍼드의 부유층 전용 요양소에서 생활하고 있었다.

고향을 떠난 지 오래된 메어리가 무슨 이유에서인지 5만 달러짜리 수표를 고향의 교향악단에 기부하자, 피터는 신속하게 감사편지를 써 보냈다. 그녀는 그런 정중한 답례 편지가 오리라 전혀 예상치 못했다. 오케스트라가 새로이 활기를 되찾고 있으며, 그녀의 통 큰 기부도 오케스트라 활성화에 크게 한몫했다는 피터의 편지를 읽고(지난 20년 동안 디트로이트에 겨우 두 번밖에 찾아가지 않았던) 이 노부인은 크게 감동하였다.

2주 뒤 그녀는 5만 달러를 더 기부하겠다는 내용의 편지를 보내왔다. 피터는 다시 한번 편지를 보내, 호의에 더할 수 없이 기쁘고, 감사하며 조만간 직접 한 번 찾아뵙고 싶다는 뜻을 밝혔다. 그해 가을에 하트퍼드에 있는 대학에 등록하게 될 딸을 데리고 그곳에 갈 계획이 있었기 때문이다. 그는 파커 부인에게 연례 기부 캠페인에 동참해 달라고는 하지 않았다. 기금 조성 담당자들 사이에서 하는 말로, 그는 아무런 '요청'도 하지 않았다. 그저 진심으로 "감사하다."는 말을 직접 하려는 것뿐이었다.

몇 달이 지나갔다. 그리고 6월 13일 날짜로 보내온 편지에서 메어리 웨버 파커는 가을에 자신을 방문하겠다는 피터의 제안을 수락했다. 그리고 괜찮다면 5만 달러가 아니라 50만 달러를 디트로이트 심포니에 기부하고 싶다고 했다. 그것도 한 번이 아니라 1년에 한 차례씩 5년에 걸쳐서 말이다. 총 250만 달러에 이르는 거액이었다! 그것은 의무감에서 나온 행동이 아니었다. 누가 강요한 것도 아니었다. 그녀의 후원을 받아 내려고 필사적으로 애쓰는 사람들이 별로 없기 때문도 아니었다. 메어리가 그렇게 한 것은 누군가 그녀의 행동을 고마워하는 이가 있기 때문이었다. 진심으로 고마워하는 이가. 그것이 바로 감사의 힘이다. 일상생활의 퀴퀴한 공기를 신선하게 해주는 힘 말이다.

LA주 대법관이었던 존 크랠릭의 경우는 감사편지를 사람들에게 권하는 책을 썼다. 그는 2007년에 인생 최악의 시기를 보냈다. 당시 그는 의욕적으로 시작했던 로펌이 적자에 빠지게 되었고, 통장은 텅 비었으며, 아내와는 이혼소송 중이었고, 딸마저 빼앗길 위기 상황이었다. 남은 것이라곤 외로움과 우울증뿐이었던 그는 주변 사람들에게 15개월 동안 365통의 감사편지를 보내기 시작하면서 인생의 놀라운 변화를 경험했다고 한다. 그가 365번째 감사편지 쓰기를 마쳤을 때 몸무게도 줄고, 사업은 번창했고, 자식들과 관계가 좋아졌고, 사랑하는 사람을 다시 만나게 되었고, 친구들과의 관계도 회복되는 등 좋은 일이 넘쳐났다고 한다.

감사가 충만한 사람들은 감사가 부족한 사람들에 비해 긍정적인 감정이나 삶에 대한 만족도가 높고, 우울증이나 근심, 질투심 같은 부정적인 감정이 적다는 것이 증명되었다. 그들은 이해심이 많고, 용서를 잘하고, 협조적이고, 도움을 베푸는 사회 지향적인 성향을 지니고 있다. 감사의 삶을 살다 보면 모든 것이 긍정적으로 된다. 모든 생각의 관점이 바뀐다. 모든 삶의 태도가 바뀐다. 감사를 생활화하다 보면 전인격적인 변화가 일어난다. 모든 일에, 모든 이에게, 모든 환경에 감사하게 된다. 아침에 일어나면서부터 감사 거리를 찾게 된다. 또 감사의 삶을 살다 보면 고도의 지혜와 통찰력 그리고 창의력과 분석력, 포용력이 생긴다. 또 긍정적인 자아상을 갖게 되어 아름다운 상품이 개발되고 대인관계 능력이 생긴다. 사람의 성품과 삶을 바꾸는 최대의 원동력은 '감사의 능력'이다.

[감사 십계명– 감사란 무엇인가]

1. 감사는 마음을 다스리는 명약이다.
2. 감사는 행복을 누리는 지름길이다.
3. 감사는 고집을 허무는 시작이다.
4. 감사는 포기하지 않는 생명이다.
5. 감사는 활력을 주는 기름이다.
6. 감사는 찾지 않으면 잊어버리는 망각이다.
7. 감사는 퍼낼수록 샘솟는 우물이다.

8. 감사는 가꿀수록 아름다운 보배이다.

9. 감사는 경주할수록 잘 달리는 말과 같다.

10. 감사는 언제나 유용하다.

03 일곱 번 실패에도 1조 규모 회사로 일으킨 비결

스노우폭스 도시락으로 유명한 김승호 회장은 빈손으로 10년 만에 순재산 4천억 원을 쌓고, 총 매출이 연간 3,500억 원으로, 전 세계에서 가장 큰 도시락회사를 만들어 연간 매출 1조 원을 목표로 하는 50대 초반의 미국 사업가다. 자수성가한 그는 1987년 중앙대를 자퇴, 미국으로 건너가 일곱 번이나 사업에 실패하고 오뚝이처럼 일어선 긍정의 아이콘이다. 가족을 위해 하루도 빠짐없이 일하던 노동자 아버지를 둔 그는 겨우 굶지 않을 정도의 어린 시절을 보냈다. 그러나 그는 지금 미국 정부와 한국 정부에 1년에 수백억의 많은 세금을 내는 거부이자 밑바닥에서 올라선 자수성가의 표본이 되었다.

실제로 그는 그의 저서 《돈의 속성》에서 "질이 좋지 않은 돈은 주인을 해칠 수 있기 때문에 항상 좋은 돈을 벌어 자신은 절제하고 아랫사람에겐 너그러워야 한다."고 했다. 가령 환경미화원이나 기사, 식당 직원, 편의점 아르바이트생에게도 항상 감사하는 마음을 가져야 한다고 강조했다. 자신이 큰 부자일수록 자신을 부자로 만들어 준 소중한 세월과 사회에 더더욱 감사하는 마음을 가져야 한다는 것이다. 작은 부자는 본인의 노력으로 가능할지 모르지만, 큰 부자는 사회구조와 행운이 만들어주기 때문이다. 역시 밑바닥에서 자수성가한 그 역시도 감사함을 기본으로 갖춘 인물이었다.

여기서 느낀 것은 자수성가한 부자들의 공통점인 '감사'와 '겸손'은 쌍벽이라는 사실이다. 그도 자만하지 않고 스스로가 노력해 사업에 성공한 것 역시 운이라고 말한다. 이 사업이 시작되고 확장되는 시기에 자신이 그 도시에 있었기 때문이라고 겸손하게 운이 좋았다고 말한다. 그래서 이것을 실력 아닌 운이라고 말하는 것이다. 그런데 필자는 이 부분에서 약간은 충격이었다. 보통은 나 스스로가 잘났기에 해낸 것이라고 자만하기 쉬운 것이 인간인데 스스로가 올라간 최고의 자리에서 겸손까지 갖춘다는 것은 정말 어렵다는 것을 잘 알고 있기 때문이다. 그는 다른 사람보다 자신이 대단한 것은 딱 한 가지, 스스로 운이라는 사실을 알고 있다는 점이다. 이것이야말로 그가 주어진 부에 항상 감사하고 겸손해져야 하는 근본적인 이유라고 한다.

《생각의 비밀》에서도 성공한 사업가들의 8가지 공통점에 관해서 설명했다. 그는 여러 업종에서 여러 유형의 사업가들을 만날 기회가 있었는데 일정 규모로 사업을 키운 분들은 정말 다양한 경영방식을 가지고 있음에도 비슷한 공통점을 가졌다고 한다. 이들에게서 배운 공통점 중 첫 번째는 "비난이나 칭찬에 의연하다. 비난을 받는다고 의기소침하지도 않으며 칭찬을 받는다고 흥분하지도 않는다. 언젠가 비난은 사라지고 열성 지지자는 한순간에 가장 반대편 앞에 선다는 것을 알기 때문이다."리고 했다. 성공한 사업가들은 어떠한 상황에서도 긍정적인 태도를 유지할 수 있는 정신력이 평범한 사람들과 다르다. 보통은 비난받는 상황에서는 좌절하고, 칭찬을 받는 순간 자만심이 눈을 가려 화를 불러오는 상황도 생기기 마련이다. 그러나 성공한 사람들은 역시 긍정적이고 마음의 중심이 흔들리지 않는 내면의 성숙함을 보여준다.

또한 성공한 사업가들의 다음 공통점으로는 "작은 일엔 세세히 관심을 가지나 큰 사고에는 무심하다."고 한다. 사실, 큰 사고에 무심한 척할 수 있는 것은 '뿌리가 흔들리면 줄기와 가지는 기절한다.'는 것을 본능적으로 알기 때문이라고 한다. 그러므로 큰 사고 시에는 항상 무심한 듯 냉정함을 유지함으로써 사고를 해결하고, 작은 일은 그 작은 일이 큰 사고로 이어질 수 있기에 세세히 관심을 기울인다고 한다. 이처럼 성공자들은 공통으로 각기 긍정적이고 흔들림 없는 강한 마음의 내공을 갖고 있다.

지금은 세계 최고라는 수식어가 붙어도 손색이 없을 만큼 엄청난 자산을 일군 김승호 회장도 한때는 절망의 시기가 있었다. 9 · 11 여파가 가까스로 회복되어 가자 8개월에 걸친 매장 앞 도로 확장 공사로 인해 매출은 완전히 끊어져 세 번째 사업 실패의 고배를 마시기도 했다. 그는 모퉁이 구석 길가에 차를 세워두고 귀를 막은 채 소리를 질렀다고 한다. "악~~~. 악~~~." 그리고 집으로 돌아가 잃어버린 재산보다 상처받은 자존심을 염려하는 아내의 무릎에서 애처럼 흐느껴 울었다. 그는 그 후로도 실패가 반복됐지만, 패배는 반복되지 않았다고 할 정도로 긍정적인 마인드를 유지했다. 아프고 힘들었던 시절부터 그에게는 강한 확신이 있었다. 지금은 비록 계속되는 실패로 매우 힘든 상황이지만 마음속으로 긍정과 희망으로 패배를 스스로 인정하지만 않는다면 그와 같은 성공은 누구나 누릴 수 있다는…….

한편, 그는 '성공한 사업가의 최고의 선행은 자신의 성공을 다른 사람과 공유해야 한다.' 그리고 '가장 이타적인 것이 가장 이기적인 성공 비결'이라는 사업 철학을 몸소 실천하며 일 년 중 4개월을 한국에 머물며 자신의 실패와 성공 스토리를 성공 도전자들과 나누고 있다. 그는 일곱 번이나 실패했지만, 그에게 가르쳐주는 선배가 없어서 실패를 통해 배울 수밖에 없었다. 그게 큰 경험이 되었다. 그렇게 계속되는 실패를 하면서도 언젠가는 큰돈을 벌게 될 것이라는 강한 확신이 있을 정도로 긍정적이고 실패의 순간에도 항상 감사하며 새로운 기회를 모색하는 긍정적인 사람이 어찌 성공하지 않을 수 있을까?

필자 역시도 다양한 성공학 관련 교육을 수강하면서 성공자들은 항상 감사하는 습관으로 마음의 내공을 쌓고 있다는 공통점을 발견할 수 있었다. 아마 성공학 관련 책을 최소 수백 권 이상 탐독해 보았거나 수많은 성공학 관련 교육에 참여해본 독자들은 공감할 것이다. 상위 10% 성공자들의 공통점이 긍정적이고 감사하는 습관이라는 것을……. 감사는 우리가 이미 갖고 있는 것을 알아차리는 것이다. 그렇기에 부족한 것에 초점을 맞추지 말고 이미 소유한 것에 감사한 마음을 가져야 한다. 그래야 나를 성공으로 이끄는 작은 기회라도 발견할 수 있다.

긍정심리학의 창시자라 불리는 마틴 셀리그만(Martin E. P. Seligman)이 미국심리학회 회장을 맡으면서 심리학의 패러다임 전환이 시작되었다. "약점이 아니라 강점을, 건강한 사람들의 삶을 충만케 해야 하는 것에 관심을 가져야 한다."는 그의 주장은 어느 정도 우리를 위로해 준다. 이후로 사람들은 긍정에 열광하기 시작했다. 긍정심리학자들이 말하기를 사람들은 저마다 강점을 가지고 있고, 그 강점을 활용하며 살 때 행복해진다고 한다. 그러나 우리의 현실은 그렇지 못했다. 어린 시절부터 잘하는 것보다 못하는 것에 지적을 당했고, 성인이 되어서도 자신의 약점을 끌어올리려는 시도와 노력을 해왔다. 하지만 이렇게 단점을 보완하기 위해 작심하고 시도하지만 쉽게 달라지지 않았다. 오히려 단점에 주목하다 보니 자신감은 사라지고, 자기효능감은 멀어져만 가는 비극이 반복되어왔던 것이다.

반면, 긍정심리학자들은 이제 단점이 아니라 강점에 주목하자고 말한다. 강점은 누구나 가지고 있고, 강점이 없는 사람은 없다는 것을 명심하라고 주장한다. 우울함

> 긍정적인 사람들은 그들 주위의 사람들이 행복해지도록 영감을 불러일으킨다. 그래서 리더의 마음 상태가 중요하다. 리더가 긍정적인 마음을 가지고 주변 사람들을 북돋워 준다면, 그 팀은 최고의 팀워크를 유지하며 좋은 실적을 거두게 된다.

에 젖어 있을 때는 나의 강점이 없어 보이지만, 이때가 자신의 진짜 강점을 찾아야 할 시기라고 말한다. 착한 사람에게만 보인다는 무엇인가가 있듯이, 자신에게 강점이 있다고 믿는 사람들만이 강점을 찾을 수 있고, 강점을 제대로 발휘할 수 있다.

무엇이 강점일까. 대표적인 긍정심리학자인 마틴 셀리그먼과 크리스 피터슨(Chris Peterson)은 각종 문헌과 실험조사, 각 문화, 경전, 고전에 담아있는

내용을 종합해서 24개의 강점을 제시했다. 24개의 강점은 다음과 같다.

1. 지혜와 학식 : 창의성, 호기심, 열린 마음, 학구열, 통찰력
2. 용기 : 진실, 용맹, 끈기, 열정
3. 인간미 : 친절, 사랑, 사회적 지능
4. 정의 : 공정함, 통솔력, 협동심
5. 자제력 : 용서, 겸손, 신중함, 자기통제력
6. 초월성 : 미적 감각, 감사, 희망, 유머, 영성

피터슨에 의하면 사람들은 대표적인 강점을 가지고 있고, 이 강점을 발휘하면서 살아갈 때 자기실현 욕구를 충족시키며, 자기 유능감을 맛볼 수 있다고 말했다. 그리고 강점이 없는 사람은 없으며, 단지 강점을 아직 발견하지 못한 것이라고 강력하게 주장한다. 자신에게도 강점이 있다고 믿고, 그것을 발견해 발휘하려 할 때, 역경을 극복하려는 힘을 얻을 수 있다.

역경에 부딪혔을 때 자신에게 잘난 것 하나 없어 보이는 비관적인 태도를 벗어서 던져 버리고, 자신이 잘하는 것에 주목하면서 그 강점을 빛낼 기회를 찾는 것이 중요하다. 회복 탄력성을 구축하면 에너지가 생긴다. 역경을 두려워하지 않고 그대로 인정하되, 역경을 스승으로 삼고 다시 일어서는 것이 회복 탄력성이다. 오뚜기처럼 다시 일어나는 힘을 가지고 있으면 감사가 보인다. 동시에 감사가 보이면 다시 회복할 수 있다. 회복탄력성과 감사는 나선형 선순환으로 우리를 더 강하게 만든다.

또한 감사와 긍정적인 태도는 일할 때도 경쟁력 있게 만든다. 긍정심리학의 거장 마틴 셀리그먼 교수의 연구 결과를 보면 '긍정주의 조사'에서 상위 50% 긍정적인 세일즈맨이 하위 50% 인력들보다 37% 높은 실적과 낮은 이직률을 보였다고 한다.

그리고 비판적이고 부정적인 사람들보다 창의적인 문제 해결도 탁월하게 잘한 것으로 나타났으며 긍정적이고 감사하는 사람이 그렇지 않은 사람보다 더 오래 산다는 결과가 나왔다. 사람의 행복 결정요인들의 합이 10이라고 할 때 5는 '유전적인 요인'이요, 4는 '의도적인 활동', 1은 '환경적인 요인'이라고 한다. 유전적인 요인과 환경적인 요인은 우리가 어찌할 수 없는 부분이다. 그러나 행복을 결정하는 변수는 '의도적인 활동 요인'이다. 사람이 스스로의 노력에 의해, 즉 마인드를 바꾸어서 긍정의 마인드와 감사의 마인드로 바꾼다면 지금 느끼는 행복보다 40%는 더 행복하게 살 수 있다고 밝히고 있다.

인생을 살다 보면 시기심과 질투 또는 원망과 슬픔을 겪기 마련이다. 그렇다고 이러한 부정적인 감정 속에 휘말린다면 하루하루가 곤혹스러운 세상살이가 될 것이다. 부정적인 감정이 마음에 들어설 때는 부정적인 감정을 풀어내고 대체할 수 있는 더 큰 긍정적인 감정이 필요하다. 이 방법은 바버라 프레드릭슨(Babara Fredrickson)의 연구를 살펴보면 답을 얻을 수 있다. 프레드릭슨은 부정적인 감정을 일으키기 위해 연구대상자에게 긴장된 발표를 하도록 했다. 발표는 심장박동수를 높이고, 혈압을 증가시켰다. 발표 후 부정적인 감정인 불안감과 초조함, 긴장을 느끼고 있는 연구대상자들을 3개의 집단으로 나누었다. 첫 번째 그룹은 재밌는 코믹물을 시청하게 했고, 두 번째 그룹은 슬픈 영화를, 세 번째 그룹은 감정에 동요가 일어나지 않는 영상을 시청하게 했다. 그리고 나서 다시 심장 박동수나 혈압을 측정했다.

그 결과 재미있는 영상물이 슬프거나 중립적인 영상물보다 심혈관계의 회복 속도가 빠르다는 것이 밝혀졌다. 다시 말해 부정적인 정서에서 벗어나는 방법은 긍정적인 정서를 느끼는 것이다. 내 안에 화가 일어나고, 울적함에 자주 빠지고, 마음이 불안정하다면 긍정적인 정서를 적극적으로 경험할 필요가 있다. 특히 감사와 같은 긍정적인 정서는 쉽고 빠르게 마음을 안정시켜주고 평안함을 갖게 해준다. 평화를 얻고 싶다면 감사해보길 권한다. 왜냐하면 감사는 시기와 질투의 감정과 부정적인 관계를 지니기 때문이다. 즉, 감사하는 태도를 가질수록 시기와 질투가 적어진다.

우리가 다른 사람으로부터 호의를 받았다고 인정하는 마음인 감사함을 갖게 되면 부정적인 감정인 경쟁심과 시기심의 감정에서 벗어나게 된다. 뿐만 아니라 감사는 부정적인 사건을 겪었을 때 느끼는 부정적인 감정의 영향을 덜 지속시킨다. 지나친 걱정과 염려는 사건을 더 악화시키고 부정적인 감정을 강화시킨다. 그러나 감사의 태도는 부정적인 감정을 완충시켜주고, 이로 인한 감정소비와 에너지 낭비를 방지할 수 있다. 그렇기 때문에 분노와 짜증, 두려움으로 마음이 힘들어진다면 부정적인 감정을 없애려 하지 말고 대신 자신이 받은 축복을 세어보는 것이 필요하다. 특히 긍정적인 사람들은 그들 주위의 사람들이 행복해지도록 영감을 불러일으킨다. 그래서 리더의 마음 상태가 중요하다. 리더가 긍정적인 마음을 가지고 주변 사람들을 북돋워 준다면,

그 팀은 최고의 팀워크를 유지하며 좋은 실적을 거두게 된다.

"감사를 실천할 수 있는 방법이 있을까요?" 많은 사람이 던지는 질문이다. 긍정심리학자 로버트 A. 이먼스는 "감사를 실천할 방법은 분명히 있다."고 말한다.

미국 캘리포니아 주립대 데이비스 캠퍼스의 교수이며 긍정심리학 운동을 이끄는 학자 중 한 사람인 이먼스는 〈긍정심리학저널〉의 편집장을 지내기도 했다. 그의 대표 저서인 《THANKS! 마음을 여는 감사의 발견》에는 감사를 실천하는 열 가지 방법이 제시돼 있다.

1. 감사 일기를 쓴다.
2. 나쁜 일을 기억하고 그것이 지나갔음에 감사하라.
3. 내 마음을 들여다보는 질문을 던진다.
4. 날마다 감사 기도를 한다.
5. 감각에 충실한다.
6. 시각적인 자극으로 감사를 일깨운다.
7. 감사를 실천할 것을 맹세한다.
8. 감사하는 언어를 사용한다.
9. 의식적으로 감사하는 행동을 한다.
10. 틀에서 벗어난다.

04 7만 원의 기적을 이뤄낸 '자수성가 공부방' 이승주 소장

"돈이란 사업에 성공했을 때 세상이 주는 피드백에 불과하다. 자본주의 사회에서 큰돈을 벌려면 결국 사업이나 투자를 해야 한다고 한다. 창업에 도전하더라도 일시적으로 얻는 이익보다는 장기적인 이익을 노려야 한다. 사업이라는 것은 결국 돈을 버는 기술이다." – **'자수성가 공부방' 이승주 소장**

이번 장에서는 '감사'와 '긍정'의 주인공을 소개한다. 10년 안에 '천 명의 자수성가 부자를 배출하겠다.'는 비전을 품고 누구나 쉽고 빠르게 자수성가할 수 있는 방법을 전수해주는 대한민국 자수성가 분야 대표 멘토로 꼽히는 '자수성가 공부방'의 이승주 소장은 어린 시절 가난을 극복하고자 고등학교 시절부터 학교 공부보다 장사에 관심이 많았다. 특히 20대 초반부터 맨손으로 억대 연봉을 이룬 성공신화 스토리를 담은 저서 《내 안의 요술램프를 깨워라》의 저자이기도 한 그는 필자가 존경하는 멘토 중의 하나이다. 옆에서 지켜본 바, 젊은 나이에도 빠르게 좋은 결과를 낼 수 있었던 비결은 가족에 대한 사랑과 남다른 책임감 때문이라는 것을 느낄 수 있었다.

그는 젊어서부터 다양한 사업을 통한 숱한 경험을 했기에 그가 갖춘 지혜와 연륜은 나이를 떠나 인생의 모든 산전수전을 겪고 난 후 생기는 50~60대 회장님 같은 노련함이 느껴진다. 이 책의 탄생도 필자가 가장 빠른 성공원리를 터득하고자 수조 원의 자산을 이룬 사업가부터 맨손으로 자수성가해 성공을 이뤄가는 다양한 자수성가 인물들을 찾아가 컨설팅을 받는 과정 중에 이승주 소장과 창업교육으로 처음 만난 것이 계기가 되었다. 그의 끊임없는 격려와 악조건에서도 항상 감사하는 긍정의 힘과 선한 에너지에 불꽃 같은 영감을 받고, 깊은 영향을 받아서 태어날 수 있었던 작품이다. 이 책을 통해 이승주 소장님께 감사 인사를 전한다.

이승주 소장은 어려서부터 주식과 부동산, 창업, 재테크 등 도서관에 있던 돈 관련 책을 모두 섭렵하면서 '부자가 되려면 사업을 해야 한다.'는 것을 깨닫고 스무 살 고등학교 졸업을 앞두고부터 서울을 오가며 패션쇼핑몰 창업 준비를 위한 경험을 쌓고자 동대문에서 쇼핑몰을 운영 중인 직장을 구했다. 자본금과 경험이 부족했던 당시 창업 전에 거쳐야 할 과정이라 생각해 힘든 시기를 버텼다. 그는 성공을 위해 집안에서 심하게 반대한 대학교 입학 포기까지 불사하고 창업에 도전하고 고민했던 치열한 스무 살 시절이 있었기에 자수성가의 비밀을 깨달을 수 있었다.

월세 30만 원짜리 고시원에서 라면으로 끼니를 때우며 쇼핑몰 창업에 필요한 경험을 쌓고자 지원했던 한 원단회사의 합격 통보를 받자마자 당시 스물 살이던 그는 정주영 회장처럼 가족들의 반대에도 아르바이트를 해서 모아 두었던 단돈 50만 원을 들고 서울로 향했기에 가족들에게 제대로 인사조차 못 하고 올라왔다. 성공을 간절히 갈망했고 사랑하는 가족이지만 방해가 될 수 있기에 당분간 시간이 없다는 핑계로 가족들의 번호를 수신 차단하며, 연락을 끊기도 했다. 오직 그의 머릿속에는 성공해야 한다는 생각밖에 없었다.

회사에 다니고 10개월쯤 되는 시기부터 낮에는 회사 일을 하고, 저녁에는 직접 장사의 원리를 몸소 터득하고자 길거리 노점을 시작했다. 월급 실수령액이 100만 원가량 되었는데 생활비와 회사 접대비로 다 써서 통장 잔액이 7만 원밖에 없었다. 7만 원으로 물건을 판매할 자리를 구하는 것은 불가능해 보였다. 그래서 물건을 봉지째 들고 길거리를 걸어 다니면서 팔기로 했다. 단돈 7만 원으로 팔 수 있는 물건은 양말밖에 없었다. 양말 한 켤레를 오백 원에 팔았다. 자신의 힘으로 번 돈이라는 생각에 너무 기분이 좋았다. 회사에서 주는 100만 원보다도 내 손으로 번 1,000원 한 장이 더 값졌다. 당시 장사에 대해 조언해주는 멘토가 없었기에 남들이 보면 '헛짓거리다.' 싶은 도전을 많이 했다. 그러나 그는 이런 도전들에 대해 단 한 번도 후회해본 적이 없다. 이런 다양한 경험들이 있었기에 해당 분야에서만큼은 그가 독보적으로 빠르게 결과를 냈기 때문이다. 실제로 업계 1위를 차지하기도 했다.

그는 예전부터 아무리 배고파도 양심의 끈만큼은 놓지 않는 신뢰가 있는 인물이다. 지금도 마찬가지로 돈을 좀 더 빠르게 벌고자 하면 얼마든지 잔머리를 써서 남을 속이며 할 수 있지만, 그는 나쁜 사람들과는 손을 잡지 않는 자신만의 올곧은 신념을 갖고 있기에 믿음이 가는 분이다. 그래야 스스로가 항상 떳떳하고, 성공이 더욱 빛날 것을 알기 때문이다. 그리고 항상 스승님들과 더

'감사'의 태도는 더 큰 행운과 호인을 맞이할 수 있는 축복의 통로이다. 감사하는 데 돈이나 시간이 드는 것도 아니다. 그저 말 한마디로 자주 표현한다면 수십 년의 세월을 아끼는 지혜를 얻을 수 있고, 몇십억의 가치를 얻을 수 있는 삶의 지혜이기도 하다. 그래서 성공자들의 공통점은 모두에게 감사하고 겸손한 태도를 지녔다.

불어 주변에 고마운 사람들에게 "고맙습니다."라고 감사 표시를 자주 하는 모습을 봐왔다. 그만큼 자신의 오랜 시간 동안의 피땀의 결과인 경험과 지혜를 나누어줄 제자들도 아무나 키우지 않는다. 그의 지혜를 전수받을 수 있는 최소한의 조건은 작은 것에도 '감사할 줄 아는 사람'이다. 오랜 시행착오와 고생한 끝에 알아낸 사업 노하우나 지혜를 감사할 줄 모르는 사람에게 쉽게 알려주고 싶어 하는 사람이 누가 있을까? 이렇게 '감사'의 태도는 더 큰 행운과 호인을 맞이할 수 있는 축복의 통로이다. 감사하는 데 돈이나 시간이 드는 것도 아니다. 그저 말 한마디로 자주 표현한다면 수십 년의 세월을 아끼는 지혜를 얻을 수 있고, 몇십억의 가치를 얻을 수 있는 삶의 지혜이기도 하다. 그래서 성공자들의 공통점은 모두에게 감사하고 겸손한 태도를 지녔다.

고된 삶이었지만 오래전부터 이승주 소장은 성공을 이루고자 공부를 꾸준히 했다. 월급을 받으면 대부분 책을 사는 데 썼다. 퇴근 후에는 서점에 들르는 것이 흔한 일상이었다. 그는 스무 살부터 장사를 시작했는데, 수천만 원

빚에서부터 시작한 모든 것들이 남들보다 못한 악조건에서 시작했다. 그러나 미래에 대한 불안함은 그의 열정을 더욱 강하게 만들어 준 연료가 되었다. 극한 상황에서도 오직 꿈만을 좇으면서 불꽃 같은 긍정의 힘을 발휘하여 "나는 위대한 사람이다.", "나는 훌륭한 사람이다.", "나는 할 수 있다."라고 외치며 마음을 다잡았다. 그러나 그 시절, 그에게 성공에 대한 방법을 알려주는 사람은 아무도 없었다. 그는 부자가 되고 싶었기 때문에 기회가 될 때마다 만나는 사람들에게 성공하는 방법을 물어봤다. 어려서부터 많은 책을 읽고, 멘토를 찾아보려 많은 돈과 시간을 써도 마찬가지였다. 그는 고시원에서, 길거리에서 자수성가를 위해 직접 몸으로 고생하면서 수많은 실패를 거듭한 끝에 마침내 자수성가의 진리를 터득했다.

멘토가 없었던 그는 처음부터 수많은 시행착오를 겪어야 했다. 부자가 되고 싶다면 자신의 힘만으로 부자가 된 사람에게 조언을 구해야 쉽게 이룰 수 있다. 그러나 아무에게도 배우지 않은 상태에서도 그는 20대 초반부터 억대 연봉이라는 또래보다 수십 배 이상의 수익을 꾸준히 올린 무림의 고수였다. 그때 경험했던 작은 성공들은 그의 자부심을 더욱 강하게 해주었다. 모든 조건이 평균보다 훨씬 못한 상황에 있던 청년도, 0.1% 엘리트들의 성공 가도를 달릴 수 있다는 것을 직접 경험해서 알게 된 것이다.

그는 오래전부터 좋은 멘토를 만나면 항상 '감사하는 자세'를 유지하는 모습이 참 인상적이었다. 보통은 배움이 끝나면 원래 자신이 잘났던 것처럼 돌아서서 고마움을 잊는 경우가 태반인데 그는 자신에게 도움을 준 멘토에게 감사하는 자세를 유지할 수 있는 것이 그에게 더 큰 성장을 준 비결이라고 생각했다.

수십 년의 시행착오를 줄여주는 멘토의 배움은 매우 소중하다. 대한민국은 사기 공화국으로 유명하다. 사업가 중 70% 이상이 사기꾼이라는 말은 결코 과장이 아니라는 것을 사업경험이 많은 사람들은 대부분 공감할 것이다. 자수성가를 꿈꾸는 사람들은 성공 노하우에 대한 갈망이 클 것인데, 잘못된 정보로 시간과 돈을 낭비하기 쉽다. 그래서 배움은 양보다 질이 중요하다. 반드시 검증된 멘토를 만나고 검증된 방법을 배워야 한다. 이승주 소장이 그동안 자주 만났던 1,000억대 자산가인 70대 할아버지도 공장운영을 하면서 법을 빠삭하게 아는 데도 수십 명의 사기꾼에게 못 받은 돈이 많다며 그에게 하소연하시곤 했다. 수십 년간 법 공부만 한 사람마저도 당하는 세상이라 모두 다 조심해야 하고 제대로 된 멘토를 만나야 한다.

지금 책을 읽는 당신도 '감사'와 '긍정의 힘'으로 기적을 이뤄낸 많은 성공 인물들처럼 빠르게 자수성가 부자가 되는 방법을 알고 싶은가? 그렇다면 카카오톡 친구 채널 검색창에서 '자수성가 공부방'을 검색해 '자수성가 공부방' 채널을 친구 추가해 1:1 메시지로 '자수성가 부자가 되고 싶어요.'라고 남기거나 네이버에서 '자수성가 공부방' 카페와 홈페이지를 검색하면 부자 되는 방법에 대한 유익한 정보를 얻을 수 있다.

05 금수저들을 질투하지 말고, 멘토를 만나라

"부자들을 질투하지 마라. 금수저들을 부러워하지 않아도 된다. 모두 우리의 VIP 고객들이다. 돈 많은 사람이 있기 때문에, 그 돈들로 우리는 자수성가할 수 있는 것이다. 세상에 돈을 써주는 사람이 없다면, 우리가 부자가 될수 있는 기회도 사라진다. 남을 질투하며 인생을 낭비하는 것보다, 하나뿐인 인생을 폼나게 살아야 하지 않겠는가?" – '자수성가 공부방' 이승주 소장

자수성가의 비밀은 밑바닥에서 스스로 성공한 사람만이 알고 있다. 20대초반부터 성공을 갈망한 '자수성가 공부방'의 이승주 소장은 완전히 밑바닥에서 '맨손으로 성공할 수 있는 방법'이 절실했다. 그는 멘토 없이 혼자서 일어서야 했기에 불필요한 고생을 많이 했다. 하지 않아도 될 실패들, 낭비된 돈과 시간을 생각한다면 한도 끝도 없다. 좋은 가르침을 줄 수 있는 스승이 있다는 것은 정말 행운이다. 그가 혼자 울면서 공부했던 시간들이 그의 값진 능

력이 되어 돌아왔다. 그는 말한다. "기회가 있을 때 도전하기 바란다. 세상에는 도전하는 여러분 모두가 부자로 살 수 있는 돈이 존재한다."

바라는 모든 것이 마법처럼 이루어지면 얼마나 좋을까? 알라딘의 램프를 생각해보자. 요술램프를 문지르기만 해도 모든 소원을 들어주는 램프의 요정 지니가 나타난다. 현실에서도 요술램프가 존재한다. 그러나 사람들은 이런 요술램프가 있는지도 모르고 사용방법도 모른다. 이승주 소장은 "현실에서의 요술램프는 우리의 상상력이고 목표"라고 말한다. 상상하면 현실에서 일어난다는 말을 많이 들어보았을 것이다. 상상력은 현실을 창조하는 무서운 힘이 있다. 수천억의 기업도 처음엔 기업가의 작은 상상력에서 처음 시작된 것이다. 좋은 상상만 해야 하는 이유도 여기에 있다. 우리는 바라는 것을 상상하면 충분히 현실에서 이룰 수 있다.

이승주 소장은 수년 전부터 목표를 적어왔다. 처음에는 김승호 회장님의 '목표 백 번 쓰기'에 영감을 받아 시작되었다. 휴일 빼고 날마다 그렇게 해왔다. 이제 10년 이상이 되어간다. 그는 억대 연봉을 이루고 더 큰 목표를 이루기 위해 매일 목표를 적기 시작했다.

그는 어느 책에서 본 목표와 관련된 다음과 같은 글귀에 큰 감명을 받았다. "성공한 사람들은 자기들 나름대로 목표와 계획을 적어왔는데 한 가지 특징이 있습니다. 성공한 사람들을 전체적으로 분류해봤을 때, 상대적으로 작게 성공한 사람들은 1년 단위의 목표와 계획을 세웠고, 중간 정도로 성공한 사람들은 매달 목표와 계획을 세웠고, 크게 성공한 사람들은 매일 목표와 계획을 세웠습니다." 그래서 그는 '그래 매일 목표와 계획을 쓰면 크게 성공할 수 있겠구나.'라고 생각해서 목표 쓰기를 오래전부터 실천하고 있다.

한편, 그는 목표를 매일 100번씩 쓰면서 계획까지 쓰려니 무엇인가 비효율적인 느낌이 들어 최대한의 효과를 내되, 불필요한 작업을 줄이고자 고민 끝에 계획과 목표를 한 번에 같이 쓰는 것으로 대체할 수 있는 방법을 찾았다. 그는 휴대폰 비밀번호에도 목표를 넣어 매 순간 로그인할 때마다 목표를 보고 떠올리게 되니 충분히 좋은 효과를 유지할 수 있었다.

이승주 소장은 맨손으로 일궈낸 억대 연봉 스토리를 담은 그의 저서《내 안의 요술 램프를 깨워라》에서 돈의 본질에 대해서 다음과 같이 설명한다. "부자들은 왜 계속 부자가 될까? 부자들은 자본에 의한 소득이 지출을 능가하는 구조를 갖추고 있다. 반면, 가난한 사람들은 이러한 것들이 없다. 오히려 반대 구조를 가지고 있는 경우가 대부분이다. 대출이자 같은 악성 부채로 인한 비용과 인플레이션으로 그마저도 있던 돈의 가치도 떨어지게 된다. 그래서 부자는 더욱 부자가 되고, 가난한 사람은 더욱더 가난하게 되는 것이다. 일반적으로 20~30대의 중산층들을 보면 노동으로 생기는 소득이 자본으로 생기는 소득보다 많다. 그러나 이보다 나이가 많은 50~60대 정도가 되면 자본으로 생기는 소득이 노동으로 생기는 소득을 능가한다. 자본을 모으는 데에 실패한 노년층들은 노동으로 생기는 소득에 의존하게 되는데, 이때 실직을 하게 되면 커다란 타격을 받게 된다. 우리와 같은 자본주의 사회에 살고 있는 사람들은 자본을 빨리 만드는 사람이 승리자가 된다. 이런 초기 자본을 우리는 종잣돈이라고 부른다. 여러분이 만일 창업이나 자수성가를 꿈꾸고 있다면 경우에 따라 직장인과는 비교할 수 없을 정도로 빨리, 더 많은 종잣돈을 만들 수가 있다. 우선은 이 종잣돈을 모으는 것이 재테크의 핵심이라고 할 수 있다. 지금 돈 몇 푼 아낀다고 해결될 문제가 아니고, 우리의 사업소득을 기하급수적으로 늘려야 한다. 그 이후에 제대로 된 투자를 해야 자산을 늘릴 수 있다. 지금도 많은 강사가 재테크 교육을 하고 있지만 제대로 된 정보를 만나야 한다. 은행에 예금만 해도 이자가 10%가 넘어가던 시절에는 무작정 돈만 모아도 어느 정도 중박은 쳤던 시절이 있었다. 그러나 이제는 불가능한 일이다. 은행에 예금만 한다고 해서는 소용이 없다. 오히려 인플레이션 상승률을 따라가지 못하는 예금 이자에 우리의 재산이 사라지고 있는 것이다. 더욱 안전하게 자수성가 부자가 되는 재테크 정보 자체가 돈이 되는 시대이다. 그런 정보는 일반인들은 쉽게 접근하기 쉽지 않기에 좋은 멘토를 만나기 위해 발품을 팔아야 한다."

보통 부자들은 대부분 부동산 투자의 귀재라고 하는데 이승주 소장은 어떻게 생각할까? 그는 부동산 투자에 대해서 다음과 같이 설명한다.

> 이 시대의 성공키워드는 확실히 '열정'이다. 모두 금수저, 흙수저 타령은 멈추고 부지런히 노력해야 한다. 후천적인 부자는 내 손으로 만드는 것이다. 가난하게 태어났다고 원망하고 있기에는 지금 시대가 주는 기회들이 너무나도 많다.

"부동산 불패, 정말 실감하고 있다. 부동산은 똑같은 것이 없기 때문에 하나하나가 다 한정판이다. 똘똘한 것 하나 사놓으면 재테크가 끝이다. 인플레이션을 이기는 자산 중에 대표적인 것이 바로 부동산인데 시대가 변할 때마다 재테크 방법도 조금씩 변하기에 부동산 투자에 대해 배우고 싶다면 얼마든지 알려줄 수가 있다. 재테크 방법은 무수히 많다. 그리고 개인에 따라맞는 재테크 방법이 있고, 맞지 않는 재테크 방법이 있다. 그렇기에 하나씩해보는 것을 추천한다. 재테크 방법이 100가지라도 한 가지도 제대로 실천해보지 않으면 소용이 없다. 실천해봐야 나에게 맞는 재테크 방법을 찾을 수있다.”

그는 성공에 있어서 첫 시작점이 어디인지는 그리 중요하지 않다고 한다. 밑바닥에서 시작해도 충분히 제2의 빌 게이츠, 워런 버핏이 되는 등 누구나자수성가할 수 있다고 확신한다. 각각 타고난 실력이나 재산은 다르지만, 모두에게는 공평하게 하루 24시간이 주어진다. 우리 모두 동일한 시간 속에서살아가고 있다. 지금 이 순간에도 세상에는 빈털터리가 자수성가하거나 부자들이 한순간에 거지로 탈바꿈되는 경우가 많다. 결코 타고난 상태가 어떤지가 중요한 것이 아니다. 더욱이 요즘에는 전보다 더 많은 자수성가한 사람들이 쏟아지고 있다. 성공의 기회가 많아지고 있다는 뜻이다. 성공의 기회가 많은 세상에 동일한 시간이 주어졌는데, 그는 가난하게 태어났다고 한탄만 하는 것이 인생을 더 허무하게 만드는 것이라고 한다. 이런 시대에 제대로 된멘토를 만나 목표와 열정을 가지기만 해도 반은 성공한 것이다.

이 시대의 성공키워드는 확실히 ‘열정’이다. 모두 금수저, 흙수저 타령은 멈추고 부지런히 노력해야 한다. 후천적인 부자는 내 손으로 만드는 것이다. 가난하게 태어났다고 원망하고 있기에는 지금 시대가 주는 기회들이 너무나도 많다. 방법을 모르겠다고 한탄하지 말자. 좋은 멘토들을 찾아 열심히 발품을 찾자. 그게 돈과 세월의 낭비를 아끼는 가장 지혜로운 방법이다. 힘들다는 이 시기에도 누군가는 지금도 말하고 있다. "참 살기 좋은 세상이다.", "절호의 기회가 다시 왔구나."

옛 시절, 그가 만약 제대로 된 멘토를 만났더라면, 훨씬 더 빨리 성장했을 것이라고 한다. 확실히 좋은 스승을 만나면 인생이 매우 빠른 속도로 눈부시게 달라진다. 밑바닥에서부터 올라온 찐 경험 때문에 그는 자수성가하는 사람들이 왜 성공할 수 있는지 전부 꿰뚫고 있다. 이른 나이에 많은 사회경험을 했기에 온갖 종류의 수많은 사기꾼을 만나서 겪은 것에 관해 책 몇 권을 써도 모자라다. 그는 사회에서 경험해야 할 산전수전, 공중전을 다 겪었기에 자신 있게 말할 수 있다. '누구나 좋은 멘토를 만나면 돈과 시간을 낭비하지 않고도 자수성가할 수 있다.'고······.

이렇게 오래 시행착오 끝에 얻은 성공 노하우로 그는 '자수성가 공부방'에서 수강생들과 함께 성장하고자 한다. 희망 없는 인생이라고 생각하는 많은 청년과 자수성가를 원하는 많은 사람에게 그의 열정과 희망 스토리를 전하고 나누고 싶어 한다. 성공을 원한다면 부지런히 발품을 팔아 멘토와 알짜정보를 찾아보자. 이게 자수성가의 첫걸음이 될 것이라고 필자는 확신한다.

06 오프라 윈프리를 만든 위대한 '감사 일기'

"당신이 가진 것에 감사하세요. 결국 더 많이 갖게 될 것입니다. 당신이 만약 갖지 못한 것에 집착한다면 절대로 결코 충분함을 얻지 못할 것입니다."

미국 방송계 스타 오프라 윈프리(Oprah Winfrey)의 말이다.

미국에서 가장 유명한 토크쇼 중의 하나인 '오프라 윈프리 쇼'의 진행자 오프라 윈프리는 전 세계 105개국 1억 6천만 명의 시청자들에게 희망과 용기를 주고 있다. 그녀는 세계에서 가장 영향력 있는 여성으로 꼽힌다. 또한 미국을 움직이는 막강한 브랜드이다. 자산 10억 달러 이상의 갑부이며, 영화배우이자 영화와 TV 프로그램의 제작 · 출판 · 인터넷 사업을 총망라한 엔터테인먼트 그룹의 회장이다. 사람들이 갈망하는 인기, 명예, 돈을 지닌 여성이다. 그는 '세계에서 가장 바쁜 여성', '세계에서 가장 돈을 많이 버는 여성', '세계에서 가장 영향력 있는 여성'이라는 화려한 수식어가 따라붙는 오프라 윈프리. 그녀가 얼마나 부자인지는 감 잡기 어렵지만 1년에 수십조 수익금을 내고 하루에 15억을 벌 정도이다. 그는 매일 15분 단위로 일정을 잡아 사업을 위해 자가용 비행기로 이동한다. 이처럼 화려한 그녀의 삶은 매우 소박하고 소소한 감사의 삶으로 이루어져 있다. 이런 와중에도 35년 전부터 매일 잠자기 전에 '감사 일기'를 쓴다고 한다. 그녀의 감사 일기는 이미 잘 알려져 있다. 그녀의 감사 일기는 어렵고 불우한 환경에서 성공을 이루어냈고 감사의 삶을 살아가게 도와준다.

　가난과 고통에 찬 어린 시절을 훌륭하게 극복하고 미국 최고의 부와 명예를 거머쥔 성공한 여성 오프라 윈프리. 그녀는 달변과 재치 넘치는 재기로 TV 토크쇼의 여왕 자리를 오랫동안 지켜올 수 있었다. 인생 초기에는 누구보다 불행했을 것 같은 모습이었던 그는 많은 사람이 "당신의 성공비결이 무엇이냐?"고 물었을 때 30여 년 동안 매일 저녁 잠자기 전에 쓴 다섯 가지 감사 일기가 지금의 자신을 만들었다고 말한다. 무조건 자신의 성공비결 1순위로 감사 일기를 꼽는다. 자신은 매일 감사할 일 다섯 가지를 찾아 반드시 일기에 적는다는 것이다. 일기는 거창한 게 아니라 메모식으로 하루에 다섯 가지씩 짧게 기록한다. 큰일에 대한 감사가 아니라 일상에서 일어나는 아주 작은 것들에 대한 '감사 메모'다. 윈프리의 또 하나의 성공비결은 많은 책을 읽었던 것이라고 한다. 독서와 감사 일기가 최악의 상황에서 그녀를 최고의 인생으로 변화시켜 준 것이다.

　이처럼 누구보다 가장 힘든 어린 시절을 보낸 오프라 윈프리는 매일 다섯 가지 감사 일기를 쓰는 습관을 지니고 있었기에 오늘날의 위대한 여성으로 세계적인 명성을 떨칠 수 있었던 것이다. 그녀의 어린 시절은 너무나 힘든 시간이었다. 오프라 윈프리는 자신이 어머니의 배 속에 있을 때 그의 아버지가 아내를 떠난 시골 마을에서 사생아로 태어났다. 미혼모인 엄마의 품에서조차 자라지 못한 그녀는 가난한 외할머니의 손에서 어린 시절을 보내게 된다. 할머니의 건강 악화로 여섯 살에 엄마에게 보내졌으나, 더한 고통의 시간이 기다렸다. 엄마가 청소부로 일하며 딸들을 책임지고 있을 때, 9살 어린 소녀였던 오프라는 사촌오빠, 친척, 엄마의 지인에게까지 성적 학대를 당했다. 그러나 오프라는 엄마에게 말하지 못하고, 상처받은 마음을 견디지 못해 삐뚤어지기 시작했다. 학교를 결석하고, 도벽이 생기는 등 엇나가는 행동을 했고, 엄마는 결국 오프라를 친부에게 보냈다. 이때 14세였던 오프라는 결국 조산으로 아기를 낳았고, 태어난 아기는 한 달을 버티지 못하고 세상을 떠났다. 그 충격으로 자살을 시도하기도 했고 마약중독자가 되었다. 폭식으로 몸무게가 100kg이 넘기도 했다. 그 당시 이런 오프라 윈프리에게 삶에 대한 희망이 있었을까? 그런데 그녀의 삶에 한 가닥 희망이 생기는 사건이 일어났다. 무책임하게 자신을 떠났던 친아버지를 다시 만나 살게 되면서 그녀의 인생에 변화가 생겼다. 희망이라고는 찾기 힘들었던 오프라 윈프리에게 어떤 일이 있었기에 전 세계인의 존경을 받는 위대한 삶을 살고 있는 것일까?

다시 만나게 된 아버지는 예전의 무책임한 아버지가 아닌 신앙으로 새롭게 변화된 사람이었다. 부모 없이 많은 고생을 하며 희망 없는 삶을 살아왔던 오프라 윈프리를 사랑으로 감싸 안아주며 감사 훈련을 시키기 시작했다. 하지만 친부는 오프라 윈프리를 포기하지 않았다. 친부는 상처받은 어린 딸이 새로운 삶을 살 수 있도록 딸의 교육에 힘썼고, 학업을 계속해 목표를 설계할 수 있도록 했다. 결정적인 전환점이 찾아온 건 16세 때의 일이었다. 그녀는 《새장에 갇힌 새가 왜 노래하는지 나는 아네》를 읽고 본인의 존재를 인정받는 듯한 위로를 받았고, 이후 학업에 집중해 방송국에서 일을 시작하고 장학금을 받기도 했다.

오프라는 대학에 입학해 곧장 방송국에 입사했다. 그리고 앵커 자리를 제안받았으나 'TV에 맞지 않는 인물'이라며 해고당했다. 하지만 그녀는 토크쇼 진행자를 맡게 되면서 시청률을 1위로 올렸다. 이렇게 1986년 본인의 이름을 건 '오프라 윈프리 쇼'를 진행하게 되었다. 오프라는 끔찍했던 과거를 생각하면서 감사하고, 오늘과 내일의 삶에도 감사한다. 그리고 그것을 감사 일기에 적었다. 오프라의 감사 태도는 아름답고, 빛나는 그녀의 삶을 유지해준다. 감사 일기를 쓰는 사람 중 전 세계적으로 유명한 오프라 윈프리는 감사 일기 작성을 통해 성공과 행복을 동시에 성취했다. 그녀는 감사 일기를 쓰면서 인생의 가장 소중한 것을 느끼게 되었고 삶의 초점을 어디에 맞추고 살아야 할지를 알게 됐다고 한다. 오프라 윈프리의 감사 일기 중 일부를 소개하면 이렇다.

1. 오늘도 거뜬하게 잠자리에서 일어날 수 있어서 감사합니다.

2. 유난히 눈부시고 파란 하늘을 보게 해주셔서 감사합니다.

3. 점심때 맛있는 스파게티를 먹게 해주셔서 감사합니다.

4. 얄미운 짓을 한 동료에게 화내지 않았던 저의 참을성에 감사합니다.

5. 좋은 책을 읽었는데, 그 책을 써 준 작가에게 감사합니다.

위의 오프라 윈프리의 감사 일기는 잘 알려진 내용이다. 평범하고 일상적인 내용의 감사 일기지만, 그녀는 감사 일기를 통해 삶의 초점을 어디에 두어야 하며, 무엇이 중요한지 배웠다고 말한다. 감사 일기는 부정적인 환경에서 성장할 수 있는 관점을 배우게 하며, 소중한 것을 잊지 않게 하는 힘을 갖는다. 감사 일기를 써보는 것은 앞장에서 반복해 제시한 행복한 비결이다.

그런데 오프라 윈프리의 성공비결인 '감사 일기'는 정말 효과적일까? 감사 일기 효능은 이미 과학적으로 입증된 바 있다. 많은 심리학자가 이를 증명하고 있다. 감사

> "당신이 가진 것에 감사하세요. 결국 더 많이 갖게 될 것입니다. 당신이 만약 갖지 못한 것에 집착한다면 절대로 결코 충분함을 얻지 못할 것입니다."
>
> **– 오프라 윈프리**

에 대해 과학적으로 접근한 심리학자 로버트 에몬스(Robert Emmons)는 감사가 주는 효과를 밝혀냈다. 그는 참여자들을 3개의 집단으로 나누어서 과제를 제시했다. 한 집단은 일어난 사건들에 대해 감사를 유도하기 위해 지난 한 주 동안 일어난 사건 중 감사했던 다섯 가지를 작성하게 했다. 다른 한 집단은 일어난 사건들에 대해서 불평을 하게 했는데 이를 위해서 지난 한 주간 겪었던 짜증 나는 일 다섯 가지를 작성하게 했다. 나머지 한 집단은 어떤 감정도 유발시키지 않았고, 다만 지난 한 주 동안 일어났던 인상적인 사건 다섯 가지를 써보라고 했다. 실험은 10주간 이루어졌다. 10주 후 실험 전과 실험

후의 행복지수를 측정한 결과 예상할 수 있는 것처럼 감사의 효과가 분명히 나타났다.

감사 연습을 한 집단은 다른 두 집단보다 삶에 대해 긍정적이고 낙관적이었다. 자신과 미래를 바라보는 관점이 달라진 것이다. 이 연구는 감사를 통한 실제적인 변화를 과학적으로 탐구한 놀라운 시도로 평가되었다. 이후 많은 연구자가 유사한 연구를 진행했고, 역시 감사의 효과는 상당했다.

감사 일기를 쓴 사람들은 긍정적인 기분이 향상될 뿐만 아니라 자존감의 변화도 있었다. 이들은 자신이 얼마나 소중한지 알게 되었고, 힘든 일도 버텨낸 강한 사람이라는 것을 느꼈다. 자신을 사랑할 수 있는 관점이 열렸다. 인생이 버겁고 나 자신이 방전된다고 느껴질 때는 자신에게 말해보자. '그럼에도 불구하고 잘 버텼구나. 고마워.', '그래도 괜찮아. 존재만으로도 고마운 존재니까.'

세계에서 가장 인기 높고 부유한 스타이지만 생각한 것보다 감사 내용이 거창하지 않고, 오히려 일상 속의 아주 작은 것들에 감사하고 있다는 사실을 알 수 있다. 다음은 오프라 윈프리의 감사 일기 작성 십계명이다.

1. 내 맘에 꼭 맞는 작은 노트를 준비한다.
2. 감사할 일이 생기면 언제 어디서든 기록한다.
3. 아침에 일어날 때나 저녁에 잠자리에 들 때, 언제든 하루를 돌아보며 감사할 거리를 찾아 기록하는 시간을 만든다.

4. 거창한 제목을 찾기보다 일상의 소박한 제목을 놓치지 않는다.

5. 사람을 만날 때 그 사람에게 받은 느낌, 만남이 가져다준 기쁨 등을 기록한다.

6. 교회나 학교에서 '감사 일기 쓰기 모임'을 만들어 함께 쓴다.

7. 버스에 있거나 혼자 공공장소에 있을 때 그동안 쓴 감사 제목들을 훑어본다.

8. 정기적으로 감사 기록을 나누고 격려한다.

9. 내 감사 제목이 어떻게 변하고 있는지 지켜본다.

10. 카페나 정원 등 나만의 조용하고 편안한 장소를 택하여 자주 그곳에 앉아 감사 일기를 쓴다.

07 '감사 일기'가 인생의 기적을 일으킨다

마이클 맥클로우라는 심리학자는 "잠깐 멈춰 서서 우리에게 주어진 감사한 일들을 생각하는 순간, 우리의 감정 시스템은 벌써 두려움을 탈출해서 매우 좋은 상태로 옮겨가고 있는 것"이라 했다.

우리는 가끔 세상일이 뜻대로 되지 않을 때가 있다. 그렇게 막막하고 인생의 갈피를 잡지 못한다고 느낄 때, 그래서 우울함과 외로움이 물밀 듯이 밀려올 때, 감사 일기를 써보면 그동안 잊고 있었던 마음의 평화를 찾을 수 있다. 어떤 30대 주부는 삶의 무게를 견디기 힘든 젊은 시절, 감사 일기를 어떤 분의 권유로 써보았더니 처음에는 감사할 일이 하도 없어 '손톱이 있어 감사합니다.', '발가락이 있어 감사합니다.'라는 구절도 써보았다고 한다. 그녀는 차츰 감사 노트를 쓰면서 삶이 변하기 시작했고, 작은 일에도 감사할 수 있고, 긍정할 수 있었고, 행복이 무엇인지 알게 되었다고 한다. 하루에 다섯 번 진정으로 감사할 수 있으면 분명 우리의 인생은 풍요롭게 될 것이다.

이처럼 매일 아침이든 저녁이든 감사 일기를 꼭 5분만 하겠다고 마음을 정해 실천하면 삶의 모든 것들이 달라 보이게 될 것이다. 주변 인연들이 찾아오고 마음이 평온하고 행복해진다. 가족관계도 달라질 것이다. 매일 감사 일기를 5분 적는 것은 가슴 떨리게 새로운 하루를 살아갈 수 있는 훌륭한 엔진을 만드는 것이다. 가슴이 떨린다는 것은 행복하다는 뜻이다. 매일 행복하게 살 수 있는 방법이 바로 감사 일기 쓰기다.

미국 펜실베이니아대학교 심리학 교수인 마틴 셀리그만(Martin Seligman) 박사는 신문광고를 통해 감사 일기를 쓸 412명의 지원자를 받았다. 그들에게 일주일 동안 삶에서 어떤 것이라도 좋으니 감사한 점들을 메모하게 했다. 딱 5분 동안 삶에서 감사한 점들을 적고, 가슴 뛰는 감정을 느끼고, 감사한 이유까지 적게 했더니 참가자 전원이 감사 일기를 쓰기 전보다 행복해졌다. 일주일간 한 연구지만, 6개월 후에도 그들의 행복이 지속되었다. 우울증을 앓던 사람이 우울감도 사라졌다. 세상에 대해 비관하던 사람들이 감사 일기로 세상에 감사하면서 가슴 뛰는 행복한 상상을 하기 시작했다.

감사 일기를 쓰는 가장 좋은 방법은 지금 누리고 있는 삶의 선물에 대한 기본적인 것에 대한 감사부터 시작하라. 예를 들어 우리가 아침에 화장실을 가는 것도 큰 축복이다. 화장실을 제대로 갈 수 없는 사람들도 있고, 남의 도움을 받아야 화장실에 갈 수 있는 이들도 있다. 또 화장실이 없는 아프리카 같은 곳을 생각하면 우리가 화장실에 갈 수 있는 것도 큰 축복이다. 생리 현상을 해결한다는 것을 제대로 할 수 없는 사람들도 지구상에는 많을 것이다. 이처럼 작은 것에서부터 미래에 내가 되고 싶은 꿈의 모습을 상상하면서 감사 일기를 쓰면 지금과는 다른 삶이 펼쳐질 것이다.

삶에서 소소한 '감사 거리'들을 찾아 감사 일기를 쓴 사람들의 마음이 편안해졌다고 한다. 감사 일기를 쓴 사람들이 그 효과를 보면서 타인에게 쓰기를 권유해 제자들의 삶이 변화되었다. 그들은 하나같이 말한다. 감사 일기로 베푸는 사람이 되었다고. 감사를 메모하기 시작하기 전에는 불평과 불만으로 자신이 가지지 못한 결핍과 모자람에 초점을 맞추며 살았다고. 그러나 감사를 하기 시작하니 항상 행복이 넘치고 이미 가지고 있는 것에 더 만족하게 되었다고 한다. 또 다른 사람들에게도 감사 일기 쓰기를 권유하게 됐다고 한다.

감사 일기로 최악의 상황에서 기적을 보여준 오프라 윈프리가 이야기하는 감사 일기 쓰는 방법을 요약하면 다음과 같다. 한 줄이라도 매일 써라, 마지막 문장은 '감사합니다.'로 마무리해라. 구체

> 감사 일기를 작성하는 방법은 한마디로 말해서 하루 동안 보냈던 시간 중 내게 좋았던 장점들만 모아서 그것에 대해서 '감사합니다.'라고 쓰면 된다. 감사하는 마음만 있다면 형식 따위에 얽매일 필요 없다. 마음에서 우러나는 감정들을 떠오르는 대로 작성하면 된다.

적으로 써라, 긍정문으로 써라, '때문에'가 아니라 '덕분에'로 쓰도록 제시하고 있다.

그러나 너무 형식에 구속받을 필요는 없다. 아주 작은 것이라도 고마운 마음이 들었다면 그때의 그 심정을 생각나는 대로 자유롭게 쓰면 된다. 다만,

위에서 제시하는 방법대로 쓸 경우 더 효과적이지만, 감사 일기를 자꾸 적다 보면 그러한 문장은 저절로 만들어진다. 문장의 어느 곳이라도 '감사'의 단어가 들어가면 될 것이다. 그저 감사에 대한 주제로 일기를 적으면 감사 일기가 된다. 처음 감사 일기를 쓸 때는 무엇을 어떻게 쓸 것인지? 막막한 경우가 많다. 감사하는 마음이 안 생긴다면 '그냥 감사합니다.'라고 써도 상관이 없다. 다만, 매일 '그냥 감사하다.', '무조건 감사하다.'라고 쓸 경우 나중에 조금씩 감사할 거리가 생겨 날 것이다. 감사 일기에서 가장 중요한 것은 늘 긍정적이고 밝은 감정을 유지하는 것이다.

감사 일기를 작성하는 방법은 한마디로 말해서 하루 동안 보냈던 시간 중 내게 좋았던 장점들만 모아서 그것에 대해서 '감사합니다.'라고 쓰면 된다. 감사하는 마음만 있다면 형식 따위에 얽매일 필요 없다. 마음에서 우러나는 감정들을 떠오르는 대로 작성하면 된다. 가장 중요한 것은 느끼는 대로, 마음이 가는 대로 쓰면 된다. 형식에 너무 얽매이다 보면 감사 거리를 잘 찾지 못하는 경우도 있다. 처음 감사 일기를 쓰는 사람들이 형식에 너무 얽매이면 가장 큰 본질이라고 할 수 있는 '꾸준히 쓰는 습관'조차도 들이지 못하고 나중에 흐지부지하게 된다. 그냥 편하게 써라.

감사 일기를 작성하는 효과적인 방법을 요약하면 다음과 같다.

1. 주변의 모든 일을 감사하라.
2. 형식적인 것이 아닌 진심으로 적는다. 감사 일기는 나의 일기장이다. 직접 느꼈던 나의 감정, 생각, 행동이 들어가면 좋다.

3. 무엇이 왜 감사한지 구체적으로 적는다. 누구에게 그리고 무엇에게 감사한지를 구체적으로 적는다. 직접 경험했던 생각과 감정을 자세하게 작성하면 더 큰 효과가 있다.

4. 사물보다는 고마웠던 '사람'에게 초점을 맞춘다. 감사는 돈, 소유, 물질보다는 사람이 대상이 되도록 한다. 타인으로부터 받은 혜택과 은혜를 생각해본다면 더 깊은 감사를 경험하게 된다. 물질이나 부는 감사로 연결되지 않고, 진정한 행복을 주기 어렵다.

5. 매일 써야 한다는 의무감에 억지로 쓰지 않는다. 일부 연구에서는 매일매일 감사 일기를 작성하는 것보다 일주일에 한 번씩 작성하는 것이 더 좋다고 한다. 형식에 얽매여 너무 과도하게 작성하면 마음에 부담이 되어 가장 중요한 진정성이 떨어질 수도 있고, 물질에 적응하듯 감사에도 적응이 일어나는 부작용이 생길 수 있기 때문이다. 감사 일기는 형식이 아니라 진심으로 작성하는 것이 중요하다.

6. '긍정문'으로 써라.

7. '때문에'가 아니라 '덕분에'로 써라.

8. 감사 요청 일기는 현재 시제로 작성하라.

9. 모든 문장은 '감사합니다.'로 마무리하라.

감사 일기 쓰기를 매일 하루도 빠짐없이 쓴다는 것은 불가능하다고 할 수 있다. 그러나 매일 자기 전 감사 일기를 쓰면 하루를 반성하는 시간도 갖고, 감사의 좋은 에너지로 하루를 마무리하면서 편한 잠을 자게 되어 행복지수를 높일 수 있다. 따라서 잠들기 전에 쓰는 감사 일기는 최고로 좋다. 피그말리온 효과처럼 그냥 무조건 감사하게 되면 진짜로 감사하는 마음이 생긴다. 하루 일과 중 특별히 감사 거리가 없고 몸이 피곤하거나 평상시처럼 반복된 일과인 경우에는 '그냥 감사'하고 작성한 감사 일기도 좋다.

감사는 우리의 잠자는 행복의 거인을 깨우는 자명종과 같다. 시작이 반이다. 감사 일기장을 준비하라. 단 한 줄이라도 좋으니 감사 일기를 쓰기로 결심하라. 그냥 마음으로 매일 감사하는 것보다 직접 글로 적는 것은 삶에 주는 자극에서 확연히 다르다. 감사 일기 쓰기가 습관이 되면 순간순간 스마트폰에 기록하는 것도 좋다. 작심삼일이라고 한다. 대개 3일을 실천하면 그 맛을 알게 된다. 3주 동안 실천하면 감사가 그 뿌리를 내려 습관으로 자리 잡게 된다. 3개월 동안 실천하면 튼튼한 감사 항체가 생겨 범사에 감사하게 된다. 3개월이면 감사의 줄기가 견고하게 올라온다. 그러면 당신의 삶에는 기적이 일어날 것이다.

08 매일 100번 실천, 아인슈타인을 천재로 만든 비결?

　과학의 신비에 열정적으로 호기심을 가졌던 알베르트 아인슈타인(Albert Einstein)은 20세기 가장 영향력 있는 물리학자로 세상을 변화시켰다. 그는 근대 물리학의 기초를 마련한 상대성 이론을 창시한 인물이다. 명철한 과학자임에도 아인슈타인은 아주 검소하며 물질에 대한 욕심을 갖지 않았다. 심지어 그의 자서전 출판에 거액의 선금을 제의했으나 다 받아들이지 않았다고 한다. 과학자이면서도 그는 예술을 좋아해 클래식 음악의 애호가였으며 바이올린 연주는 수준급이었다. 특히 그는 물리학 이론 정립에 대한 공헌과 특히 광전기효과의 법칙(the law of the photoelectric effect)을 발견한 공로로 노벨물리학상을 받았다. 이처럼 알베르트 아인슈타인은 시간과 공간과 중력을 바라보는 기존 시각에 일대 혁명을 일으키는 위대한 업적을 남겼다. 어떻게 한 사람이 그 많은 일을 해낼 수 있었을까? 아인슈타인이 나중에 밝힌 그만의 비밀스러운 성공비결은 다음과 같다. "저는 날마다 수백 번씩 '고맙습니다.'라고 말했을 뿐입니다."

그는 또 "나는 종종 내 삶의 엄청나게 많은 부분이 나의 동료들의 수고에 기초하고 있다는 생각에 고민에 빠진다. 나는 그들에게 큰 빚을 지고 있다."면서 실제로 아인슈타인은 위대한 발견과 성취를 위해서 자기보다 앞서 고투(苦鬪)한 여러 과학자의 노고와 열정에 고마움을 표시했고 빚진 자의 마음으로 살았다고 한다. 그렇게 마음이 열려 있었기에 더 많이 배우고 업적을 이룰 기회를 얻을 수 있었으며 마침내 역사상 가장 위대한 과학자의 반열에 오를 수 있었던 것이다. 이처럼 우리는 큰 성취를 얻기 위해서는 모두에게 감사해야 한다. 나와 관련된 모든 사람은 나를 위해 신이 계획하신 설계의 한 부분이다. 그렇기 때문에 나는 모두에게 빚진 자이다. 계속 감사해야 한다. 감사는 지속 가능성 관계의 초석이자 윤활유이다. 최고의 선물이자 상대방에 대한 찬사이다. 감사는 상대방의 존재 이유를 설명해준다.

론다 번(Rhonda Byrne)의 《시크릿》에서도 인생을 위대하게 하고, 행복하게 하고, 원하는 대로 이루어지게 해주는 비밀이 '감사'에 있다는 메시지를 전해주고 있다. 론다 번은 말한다. "감사하기는 에너지를 전환하고 원하는 것이 더 많이 이루어지도록 하는 강력한 도구이다. 이미 있는 것들에 감사하면, 좋은 것들이 더 많아질 것이다." 성공하고 싶습니까? 부유하고 싶습니까? 건강하고 싶습니까? 행복해지고 싶습니까? 그렇다면 지금 바로 이렇게 외쳐보세요. "감사합니다."

아인슈타인은 《나는 세상을 어떻게 보는가(The World as I See It)》에서 "현재 생존하는 사람은 물론 과거에 생존했던 수많은 사람 덕분에 산다."고 했다. 그는 자신이 받은 대로 남에게 주어야 한다고 생각하며, 날마다 감사한 점을 100개씩 찾아냈다. 이처럼 낙천적인 사람들은 성공할 가능성이 크다. 아인슈타인처럼 하루에 수백 번씩 감사하기 위해서는 꾸준한 연습이 필요하다. 인간의 마음은 부정적인 일에 쉽게 반응하는 경향이 있다. 이러한 면에서 감사는 안 좋은 사건에 미리 준비할 수 있게 도와주고 사건을 신중하게 판단해서 상황을 유리하게 바꾼다.

전 세계적으로 지속적인 베스트셀러가 되고 있는 《인간관계론》을 쓴 데일 카네기(Dale Carnegie) 역시도 "매일 아침에 눈을 뜨자마자 감사할 일을 찾는 습관은 참 놀라운 축복의 습관이요, 행복의 습관이다."라고 했다. 이처럼 놀라운 업적을 이룬 성공자들의 뒤에는 감사하는 습관이라는 위대한 무기가 있었던 것이다.

심리학자 로버트 에몬스는 감사 일기를 쓰는 집단과 불평을 쓰는 집단의 반응을 보면 부정적인 편향을 확인할 수 있다고 말했다. 그의 연구에 따르면, 감사한 점에 대해서 작성할 때는 어떻게 작성해

> 감사하는 마음은 여러 가지 훈련과 노력이 이루어져야 유지된다. 감사하기가 습관이 되려면 최소 3개월을 지속하면 좋다. 잠자리에 들기 전에 오늘 감사한 일 다섯 가지를 일기장에 적어보거나 아침에 일어나자마자 오늘 하루를 살면서 무료로 받은 생의 호흡에 대해 감사한 점들을 깊이 느낀다.

야 하는지 질문이 쏟아지는 반면, 인생에서 잘못된 일에 대해서 작성할 때는

그다지 힘들어하는 사람이 없었다. 우리의 생각과 감정은 긍정 정서의 이정 표가 없으면 부정적인 방향으로 흐르기 십상이다.

감사하는 마음을 가지려고 노력하지 않으면 삐딱하고 왜곡된 부정적인 생 각에 자연스럽게 빠지고, 긍정적인 것은 당연하게 여겨져 감사로 이어지기가 어렵다. 부정적인 감정과 인식은 노력하지 않아도 자연스럽게 얻어진다. 반 면, 감사하는 마음은 여러 가지 훈련과 노력이 이루어져야 유지된다. 감사하 기가 습관이 되려면 최소 3개월을 지속하면 좋다. 잠자리에 들기 전에 오늘 감사한 일 다섯 가지를 일기장에 적어보거나 아침에 일어나자마자 오늘 하루 를 살면서 무료로 받은 생의 호흡에 대해 감사한 점들을 깊이 느낀다. 우리가 매일 감사할 수 있는 감사의 예문은 다음과 같다.

- 사랑하는 가족이 있어서 감사합니다.
- 저를 사랑으로 키워주신 어머니께 감사합니다.
- 저를 꿋꿋하게 지켜주는 아버지에게 감사합니다.
- 위로받기보다는 위로할 수 있어서 감사합니다.
- 사랑받기보다는 사랑할 수 있어서 감사합니다.
- 배고플 때 먹을 수 있는 음식이 있어서 감사합니다.
- 갈증을 느낄 때 마실 수 있는 물이 있어서 감사합니다.
- 숨을 쉴 수 있게 하는 공기가 있어서 감사합니다.
- 밤늦은 시간, 돌아갈 수 있는 집이 있어서 감사합니다.
- 이해받기보다는 이해할 수 있어서 감사합니다.

- 항상 인생의 동반자가 되어주는 친구가 있어서 감사합니다.

- 용서받기보다는 용서할 수 있어서 감사합니다.

- 살며 살아가며 의지할 수 있는 이웃이 있어서 감사합니다.

- 사랑하는 사람을 볼 수 있는 두 눈이 있어서 감사합니다.

- 맛을 알 수 있는 혀가 있어서 감사합니다.

- 칭찬받기보다는 칭찬할 수 있어서 감사합니다.

- 세상을 향해 말할 수 있는 입이 있어서 감사합니다.

- 미워하는 사람을 위해 기도할 수 있어서 감사합니다.

- 다투기보다는 용서하기 위해 노력할 수 있어서 감사합니다.

- 분열하기보다는 일치하기 위해 노력할 수 있어서 감사합니다.

- 슬픔이 있는 곳에 기쁨을 가져오기 위해 노력할 수 있어서 감사합니다.

- 받는 것보다 주는 것이 더 행복한 것임을 알게 해주셔서 감사합니다.

- 사랑하는 사람의 목소리를 들을 수 있는 두 귀가 있어서 감사합니다.

- 두 발로 세상을 당당히 걸을 수 있어서 감사합니다.

- 합리적으로 세상을 생각할 수 있는 머리가 있어서 감사합니다.

- 열정적으로 세상을 품을 수 있는 마음이 있어서 감사합니다.

- 배움의 즐거움을 알게 해주는 책이 있어서 감사합니다.

- 제 이야기와 하고 싶을 때 쓸 수 있는 노트와 연필이 있어서 감사합니다.

- 화가 날 때 자신을 다독일 수 있어서 감사합니다.

- 슬플 때 자신을 위로할 수 있어서 감사합니다.

- 두려울 때 그것에 직면하기 위해 노력할 수 있어서 감사합니다.

- 불안할 때 있는 그대로의 것을 받아들이기 위해 노력할 수 있어서 감사합니다.
- 우울할 때 감사함의 노트를 쓸 수 있어서 감사합니다.
- 어디론가 떠나고 싶을 때 여행을 할 수 있어서 감사합니다.
- 바쁜 일상 속에서 커피 한 잔 마실 수 있는 여유가 있어서 감사합니다.
- 외롭고 쓸쓸한 순간 의탁할 수 있는 신이 계셔서 감사합니다.
- 늦은 밤, 꿈나라로 가고 싶을 때 잠잘 수 있어서 감사합니다.
- 저를 지켜주고 성장할 수 있도록 보호해주는 나의 조국, 대한민국이 있어서 감사합니다.

09 암세포도 파괴하는 놀라운 괴력!

〈시사저널〉에 '암을 이겨낸 사람'이라는 코너가 연재된 적이 있다. '최악의 암'으로 통하는 췌장암에 걸렸다가 기적적으로 완치된 한 남성이 말한 암 극복 비결은 다음과 같은 네 가지였다.

첫째, 아내의 헌신적인 사랑이 있었다.
둘째, 가족 모두가 위기의식을 가졌다.
셋째, 생활이 엄격해졌다. 발병 후 철저하게 금주하고 금연했다. 조미료가
　　　섞인 음식을 피하다 보니 외식을 거의 하지 않았다.
넷째, 감사하는 마음을 가졌다. 급한 성격만큼 짜증을 잘 냈지만, 발병 후
　　　에는 사소한 일에도 감사하며 지냈다.

또한 암을 이겨낸 비결에 감사가 포함돼 있다는 사실이 인상적이다. 그가

한 말 중에는 "암은 감사하는 마음을 가장 싫어한다."는 대목도 있다.

수술 없이 간암을 이겨냈다는 또 다른 남성이 밝힌 네 가지 비결도 있다.

첫째, 웃었다.

둘째, 암이 싫어하는 음식만 먹었다.

셋째, 마음을 조급하게 먹지 않고 병과 꾸준히 싸웠다.

넷째, 모든 것에 감사했다.

특히 이 남성은 물건에도 감사했다고 한다. 〈시사저널〉은 이것을 '바보 요법'이라고 명명했는데, 당사자의 고백을 직접 들어보자.

"약 먹을 땐 병에 기도하고 뽀뽀까지 했습니다. 모든 일에 감사하기로 한 것입니다. 또 기쁘게 살기로 했습니다. 노래를 틀어놓고 흥얼거렸습니다. 흥이 나면 개다리춤도 추면서 잡념을 없앴습니다. 누가 보면 천생 바보라고 했을 겁니다."

또한 TV 프로그램 '생로병사의 비밀'에 출연한 김명희(61) 씨는 감사 실천을 통해 암을 부정적으로 바라보는 것보다 현실을 수용하고 긍정적인 감사로 바꾸면서 암을 극복할 수 있었다. "암은 절망이 아니라 축복이고 나에게 주신 선물이다."라는 말은 삶을 감사하게 했다. 이렇게 감사는 암도 이겨내는 놀라운 능력을 가져다준다.

건강을 잃은 사람이 공통적으로 경험하는 것이 있다. 평상시에 자신의 몸에 얼마나 감사하는 마음 없이 살아왔던가 하는 인식이다. 건강을 잃으면 자신이 가지고 누렸던 것에 대한 감사의 마음이 생겨나게 되는 경우가 많다. 이처럼 우리는 결핍을 경험할 때 감사의 마음이 커진다. 당연하게 여겼던 것들이 더 이상 당연한 것이 아니게 될 때 비로소 참가치를 알게 되는 것이다.

우리는 건강을 주신 것에 항상 감사해야 한다. 모든 호흡 모든 발걸음마다 은혜요, 기적이니 감사해야 한다. 혹시 지금 환자라고 해도 연약함을 체험하게 하신 것에 감사해야 한다. 주름살이나 기억력 감퇴 등 노화 현상의 경우까지도 우리의 겉 사람은 늙어지나, 우리의 속사람은 날로 새로워질 수 있음에 항상 감사해야 한다.

이해인 수녀는 '12월의 편지'라는 수필에서 암에 맞서고 있는 자신의 '명랑 투병' 4대 원칙을 공개한 적이 있다.

첫째, 뭔가 달라고 청하기보다 이미 받은 것에 감사하는 기도를 올린다.
둘째, 늘 당연하게 받아들이던 것도 기적처럼 놀라워하며 감탄한다.
셋째, 실수나 약점을 부끄러워하고 숨기기보다 솔직하게 인정함으로써 마음의 여유를 찾는다.
넷째, 속상하고 화나는 일을 만나도 흥분하기보다 '모든 것은 다 지나간다.'며 어질고 순한 마음을 지닌다.

'명랑 인생' 4대 원칙이라고 이름 붙일 만하다. 그렇다. 기적 때문에 감사한 것이 아니라 감사가 기적을 만든다.

미국 뉴스진행자 브링클리는 이런 말을 했다.

"주님은 가끔 우리 앞에 빵 대신 벽돌을 던져놓기도 하는데, 어떤 이는 원망해서 그 벽돌을 걷어차다가 발가락이 부러지기도 한다. 또 어떤 이는 그 벽돌을 주춧돌로 삼아 집을 짓기 시작한다."

삶의 현장에서 벽돌을 만나면 감사의 집을 지어라. 문제를 통해 범사에 하나님을 인정하고 범사에 감사하는 법을 배워라. 미시간대학교의 크리스 피터슨 교수는 "감사는 학습"이라고 했다. 그는 감사 요법(Thank You Therapy)을 개발한 분이다.

"감사하면 건강해집니다. 여러분의 몸과 마음이 아플 때 땡큐 테라피를 적용해보십시오. 땡큐 테라피는 식전과 식후 아무 때나 복용할 수 있고 물과 함께 또는 물 없이도 복용할 수 있습니다. 이 치료제는 부작용이 없고 더군다나 무료입니다."

에몬스와 메컬로 박사도 그들의 저서 《감사 심리학(the psychology of gratitude)》에서 "감사의 삶이 심장박동을 정상화시킨다."고 말했다. 즉, 감사하는 마음을 가질 때 가장 이상적인 심장박동을 유지하게 되고 혈압과 호흡까지도 정상

> 우리는 건강을 주신 것에 항상 감사해야 한다. 모든 호흡 모든 발걸음마다 은혜요, 기적이니 감사해야 한다. 혹시 지금 환자라고 해도 연약함을 체험하게 하신 것에 감사해야 한다. 주름살이나 기억력 감퇴 등 노화 현상의 경우까지도 우리의 겉 사람은 늙어지나, 우리의 속사람은 날로 새로워질 수 있음에 항상 감사해야 한다.

화시킨다는 것이다. 더 놀라운 사실은 분노하는 사람의 심장박동이 가장 불안정한 상태를 보이는 반면, 휴식을 취하면 안정적이게 되고, 감사하는 마음을 가지면 휴식할 때보다 훨씬 더 안정적인 형태가 되는 것이다. 이것은 고혈압, 부정맥, 호흡곤란 등 우리가 어떤 상황에 있어도 감사하는 것만이 몸을 온전히 회복시키는 최고의 명약이라는 사실을 입증해주고 있다.

또한 일본 아사히카와에 사는 한 할머니가 폐암 말기였는데, 3년간 감사를 실천하고 나서 MRI를 찍었더니 폐암이 사라졌던 사례도 있다. 그분은 매일 감사 제목을 적고 일평생 자신이 신세를 졌던 모든 사람에게 매일 감사의 편지를 썼다고 한다. 이 사례는 감사를 실천할 때 암의 세력까지 무력화시키는 파워가 생긴다는 사실을 새롭게 깨닫게 해준다.

한편, 세계적인 베스트셀러인 《뇌내혁명》은 재일동포 3세 의사 하루야마 시게오의 책이다. 하루야마 시게오는 동경대학교 의학부를 졸업하고 서양과 동양 의학을 융합해 치료한다. 그는 "사람은 질환에 대한 방어기능을 가지고 있으나 잘못된 식습관으로 인해 질병에 걸린다."고 말한다. 그리고 환자를 치료할 때 '음식, 운동, 기도'를 활용한다. 음식과 운동은 쉽게 이해가 되지만 기도는 어떤 역할을 하는 것일까? 사람이 화를 내거나 남을 미워할 때 뇌 속에서 아드레날린, 노르아드레날린이 분비되는데, 이 호르몬은 독소를 지니고 있어 병들게 한다. 그러나 기도나 명상을 하면서 감사하고 기뻐할 때 엔도르핀이 분비되어 건강을 돕는다는 것이다. 즉, 감사의 기도를 하는 습관이 건강의 비결인 것이다.

또 감사는 심장도 건강하게 한다. 분노, 좌절, 공포, 불안 등의 감정이 나타날 때는 심장박동이 불규칙하거나 심장박동수의 변화가 커진다. 부정적인 감정은 혈관을 수축시키고 혈압을 올리면서 면역계를 약화시키는 신체적인 연쇄반응을 유발한다. 이런 식으로 불균형이 지속되면 심장을 비롯한 여러 기관에 부담을 주어 심각한 질환이 일어나게 한다.

반면에 사랑, 감사, 동정과 같은 긍정적인 감정은 규칙적이고 자연스러운 심장박동수의 리듬을 만들어내 심장과 뇌의 연결을 촉진시킨다. 안정적인 심장의 리듬은 심혈관계가 효율적으로 움직이며, 신경계가 안정적이라는 지표이기도 하다.

심장질환을 앓은 적이 있는 186명의 남성과 여성을 상대로 한 연구에서 감사하는 태도를 보인 사람들은 우울함을 덜 느끼고, 더 잘 자고, 더 많은 에너지를 갖고 생활하는 것을 발견했다. 더욱 놀라웠던 사실은 그들의 염증과 플라그 수치도 더 낮았다는 것이다. 즉, 심장질환을 겪었던 사람이라도 감사성향이 높은 참가자들은 건강한 심장을 유지했다.

뒤이은 보충 연구에서도 두 달 동안 감사 일기 작성에 참여한 참가자들은 연구를 시작할 때보다 심장병 발병률이 확연히 줄어든 것이 발견되었다. 이 연구자들은 더 나아가 30명을 대상으로 한 달간 감사 훈련을 하게 했다. 그리고 15명의 대존군(對照群)과 코티졸의 DHEA의 수치를 비교했다. 그리고 한 달 후 혈액검사를 했더니 감사 훈련을 한 집단은 스트레스 호르몬이라 할 수 있는 코티졸의 수치가 23% 감소했고, 육체 · 정신적인 안정과 관련 있는 호르몬인 DHEA가 100% 증가했다.

CHAPTER ②

성공하는
사람들만 아는
1% 시크릿 비법

CHAPTER 2

성공하는
사람들만
아는
1% 시크릿 비법

01 초등학교 졸업과 가난, 허약함에 감사하다

"하루에도 수백만 가지의 기적이 일어나지만, 그 기적을 기적으로 믿는 사람에게만 기적이 된다." – 로버트 슐러

엘리 위젤은 "사람이 스스로 마음의 감옥에다 벽을 치고 거기에서 빠져나오지 못하는 것은 긍정적인 마음이 부족하기 때문이다."라고 말했다. 자신이 처한 상황에서 "긍정적인 점을 찾는 태도가 어두운 터널을 빠져나오게 한다."며 감사하는 마음을 강조했다. 그리고 "우리가 자유를 누릴 수 있는 이유는 아주 사소한 것에서부터 감사하는 행위에 있다."고 말했다.

20세기 최고의 물리학자 알베르트 아인슈타인은 이런 말을 했다.

"인생에는 두 종류의 삶이 있다. 하나는 기적 같은 건 없다고 믿는 삶이요, 다른 하나는 모든 것이 기적이라고 믿는 삶이다. 그런데 내가 생각하는 인생은 후자의 삶이다."

또한 마이클 프로스트는 "현대인은 일상 속에서 전율하는 법을 모른다. 진정으로 중요한 것은 기적 자체가 아니라 기적을 바라보는 우리의 눈이다."라고 말했다.

한국의 심리학자들이 70년 전에 쓴 글을 바탕으로 언어와 행복의 상관관계에 관해 연구했다. 1930년대에 수녀원에 처음 들어가 수녀 생활을 시작한 젊은 여성들 180명이 썼던 간증문을 분석한 것이다. 그 간증문은 수녀로서 첫발을 내딛는 순간 자신의 삶과 앞으로의 소명과 각오에 관해 쓴 글이었다. 70년 후, 심리학자들은 그 간증문의 언어를 분석했다. 문장 속의 긍정적인 어휘들(기쁜, 행복한 등)을 얼마나 잘 사용했는지를 분석한 후, 그 글을 쓴 수녀들이 어떤 노년을 보냈는지를 추적 연구했다. 그 결과 글 속에서 긍정적인 의미의 어휘를 많이 사용한 상위 25%의 수녀 중 90% 이상은 85세까지 장수하고 건강한 삶을 살았다. 반면, 긍정적인 의미의 어휘를 적게 사용한 하위 25%의 수녀 중 오직 34%의 숫자만이 살아 있었다.

이 연구는 긍정적인 언어 사용 습관이 인간의 사고방식뿐 아니라 신체 건강과 수명에도 영향을 미칠 수 있음을 보여줌과 동시에, 긍정적인 언어가 삶의 질을 높이는 데 막대한 영향을 미친다는 것을 증명한다. 긍정적인 언어 습관을 방해하는 가장 큰 장애물은 평소 감사할 것이 없다는 고정관념이다. 이같은 생각의 틀을 깨고 작은 것에도 감사하고 기뻐하는 마음을 가지면 긍정적인 언어 습관도 자연스럽게 자리 잡게 될 것이다.

그런데 우리는 시련 속에서도 감사를 택할 수 있다. 감사할 수 있다면 모든 상황을 받아들일 수 있다. 인간은 시련 속에서도 긍정을 택할 수 있는 힘과 의지가 있다. 그 증거는 2001년에 발생한 911테러를 목격한 사람들을 대상으로 한 연구에서 볼 수 있다. 이 사건이 발생한 후 연구자들은 911테러가 사람들에게 어떤 신체·정신적인 영향을 끼쳤는지 연구했다. 즉, 911테러로 인한 외상 후 스트레스, 우울증, 불안감 등에 관한 연구였다. 이러한 연구들에 이어 911테러 이후에 경험되는 긍정적인 감정에 관한 연구가 시작되었다.

대표적으로 바버라 프레드릭슨(Fredrickson B.L)의 연구가 있다. 그녀는 미시간대학교의 학생들에게 911테러 전후에 어떤 정서가 자주 발생했는지 그 빈도를 조사했다. 그녀는 참가자들에게 20가지의 정서를 제시하고 911테러가 일어난 이후부터 현재까지 어떤 감정을 주로 느꼈는지 물었다. 그 결과 참가자들은 20가지의 감정 중 '동정심'을 제일 많이 느꼈고, 그다음으로 '감사'를 주로 느꼈다고 답했다. 즉, 참혹한 환경 속에서도 감사했다는 말이다. 그뿐 아니라 두려움 속에서도 감사를 표현한 사람은 다른 사람보다 우울감을 덜 느꼈고 절망하지 않았다.

우리는 고통스러울 때 아픔을 겪는다. 이 아픔은 감사한다고 해서 사라지는 것이 아니다. 여전히 역경과 상실 속에서 아픔의 고통에 허우적거릴 수도 있다. 그러나 다행스럽게도 역경에 아픔만 있는 것은 아니다. 시련의 상황에서도 좋은 경험들을 올바른 관점으로 평가해 더욱 유연하게 고통을 극복할 수 있다.

장미꽃의 가시는 따갑고 아프다. 그러나 장미꽃의 가시로 인해 감사할 수 있는 이유를 찾아봐야 한다. 아픔을 바라보는 관점을 바꾸면 자신의 아픔이 아픔으로만 끝나지 않는다. 감사는 고통에서 나를 지켜주는 심리적인 보호제가 될 것이다.

에디슨은 불행을 전화위복으로 여기고 연구에 몰입해 위대한 발명품을 1천 점 이상이나 세상에 내놓을 수 있었다. 덕분에 우리는 편리한 생활을 누리고 있다.
에디슨의 삶을 발전시킨 것도 '감사'였다. 과학자들의 위대한 과학적 발견 뒤에는 '감사'의 힘이 작용했다는 것을 기억하자.

이때 감사 실천의 핵심은 어떤 상황도 감사로 긍정적인 해석을 하는 습관에 있다. 순간순간 감사하기 힘든 상황이 찾아와도 이러한 상황을 어떻게 해석하느냐가 우리의 선택을 좌우한다. 감사한 해석을 하는 시각으로 그 상황을 바라보고 선택하는 것뿐이다. 교통사고가 발생했을 때 '운이 없어서 사고가 났다.'고 해석할 수도 있고 '사고가 발생했지만 큰 사고가 아니어서 참 다행이다.'라고 해석할 수도 있다. 그 사고를 바라보는 나의 시각이 긍정적인지 부정적인지, 감사로 받아들일 것인지 불평으로 받아들일 것인지가 중요하다. 우리 마음에 동시에 존재하는 긍정의 씨앗과 부정의 씨앗 중 어떤 씨앗을 선택하여 물을 줄지는 우리의 몫이다. 긍정의 씨앗에 물을 주면 긍정의 열매가 자라고 부정의 씨앗에 물을 주면 부정의 열매가 자란다.

'경영의 신'으로 불리는 마쓰시다 고노스께는 긍정 해석의 달인이다. 그의 감사 내용을 보면 다음과 같다.

"초등학교도 못 나와서 평생 모든 사람을 스승으로 삼아 배우는 데 노력하여 다양한 지식과 상식을 얻어 감사합니다."

"가난 속에서 태어났기 때문에 일찍이 부지런히 일하지 않으면 잘 살 수 없다는 진리를 깨닫게 되어 감사합니다."

"약하게 태어난 덕에 건강의 소중함을 알고 몸을 아끼며 건강에 힘쓰게 되니 오히려 더욱 건강하게 되어 감사합니다."

누가 봐도 배우지 못한 것이 감사할 수 있는 일은 아닐 것이다. 하지만 마쓰시다는 자신이 배우지 못했기 때문에 누구에게나 배우려 했고, 결국 많은 사람을 가르치는 사람이 된 것이다.

마찬가지로 가난 속에서 살았지만 부지런함과 근검절약을 하게 되어 세계적인 부를 이룰 수 있었다. 또한 체질적으로 몸이 약했기에 불평을 하기보다 약한 몸으로 살아가기 위해 몸을 아끼게 되었고 운동을 열심히 해 건강을 유지할 수 있었다.

마쓰시다가 자신의 상황에서 긍정적인 면이 아닌 부정적인 면을 바라보고 그 방향으로 해석하고 선택을 했다면 지금의 마쓰시다는 존재하지 않았을 것이다.

이처럼 감사는 긍정적인 사고와 연결돼 있다. 축복은 고통으로 포장되어 오는 경우가 많다. 고통이라는 포장지에 지레 겁먹고 지나치면 축복도 받지 못한다. 고통을 뜯어야 우리는 축복이라는 선물을 받을 수 있다. 그래서 삭티 거웨인(Shakti Gawain)은 "고통의 순간과 맞닥뜨릴 때마다 '삶이 지금 나에게 선물을 주고 있어. 이것은 나에 대해 무엇인가를 그리고 내가 정말 알고 싶어 하는 무엇인가를 가르쳐주고 있는 거야.'라고 생각하자."고 제안했다.

고통과 실수와 절망까지 감사할 수 있다면 기쁨과 성공과 희망은 우리 곁에 와 있을 것이다. 어려운 일이 생기면 어떻게 바라봐야 할까? 동굴일까, 터널일까? 동굴이 아니라 터널로 보는 사람에게 희망이 있다. 동굴은 입구만 있지만, 터널은 입구도 있고 출구도 있다. 컴컴한 터널을 지날 때의 어둠을 조금만 참으면 찬란한 빛과 만날 수 있다. 어려움이 있는가? 그렇다면 "우리는 지금 터널을 지나가고 있을 뿐이다."라고 생각해보라.

'발명왕' 에디슨도 감사의 힘을 일찌감치 터득했다. 집이 가난하여 열두 살 때 기차에서 신문을 파는 일을 했는데, 기차 화물칸에서 실험하다 불을 내어 차장에게 얻어맞고 청력을 잃었다. 먼 훗날 에디슨은 다음과 같이 회상했다.

"나는 귀머거리가 된 것을 감사하게 생각합니다. 왜냐하면 귀가 들리지 않았기 때문에 다른 모든 소리가 차단되어 연구에 몰두할 수 있었습니다. 조용히 연구에만 집중할 수 있는 것에 대해 감사합니다."

에디슨은 불행을 전화위복으로 여기고 연구에 몰입해 위대한 발명품을 1천 점 이상이나 세상에 내놓을 수 있었다. 덕분에 우리는 편리한 생활을 누리고 있다.

에디슨의 삶을 발전시킨 것도 '감사'였다. 과학자들의 위대한 과학적 발견 뒤에는 '감사'의 힘이 작용했다는 것을 기억하자.

02 어떻게 '실패'의 아이콘은 '영웅'이 되었나?

"어떻게 '실패'의 아이콘은 '영웅'이 되었나?"

1980년 2월 〈월스트리트〉 저널에 실린 공익 광고이다.

만약에 당신이 좌절감에 사로잡혀 있다면 이런 사나이를 생각해보라.

'그는 초등학교를 9개월밖에 다니지 못했다. 그는 잡화점을 경영하다 파산했는데, 그 빚을 갚는 데만 무려 17년의 세월이 걸렸다. 그는 주 의회 의원 선거에서 낙선했고, 상원의원 선거에서도 낙선했으며, 부통령 선거에서도 낙선했다. 그러나 그는 자기 이름을 항상 A. 링컨이라고 서명했다.'

당신은 실패가 무조건 나쁘다고만 생각하는가? 그러나 실패는 성공으로 가는 과정이다. 실패를 위대한 성공으로 가는 과정으로 만든 대표적인 인물인 링컨은 실패를 발판으로 삼아 더 큰 성공을 준비하는 사람이었다. 실패조차 감사한 그의 긍정적인 습관 덕분에 가능한 일이었다. 위대한 인물의 특성은 감사를 실천했다는 것이다. 링컨 대통령의 위대한 점 가운데 하나는 어느 상황에서든 오뚝이처럼 일어났다는 점이다. 그는 대통령이 되기 전 일곱 차례나 낙선(24세에 주 의회 의원 낙선, 30세에 의회 의장직 낙선, 32세에 대통령 선거위원 낙선, 36세에 하원의원 공천 탈락, 47세에 상원의원 낙선, 48세에 부통령 낙선, 50세에 상원의원 낙선)했지만, 실패의 늪에 빠져 허우적거리지 않았다.

낙선된 사실을 알고 난 뒤 그가 처음으로 한 일은 이발소에 가서 머리를 자르는 것이었다. 그러고 나서 몸을 씻은 뒤 그동안 고생한 육체를 위해 휴식을 취하면서 자신에게 벌어진 모든 상황에 감사했다고 한다. 여기서 끝나지 않고 하루 동안의 휴식을 마친 그는 바로 다음 날부터 선거 준비에 돌입했다. 그리고 다시 준비할 때는 목표가 한 단계 더 높아졌다. 자신의 성취 수준을 더욱 높게 잡은 것이다. 링컨은 이처럼 자신의 실패를 발판으로 삼아 더 큰 성공을 준비하는 사람이었다. 이는 자신이 있는 그대로 용납하고, 안 좋은 일을 바로 털어버리면서 오히려 실패조차 감사한 그의 긍정적인 습관 덕분에 가능한 일이었다.

그런데 링컨의 생애는 '실패와 불행'이라는 글자가 귀찮을 정도로 따라다녔다. 그는 크고 작은 선거에서 무려 일곱 번이나 낙선의 고배를 마셔야 했으며, 사업도 두 번이나 실패하여 빚을 갚는 데만도 무려 17년의 세월이 걸렸다. 그는 주위의 사랑하는 사람들도 많이 잃었다. 10세 때 어머니를 잃었고, 20세에는 누이 사라마저 세상을 떠났다. 또한 27세 때는 결혼을 약속했던 연인 앤 메이가 갑작스럽게 불치의 병으로 세상을 떠났으며, 42세와 53세에는 각각 둘째 아들 에드워드(5세)와 셋째 아들 윌리엄(12세)을 잃는 슬픔을 겪어야 했다. 그가 겪은 사업과 선거의 실패를 열거해 보면 다음과 같다.

1831년 - 23세에 사업 실패

1832년 - 24세에 주의회 의원 낙선

1833년 - 25세에 사업 실패

1838년 - 30세에 의회 의장직 낙선

1840년 - 32세에 대통령 선거위원 낙선

1844년 - 36세에 하원의원 공천 탈락

1855년 - 47세에 상원의원 낙선

1856년 - 48세에 부통령 낙선

1858년 - 50세에 상원의원 낙선

어느 날 한 신문 기자가 링컨 옆으로 다가와 이런 질문을 던졌다.

"당신의 놀라운 성공과 존경받는 삶의 비결은 어디에 있다고 생각하십니까?"

링컨은 웃으면서 이렇게 대답했다.

"그야, 다른 사람들보다 실패를 많이 경험했기 때문이지요. 나는 실패할 때마다 실패에 담긴 하나님의 뜻을 배웠고, 그것을 징검다리로 활용했습니다. 사탄은 내가 실패할 때마다 '이제 너는 끝장이다.'라고 속삭였어요. 그러나 하나님은 내가 실패할 때마다 '이번 실패를 거울삼아 더 큰 일에 도전하라.'고 하셨습니다. 나는 사탄의 속삭임보다 하나님의 음성에 귀를 기울였어요."

이렇게 보면 링컨의 인생은 정치가로서도, 사업가로서도 실패한 것처럼 여겨진다. 그러나 링컨의 생각은 달랐다. 그는 선거에서건, 사업에서건 실패할 때마다 주저앉지 않고, 실패라는 장애물을 디딤돌로 바꾸려는 노력을 게을리 하지 않았다. 그래서 마치 오뚝이처럼 넘어질 때마다 잽싸게 털고 일어났고, 자신의 넘어진 자리를 돌아보고 실패의 원인을 분석하는 지혜를 하나님께 구하며 다음 선거를 준비했다.

"나는 선거에서 낙선했다는 소식을 듣자마자 곧바로 내가 자주 가던 레스토랑으로 달려갔습니다. 그리고는 배가 부를 만큼 맛있는 요리를 실컷 시켜 먹었어요. 그다음은 이발소로 달려가서 머리를 단정하게 손질하고 기름도 듬뿍 발랐습니다. 이제 아무도 나를 실패한 사람으로 보지 않겠지요. 왜냐하면 이제 내 발걸음은 다시 힘이 생겼고, 내 목소리는 우렁차니까요."

링컨이 가던 길은 실패와 불행으로 인해 수없이 중단될 뻔했다. 그러나 끝까지 포기하지 않았기에 역사상 가장 위대한 인물들의 대열에 서서 자신의 불행과 실패를 행복의 자본으로 삼은 대표적인 인물이 될 수 있었다. 중요한 것은, 링컨은 신실한 신앙인으로 그의 가슴속에는 넘어질 때마다 그를 붙들어 주던 성경 말씀이 있었다.

"우리가 알거니와 하나님을 사랑하는 자, 곧 그 뜻대로 부르심을 입은 자들에게는 모든 것이 합력하여 선을 이루느니라"(롬 8:28)

링컨은 이 말씀을 자신의 생애에 어려움이 찾아올 때마다 위로와 힘을 주는 말씀으로 사랑했고, 실패와 불행에도 하나님을 사랑하는 자들에게는 모든 것이 합력하여 선을 이룬다고 믿었다. 그의 믿음대로 그는 거듭되는 실패와

불행을 통해 겸손과 인내와 강한
믿음을 소유하게 되었다.

'감사의 사람' 링컨은 자신을 비난하는 사람들까지도 관대함으로 품었기에 위대한 인물이 될 수 있었다. 링컨이 대통령에 당선됐을 때 일이다. 귀족 출신들은 대통령이 구둣방 집 아들이라는 것을 못마땅하게 여겼다. 그들은 링컨에게 망신을 주려고 벼르고 있었다. 링컨이 대통령 취임 연설을 위해 단상에 섰을 때 나이 많은 귀족이 입을 열었다.

"링컨, 어쩌다 당신이 이 나라의 대통령이 됐지만, 예전에 당신 아버지와 함께 구두 주문을 받으려고 우리 집에 드나들곤 했다는 사실을 잊지 마시오. 이 자리에는 당신 아버지가 만든 구두를 신고 있는 상원의원들이 있소."

링컨은 모욕을 당했지만 태연하게 대답했다.

"이 역사적인 자리에서 연설하기 전 소중한 아버지를 기억하게 해주서서 감사합니다. 아버지는 창조적인 예술가였습니다. 아버지보다 더 멋진 구두를 만들 줄 아는 사람은 이 세상에 없다고 생각합니다. 만일 아버지가 만든 구두가 여러분 발에 잘 맞지 않거든 말씀하십시오. 비록 훌륭한 제화공은 아니지만, 아버지에게 배운 게 있으니 그 정도는 수선해 드릴 수 있을 것입니다."

이 말에 귀족 의원들은 잠잠해졌습니다. 링컨은 아버지로부터 기술만 배운 게 아니다. 침착성, 집념, 용기, 성실을 배웠다. 아버지를 공경하는 사람은 이런 유익을 얻는다.

당신도 이처럼 자신을 모욕하는 사람들이 있거나 최악의 상황에 처해 있어도 무조건 감사할 수 있는가? 악성 베토벤은 청각장애로 거의 소리를 듣지 못하게 되었을 때 "'영혼의 귀'를 열어주신 주님께 감사했다."고 한다. 그 감사가 모든 부정적인 요소를 극복하고 위대한 작품들을 탄생시킨 것이다. 또한 1001년부터 2000년까지 천 년 동안 인류에 가장 큰 공헌을 한 인물 1위로 꼽힌 토머스 에디슨도 자신의 청각장애가 오히려 연구에 몰두할 수 있는 계기가 되었다고 감사했다. 그런 감사하는 태도가 많은 발명품을 통해 영향력 있는 삶으로 연결된 것이다.

03 무한한 가능성을 가진 마음

사람들은 행복을 추구한다. 그런데 행복의 조건을 다 갖추고도 불행해 하는 사람이 있고, 불행의 조건에서도 행복을 찾아내 감사하는 사람들이 있다. 행복하다고 누구나 다 감사하진 않지만, 감사하는 사람들은 깊은 행복을 느낀다. 이렇듯 행복은 '감사'라는 매우 단순한 조건에서 이루어진다. '행복=감사'라는 공식이 성립한다. 눈에 보이지 않는, 증명하기 어려운 '감사'는 과학자들에게 내재화된 가치였다. 우리가 이 둥근 지구에 발을 딛고 서 있게 해주는 중력처럼, 우리를 불행의 수렁에서 끌어올려 주는 따뜻한 힘이 '감사'다.

모든 물질은 에너지이고 파장이어서, 어떻게 보느냐에 따라서 파동이 달라진다. 감사로 보면 감사의 파장이 나와 공간을 채울 것이고, 불평과 불만으로 가득 찬 마음으로 보면 주변의 에너지장이 부정적으로 변한다. 송전탑에서 전기가 공급되는 것처럼 우리 몸에도 전기가 흐르고 있다. 감사의 전기를 몸에서 흐르게 하면 내 주변이 전부 송전탑으로 송신이 되어 감사할 일들이 많아진다.

예로부터 어른들은 '근주자적근묵자흑(近朱者赤近墨者黑)'이라 했다. 붉은색을 가까이하는 사람은 붉게 물들고, 먹을 가까이하는 사람은 검게 물든다. 착하고 남을 잘 도와주는 사람을 사귀면 본인도 그런 사람으로 되지만, 나쁜 생각을 하고 나쁜 일을 하는 사람과 사귀면 나쁘게 물든다는 뜻이다. 감사하면 감사한 사람들이 주변에 생긴다. '일체유심조'라고 했다. 모든 것은 마음에서 나온다. 감사의 눈으로 사물들을 바라보고 관찰하면 세상에는 행복하고 기쁜 것이 많이 보인다. 그리고 좋은 것들이 중력처럼 끌어 당겨온다. 감사처럼 좋은 주파수를 방사할 때 오는 파동은 긍정의 에너지다.

자이로드롭은 미는 사람이 없는데도 어떻게 가속도가 생기는 걸까? 바로 중력 때문이다. 보이지 않는 물체를 끌어당기는 힘인 중력은 우리가 생활하는 모든 곳에 적용된다. 이 '중력', '만유인력'의 법칙을 발견한 위대한 과학자는 뉴턴이다. 중력은 보이지 않는 물체를 끌어당기는 힘인데 보이지 않는 이 힘(중력)이 세상을 움직인다. 감사는 '중력'과 같다. 보이지 않지만 생활 곳곳에서 사람들을 행동하게 하는 힘이다.

감사는 파동, 힘, 에너지다. 감사의 힘을 이해하려면 먼저 우리의 삶이 에너지로 이루어졌다는 사실을 깨달아야 한다. 의자나 강아지, 우리의 감정 등 모든 것은 형태만 다를 뿐 에너지라는 공통점을 가지고 있다. 단지 의자는 무생물, 강아지는 생명체 그리고 감정은 마음의 상태로, 에너지가 존재하는 형태만 다른 것이다. 모든 에너지는 파동으로 나타나며, 이 파동은 1초에 몇 번 진동하느냐는 진동수로 측정된다.

어떤 진동은 지구의 리듬(파비엥 마만, Fabien Maman의《21세기의 음악의 역할》이란 책에 따르면 지구는 1초에 약 7.5Hz 또는 7.5번 진동한다)처럼 감지할 수 없는 반면, 음악처럼 진동수가 16~20,000헤르츠에 달하는 소리는 쉽게 인식할 수 있다. 찰스 테일러(Charles Taylor)가《음악적인 소리의 치료 효과(The Physics of Musical Sounds)》라는 저서에서 밝혔듯이, 이 범위의 소리는 우리가 귀로 들을 수 있을 뿐 아니라 몸으로 느끼기도 한다. 사람은 누구나 자기만의 고유한 파동을 가지고 있다. 이 책도 지금 이 순간 파동을 발산하고 있으며, 당신 마음속에 떠도는 생각이나 오늘 아침 상사의 불쾌한 기분도 모두나름의 파동을 발산한다. 겉보기에 단단하거나(살아 있는 생물이나 무생물) 형체가 없는 것(생각이나 느낌)들을 포함한 모든 우주 만물은 각자 고유의 파동을 가지고 있다. 감사의 에너지 또한 파동으로 전달된다.

감사의 힘은 파동으로 전달된다. 감사의 파동은 매우 강력한 힘을 지니고 있다. 마사루 에모토(Masaru Emoto) 박사는 생각이나 느낌, 음악이 물의 결정체에 미치는 영향을 직접 촬영하는 개가를 올렸다. 그는 얼음의 결정체를 여

> 감사는 파동, 힘, 에너지다. 감사의 힘을 이해하려면 먼저 우리의 삶이 에너지로 이루어졌다는 사실을 깨달아야 한다. 의자나 강아지, 우리의 감정 등 모든 것은 형태만 다를 뿐 에너지라는 공통점을 가지고 있다. 단지 의자는 무생물, 강아지는 생명체 그리고 감정은 마음의 상태로, 에너지가 존재하는 형태만 다른 것이다.

러 상황에 노출한 후 그 변화를 고성능 현미경으로 촬영해서《물은 답은 알

고 있다》라는 책을 통해 소개했다. 에모토 박사는 물을 얼려 튜브에 담은 뒤 앞에 놓고 '사랑'과 '감사'라는 단어를 말했다. 그런 다음 동일한 조건에서 아무 말도 건네지 않은 물의 결정체와 비교해 보았다. 그 결과 매우 놀라운 사실을 발견했다. 임의로 선택한 증류수로, 결정체가 형성되지 않은 흐리고 불투명한 모습이었다.

그리고 두 번째 물은 '사랑'과 '감사'라는 단어를 말했을 때 나타나는 물의 반응이다. 이것은 결정체가 규칙적이고 선명하며, 정교하고, 아름다운 레이스 모양을 보인다.

에모토 박사는 다시 물에게 "너는 내게 깊은 상처를 줬어. 너를 죽여 버릴 거야."라는 말을 건넨 후 반응을 관찰했다. 이 물의 결정체에 매우 부정적인 영향을 미쳤다. 에모토 박사는 이 결정체를 '뒤틀리고, 파괴되고, 분열된 상태'라고 표현했다. 결정체가 거의 형성되지 않은 이 혼란한 상태는 '사랑'과 '감사' 결정체의 순수한 아름다움과 크게 대조되는 모습이다. 몇 마디 말도 물의 결정체에 이렇게 큰 영향을 미치는데, 강력한 의지를 담은 감사가 당신의 삶에 어떤 영향을 미칠지 상상해 보라.

그렇다면 말이 물의 결정체에 어떤 방법으로 영향을 미칠까? 모든 사물은 근본적으로 에너지 자체이기 때문에 서로 교류가 가능하다는 관점에서 생각하면 이해가 갈 것이다(에너지의 교류는 파동의 상호 작용을 통해 이루어진다). 여기에 관해서는 발레리 헌트(Valerie Hunt)의 저서 《무한한 가능성을 가진 마음 : 인간의 파동(Infinite Mind : The Science of Human Vibration)》과 조엘 슈테른하이머(Joel Sternheimer)의 논문 '미립자의 음악(The Music of the Elementary

Particles)'에 자세히 소개되어 있다.

캔데이스 퍼트(Candace Pert) 박사는 생화학 분야의 혁신적인 저서를 통해 "감정에도 진동이 있으며, 이 진동이 육체적인 것을 비육체적인 것과 연결하는 역할을 한다."는 사실을 증명했다. 그녀는 《감정의 분자(In Molecules of Emotion)》라는 책에서, 이 연결 작용은 세포 안에서도 발생하는데 분자 수용체가 감정이 보내는 화학적인 반응에 "춤을 추듯이 리드미컬하게 진동하며 반응한다."고 설명했다.

그 사실을 확실하게 증명해 주는 곳은 우리 몸의 가장 기본적인 기관인 심장과 뇌다. 이들 기관에서는 감사의 영향이 그대로 투영된다. 만일 당신이 부정적인 감정(분노 같은)을 느낄 경우 당장 심장박동이 불규칙해진다. 칠드리(Childre) 박사와 하워드 마틴(Howard Martin) 박사의 '심장공식의 해법(The Heart Math Solution)'이라는 논문에 인용된 것처럼 그래프의 오르내림이 심하고 불규칙하며 리듬이 없어진다.

[감사의 특징]

감사는 파동이다. 감사는 힘이다. 감사는 에너지다.

당신은 파동을 가진 존재다. 따라서 파동을 발산한다.

당신의 파동은 당신이 어떻게 생각하고 느끼느냐에 따라 결정된다.

당신의 생각이나 느낌은 당신이 살면서 겪게 될 경험에 영향을 미친다.

당신은 자신의 생각을 선택할 능력이 있다. 그리고 생각은 당신의 느낌을 바꿀 수 있다.

당신이 마음을 집중시키는 모든 것은 성장한다.

당신이 어떤 일이나 누군가에게 감사할 때 당신은 그 물건이나 사람에게 파동을 발산하는 것이다.

당신이 어떤 것에 동조하는 마음을 가지면 그것을 끌어들이게 된다(호의는 호의를 끌어들인다). 따라서 당신은 그것을 경험할 기회를 얻는다.

당신은 마음에 들지 않는 것에 동조할 수 없다. 다시 말해서, 증오와 사랑을 동시에 품을 수 없는 것이다.

당신은 누군가에게 감사한 마음을 갖기 위해 그가 먼저 감사해 주길 기다려서는 안 된다.

04 강력한 파동으로 성공을 끌어들여라

감사가 뇌에 미치는 영향은 증명되었다. 어떻게 우리 몸에 영향을 미치는 걸까? 이미 나와 있는 연구 결과들과 유사한 개념을 검토해 반영한 다른 연구들을 통해 몇 가지 추론해 볼 수 있다.

첫째, 감사는 도파민 회로의 활동을 개선한다.

감사의 장점은 먼저 도파민계에서 시작된다고 볼 수 있다. 고마운 감정을 느끼면 도파민을 생성시키는 뇌의 영역이 활성화되기 때문이다.

둘째, 감사는 세로토닌을 증진하는 강력한 효과가 있다.

일반적으로 부정적인 사고방식에 오염되어 있지만 감사하는 마음을 갖는 사람은 자신의 삶에서 감사해야 할 것들을 생각하게 되어 인생의 긍정적인 부분에 초점을 맞출 수밖에 없다.

셋째, 감사는 숙면을 하게 한다.

만성 통증에 시달린 사람들도 감사 일기를 쓰자 수면이 개선되었다. 캐나다에서 실시한 연구에서도 불면증이 있는 대학생들에게 일주일 동안 매일 감사 일기를 쓰도록 했다. 그 결과 수면이 개선되고, 신체적인 문제가 감소했으며, 불안과 우울함이 감소했으며, 걱정을 전보다 덜하게 되었다.

그렇다면 감사의 파동이 어떠한 신비한 작용을 일으켜 생체화학작용이 매우 복잡한 우리 몸의 심장, 뇌와 어떤 과정을 통해 상호 작용하는 걸까? 하나의 진동이 다른 진동과 일치되거나 조화를 이루는 현상을 뜻하는 '동조 현상'을 알면 이를 좀 더 쉽게 받아 들일 수 있다.

동조 현상은 17세기 크리스티안 하위헌스(Christiaan Huygens)에 의해 우연히 발견되었는데, 하나의 진동이 다른 진동과 일치되거나 조화를 이루는 반응을 뜻한다.

쉬운 예로는 두 개의 바이올린 줄을 같은 음높이로 조율한 후 같은 방에 함께 두었을 경우, 한쪽 바이올린 줄을 켜면 자연스럽게 덩달아 같은 음높이의 다른 쪽 바이올린 줄도 울리기 시작하는 신비한 현상을 볼 수 있다. 이렇게 서로 다른 것들이 영향을 미치고 조화를 이뤄낸 현상을 일으킨다. 심지어는 한 성악가의 목소리 파동이 옆에 놓인 크리스털 유리잔의 파동과 일치하면 놀랍게도 유리잔 바닥이 떨리는 현상이 일어난다. 이 같은 동조 현상에 따르면, 가장 강력한 파동이 다른 파동을 끌어들여 서로 자연스럽게 어울리게 만든다. 특히 동조 현상은 심장의 박동이 뇌파와 일치하는 신비한 현상을 잘 설명해 준다. 《심장공식의 해법》의 작가 칠드리 박사와 하워드 마틴 박사에 따르면, 진심으로 감사하는 마음을 품게 되면 신기하게도 뇌파와 심장 박동수가 거의 일치하게 된다고 한다. 매 10초당 심장 박동이 보이는 사이클인 0.1헤르츠와 뇌파의 주파수가 신기하게도 정확하게 일치하는 것을 볼 수 있다.

다음의 두 그래프는 우리가 진심으로 감사하는 마음을 가질 때 심장 박동과 뇌파의 흐름이 일치한다는 것을 보여 준다. 그리고 오른쪽 그래프의 큰 파장은 둘 다 0.1헤르츠로, 파장의 흐름이 거의 일치하고 있음을 알 수 있다.

뇌-심장의 동조 현상

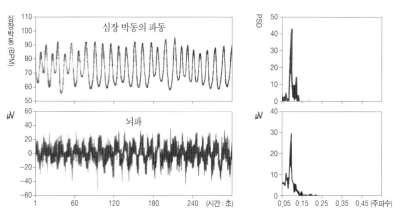

당신도 이 같은 신비한 동조 현상의 작용을 믿는가? 마음의 상처를 극복하도록 도와주는 상담가로 활동하고 있는 정신 치료 전문가 뉠르 C. 뉠슨 그리고 임상정신분석의로, 정신건강과 뇌파의 상관관계를 연구하던 중 뉠슨을 만

나 3년 이상 '감사하는 마음이 우리 몸과 마음에 일으키는 영향'에 대해 함께 연구한 지니 르메어 칼라바가 함께 출간한《소망을 이루어 주는 감사의 힘》에도 누구든지 강하게 저항하지 않는다면 자연스럽게 상대의 강한 파동에 동조된다는 사실이 잘 설명되어 있다.

반면, 당신이 강력한 에너지로 파동을 발산할 경우, 만일 상대방이 저항하지 않는다면 당신의 에너지에 동조될 것이다. 특히 자신의 파동이 그리 강하지 않다면 다른 사람이나 상황의 파동에 쉽게 동조되게 된다.

> 감사는 더 큰 감사를 불러오며 감사할 요소를 계속 우리 삶에 끌어들인다. 그래서 감사하면 할수록 더욱 감사하고 싶은 마음이 생기며 감사할 기회도 점점 많아지게 되는 선순환을 일으킨다.

그들의 강력한 파동은 당신 안에 내재한 파동에 영향을 미친다. 따라서 그것이 아무리 약할지라도 결국 강력한 파동에 반응해 동조하게 된다는 원리이다. 특히 방 안과 같이 밀폐된 장소에 가득 찬 사람들이 모여 있는 집합적인 파동은 혼자만의 파동보다 훨씬 더 강해서 당신의 파동이 그들의 파동에 동조하게 된다. 그들의 서로 한데 뭉쳐져 있는 파동은 자연스럽게 당신 안에 깊이 잠재되어 있던 우울함이나 행복감에 직접적으로 작용, 당신을 우울함 또는 행복함의 파동으로 깊숙이 끌어들이게 된다.

심리학의 관점에서도 한번 살펴보면 동조(Conformity)란 '압력이 있는 사회적 규범이나 의견 등에 개인의 태도, 의견이나 신념, 행동 등을 동화시키는 경향'을 말한다. 즉, 어떤 특정한 장소와 집단, 사회의 지배적인 가치와 규범에 순응하는 행동 양식을 뜻한다. 군중심리도 일종의 집단적 동조 현상이라고 볼 수 있다. 군중들이 지배적인 의견에 따라 행동하고 개인의 이성이나 판단은 무시하게 되어 군중은 이성보다는 감정에 따라 움직이게 된다. 심리학자들에 따르면 이러한 군중심리는 생존본능과 관련이 있다고 한다.

인간의 감정도 쉽게 동조되는 것을 알 수 있다. 우울한 사람들이 모여 있는 방에 들어가면 이상하게 기분이 가라앉고 우울해지는 것을 누구나 경험해 봤을 것이다. 또한 삶의 의욕이 없는 사람들과 잠깐 대화하는 것만으로도 몸의 기운이 빠져나가는 느낌을 받을 수 있다. 반대로, 긍정적이고 행복한 사람들과 가깝게 지내면 어느 순간 나도 모르게 행복감에 빠져든다. 이와 같은 기분들도 동조 현상으로 설명할 수 있다.

이처럼 세상 모든 것들은 동조를 일으킨다. 당신이 소망을 향해 한껏 발산하는 '감사의 에너지'라는 강력한 파동은 거기에 동조하는 파동을 가진 일들을 실제로 우리 삶에 실현하게 하는 마법과도 같은 힘이 있다. 그러므로 감사는 더 큰 감사를 불러오며 감사할 요소를 계속 우리 삶에 끌어들인다. 그래서 감사하면 할수록 더욱 감사하고 싶은 마음이 생기며 감사할 기회도 점점 많아지게 되는 선순환을 일으킨다.

앞서 소개한 뇔르 C. 넬슨과 지니 르메어 칼라바의 주장과 마찬가지로 잘 가꾸어진 감사는 우주에 신비한 리듬을 발산시키고 그 리듬을 전달받은 여러 파동은 그것과 잘 어울리는 특별한 소리를 내기 위해 모인다. 이로써 당신이 간절히 원하는 일들을 이룰 수 있게 된다. 우리는 이 신비한 현상을 베스트셀러 《시크릿》에 나온 '끌어들이다.'라고 표현한다. "호의는 호의를 부른다.",

"가는 말이 고와야 오는 말이 곱다.", "주는 대로 받는다."라는 말들은 이런 과학적인 사실을 반영하는 것이다. 우리는 지금 진동 에너지로 가득 찬 우주에 살고 있다. 따라서 당신이 어떤 분위기의 에너지를 발산하느냐에 따라 동일한 에너지가 다시 되돌아온다.

05 부정적인 감정을 박멸시키는 해충제

   세상살이가 쉽지 않다. 직장생활이 너무 힘들다. 상사는 끊임없이 압박하고 바로 사표를 제출하고 회사를 나오고 싶지만 참고 또 참는다. 그런데 내 안의 화는 더욱 커질 뿐 사그라지지 않는다. 내 안에 평화가 주어진다면 얼마나 좋을까. 대인관계가 내 뜻대로 되지 않아 스트레스가 크다. 사소한 오해는 미움을 사고 분노를 일으킨다. 이 적개심은 상대뿐만 아니라 나 자신에게도 향한다. 화를 내고서도 화를 냈다는 죄책감으로 내 마음은 시끄럽다. 이런 감정과 싸우다 보니 에너지가 방전되어 지친다. 반면에 다른 사람들의 삶은 너무나 완벽해 보인다. 주변을 살펴보면 모두가 행복해 보이는데, 나는 항상 힘겹고 세상살이가 쉽지 않다. 나에게는 부족한 것뿐이다. 점점 마음에 짜증이 솟구쳐 오른다. 내 모습이 초라하게 느껴진다. 금세 우울하고 절망스럽다. 내 안에 평화가 주어진다면 얼마나 좋을까. 인생을 살다 보면 이렇게 부정적인 감정이 우리를 뒤흔드는 위기의 순간이 종종 찾아온다. 이럴 때마다 극복할 수 있는 힘이 우리에게 있다는 것을 확신하라. 감사는 우리를 위기의 순간, 부정적인 감정에서 구해 주는 구세주이다.

위기에 직면했을 때 가장 먼저 극복해야 할 문제는 당신의 감정이다. 당신은 강력한 감정의 소용돌이에 빠져 올바른 사고 능력을 잃게 된다. 이런 감정들을 충분히 표출하기 전까지 감사는 생각할 수도 없다. 위험은 감정을 표현할 때가 아니라 그것을 안에 담아 두고 있을 때 발생한다. 고통스러운 감정을 인정하라. 그렇다고 해서 그것들이 존재하지 않는 것처럼 가장하지는 말아라. 그래서 해결될 문제가 아니다.

감사는 감정의 소용돌이에서 우리를 구한다. 위기를 맞았을 때 우리는 어떤 기분에 사로잡힐까? 충격, 공포, 두려움, 분노, 흥분, 우울, 절망, 근심, 혼란, 불안, 혐오 같은 감정들이 당신의 마음을 뒤흔들어 갈피를 잡지 못하게 만든다. 감사는 이런 격동적인 생각과 감정들을 가다듬고 새로운 가능성에 눈을 돌리도록 인도한다. 예를 들어, 당신이 암이라는 진단을 받았다면 충격이나 두려움을 느끼는 것은 당연하다. 그때 그 감정이 안전하고 적절한 방법으로 밖으로 충분히 표출되도록 허락하라. 그런 다음, 그런 부정적인 감정들에 얽매여 있지 말고 가능하면 빨리 그것들을 머리로 보내 긍정적으로 해석할 기회를 얻어라. "좋아. 지금 내가 감사하고 소중하게 생각해야 할 점은 무엇일까?" 당신의 첫 번째 감사는 아마 이런 것이 될 것이다. "어쨌든 나는 지금 살아 있잖아. 그 점에 대해 감사하자. 살아 있는 한 희망은 있게 마련이야. 그 희망에 대해 감사하자."

건강 프로그램 '생로병사'에 출연한 서병수 씨가 있다. 회사에서 감사 일기를 꼭 쓰라는 경영진의 압박 때문에 어쩔 수 없이 감사 일기를 쓴 서병수 씨는 원래 불평불만이 많았던 사람이다. 직장에서도 동료들에게 화를 많이 냈다. 가정에서도 아내와 아이들에게 불같이 화를 내던 사람이 감사 일기를 쓰면서 삶이 변했다.

매일 감사한 점을 다섯 개씩 일기처럼 썼더니 자신이 얼마나 부정적인 사람이었고, 사람들에게 피해를 많이 끼쳤는지 반성하게

> 감사는 기적을 낳는다. 버려진 마음에 '사랑의 문신'을 새기고 지옥 같은 생을 천국으로 바꾼다. 감사하는 마음을 가지면 살아 있는 모든 것이 기적이 된다.

되었다. 가족들의 생일에 주인공에게 100가지씩 감사할 점을 적어서 족자로 만들어 선물해 거실에다 걸어놓았다. 가장의 이러한 변화는 가족의 인연들이 달라지게 만들었다. 아이들은 어둡고 위축되었는데 아빠의 변화로 친구들에게 인기가 많아졌고, 어디에서나 웃고 즐거운 얼굴을 하고 다닌다. 서씨가 아내에게 어느 정도로 부정적으로 대했냐면, 회식할 때 몇 시에 들어오냐고 전화만 해도 집에 들어와 핸드폰을 부숴버릴 정도였다고 한다. 분이 풀리지 않을 때는 망치로 폴더폰을 부숴버렸다. 하지만 그는 감사 일기로 직장에서는 매일 웃고 성과를 잘 내서 인정받고 있다. 그만큼 감사는 부정적인 감정을 극복하게 하는 놀라운 힘이 있다.

당신이 부정적인 생각에 빠져들지 않는 한 두려움과 공포는 힘을 잃게 될 것이다. 당신의 생각은 당신의 통제하에 있다는 사실을 잊지 말아라. 할 수

있는 한 최대한 감사하라. 거기서부터 당신은 실오라기 같은 가능성을 발견하기 시작할 것이다. "그래도 나는 운이 좋은 편이야. 나를 치료하는 의사는 훌륭한 사람이잖아. 그리고 암에 대해 권위 있는 다른 의사들도 많아. 사촌도 암에 걸렸었지만 회복되었잖아. 희망을 안겨준 사촌에게도 감사하자. 그리고 나에게는 힘이 되어 줄 가족들이 있어. 얼마나 감사한 일이야."

당신은 서서히 두려움과 공포에서 벗어나 보다 건설적인 생각과 감정을 향해 나아갈 수 있을 것이다. 당신이 감사한 생각과 감정으로 옮겨 가게 되면, 심장과 뇌의 파동이 일치하고 몸의 전자기장이 조화를 이루어 그에 부합하는 파동을 가진 을들을 끌어들이게 될 것이다. 감사는 과장하지 말고 성실하게 하라. 당신이 발산한 감사의 파동은 진실이 아닌 부분에 의해 빛을 잃을 것이다. 감사 파동의 순도를 높이기 위해 진실한 부분에만 감사하라.

때로는 감정이 북받쳐 오르는 순간도 있을 것이다. 그때는 넘쳐흐르는 감정을 막지 말고 적절하고 안전한 방법으로 표현하면서 당신의 관심을 감사한 생각에 집중하도록 노력하라. 그러나 자신을 속이지는 말아라. 화학요법으로 심한 고통을 겪으면서 "나는 암에 대해 감사해."라고 말하는 것은 거짓말이다. 당신은 결코 암에 걸린 걸 감사할 수는 없다. 또 그것을 감사할 필요도 없다. 하지만 많은 사람의 생명을 구했고, 당신의 생명을 구할 수도 있는 화학요법을 개발한 과학자들에게는 감사할 수 있다. 또 당신의 몸이 얼마나 굳건하고 용감하게 화학요법을 견뎌내고 있는지와 당신을 도와주고 격려해 주는 가족과 친구들에게도 감사할 수 있다. 당신이 진실이라고 믿는 것에만 감사의 파동을 발산하라. 파동은 결코 속거나 속이지 않는다.

당신의 뇌는 자율신경계를 통해 온몸에 끊임없이 메시지를 보낸다. 자율신경계는 의식적인 인식이나 노력 없이도 우리 몸의 내부 기관을 조절하고 통제하는 신경조직이다. 위기를 맞게 되면 당신의 심장박동은 제멋대로 불규칙하게 뛴다. 이런 심장박동은 뇌에 전달되어 생각하고, 결정하고, 느끼는 데 영향을 미친다. 혼란스러운 심장박동은 혼란스러운 사고를 초래하기 때문에 당신의 집중력과 사고 능력이 떨어지게 된다.

감사는 이런 정신적, 감정적 혼란 상태에서 당신을 구해 준다. 위기의 순간에 아주 사소한 것이라도 감사할 일을 찾아라. 그러면 당신은 서서히 마음을 진정하고 맑은 정신을 회복하게 될 것이다. 만일 절망적이고 부정적인 감정에 사로잡힌다면 당신의 생각이나 감정의 범위는 극도로 축소된다. 따라서 두려움이나 분노, 절망감 너머에 있는 것들을 보지 못하게 된다. 감사는 이런 상태에 빠진 당신이 예전의 상태로 돌아갈 수 있도록 인도한다. 감사를 통해 당신은 더욱 넓은 생각이나 사고를 할 수 있으며, 눈앞의 재난을 넘어서 새로운 가능성에 눈을 돌릴 수 있게 된다.

감사한 마음으로 사는 것이 재미있고 행복하게 사는 지름길이다. 행복은 멀리 있지 않다. 감사한 마음이 바로 행복과 직결되는 것이다. 감사한 마음을 지닐수록 흥미, 흥분, 이타심, 자부심, 자존감 같은 긍정적인 감정들이 더 많이 생기고, 마음이 재충전된다. 감사는 정신적, 신체적 건강 증진과도 인과적으로 연결돼 있다. 왜냐하면, 감사는 부정적인 감정들을 중화시키고 해독시키며 자신을 뒤돌아보게 하는 역할을 하기 때문이다. 감사하며 살아가면 다른 사람을 용서할 일도, 복수할 일도 줄어든다. 일주일만이라도 매일매일 감사하는 사람이 되도록 한 번 연습해보라. 그러면 감사의 효과를 몸소 체험할 수 있을 것이다.

또 감사는 기적을 낳는다. 버려진 마음에 '사랑의 문신'을 새기고 지옥 같은 생을 천국으로 바꾼다. 감사하는 마음을 가지면 살아 있는 모든 것이 기적이 된다. 미움의 상처를 쓸어내고 보잘것없고 작은 것들에 감사하며, 가장 낮은 곳에서 감사의 의미를 찾는 감사의 계절이 우리를 가득 채우길 간구한다.

06 사람들의 협력을 이끌어야 성공한다

감사는 협력을 촉진한다. 그렇기에 원하는 결과를 끌어들일 수 있다. 예를 들어 당신이 누군가에게 감사하는 마음을 가질 때 그 사람이 당신에게 협조적으로 되는 것은 당연하다. 심리학자 에몬스는 "한 사람이 감사를 표현하는 것은 다른 사람들이 감사를 표현하도록 동기를 제공하는 경향이 있다."고 주장했다. 감사를 한 번 표현하면 '자가 발전적인 선순환'이 일어난다는 말이다. 다시 말해 감사는 서로 말을 주고받게 한 것에 머무르지 않고 상대방의 긍정적인 행동까지 유발한다.

자신에게 호의를 베푼 사람들에게 감사를 표현하는 것은 사회적인 결속을 강화한다. 감사하는 태도를 가진 사람은 겸손하고 사회성이 높은 사람이라는 평가를 받게 되고, 주변 사람들은 감사를 표현하는 사람에 대해 필연적인 책임감을 느끼게 된다. 사람들은 자신에게 감사를 표현한 사람에게 지지와 도움을 제공한다. 그리고 감사를 주고받는 관계는 갈수록 더 돈독해진다. 실제로 감사 표현을 받은 사람들은 돈을 더 잘 빌려주거나 마음에서 우러나온 지지 행동을 더 많이 보였다.

감사함을 표현하면 상대방이 이후 또 다른 도움을 주기 쉬워진다. 예를 들어 식당 종업원이 영수증에 '고맙습니다.'라고 적은 경우, 그렇지 않은 경우보다 팁이 11% 증가한다. 손님들에게 감사의 표시를 한 종업원의 팁은 그렇지 않은 종업원들이 받은 팁에 비해 17~20%가량 더 많았다. 우편 설문 조사를 할 때 감사하다는 내용을 적으면 회수율이 높아진다. 또 사회복지사나 봉사자들의 방문 빈도도 그들이 도와준 것에 대한 감사 표현을 받았을 때 80%나 더 높았다는 실험 결과도 있다. 이처럼 상대방에게 감사를 표현함으로 얻을 수 있는 협조적인 마음은 당신이 원하는 결과를 촉진하는 필수적인 요소다.

당신을 진심으로 소중하고 고맙게 생각하는 사람을 머릿속에 떠올려보라. 그리고 그 사람이 당신의 존재에게 감사함을 표현한다고 가정해 보자. 당신의 기분이 어떻겠는가? 긴장되었던 마음이 평온해지는 걸 느낄 수 있는가? 당신에게 감사한 마음을 가진 사람에게 당신의 모든 것이 이해되고 받아들여지는 것을 느낄 수 있는가? 다음에는, 그 사람이 당신에게 무언가를 요구한다고 상상해 보라. 그때 당신은 그 사람을 돕기 위해 얼마나 적극적으로 될까?

반대로, 당신의 소중한 대접을 받지 못하는 경우를 가정해 보자. 누군가 당신에게 화를 내고 원망한다면 당신의 기분은 어떻겠는가? 몸이 뻣뻣하게 굳어지는 걸 느끼는가? 그 사람이 당신에게 분노와 원망을 던질 때마다 마음의 문이 닫히는 걸 느낄 수 있는가? 다음에는, 그 사람이 당신에게 무언가를 요구한다고 상상해 보라. 그 사람을 돕고 싶은 마음이 생길까? 감사는 당신의 파동과 당신이 원하는 것의 파동 사이에 협조적인 에너지를 창조함으로써 원하는 결과를 끌어들인다.

감사는 이타성을 낳는다. 다른 사람의 아픔에 공감하고 도우려는 마음이 필요하다. 이러한 마음을 이타성이라 한다. 사실 요즘 각박하고 경쟁이 강하다 보니 다른 사람에게 눈을 돌릴 겨를이 없다. 누군가를 생각해주고, 도우려는 마음을 에너지 소모라고 생각하기도 한다. 우리는 이러한 씁쓸한 현실을 탓하기 전에, 자신이 먼저 누군가를 도우려는 마음을 키워야 할 것이다. 이타성을 증진할 수 있는 방법의 하나가 감사의 마음이다. 감사를 많이 느끼는 사람은 이타적인 행동을 많이 하며, 감사를 표현함으로써 다른 사람의 친사회적인 행동을 일으킨다. 웨저우 후오(Yuezhou Huo)의 실험을 예로 들 수 있다.

그녀는 설문 조사에서 최근 일어난 좋은 일들을 써내는 대가로 현금을 주겠다고 약속하는 실험을 계획했다. 그녀는 한 집단에겐 좋은 일이 일어나게 한 외적인 요인

> 감사는 '마음의 전달이요, 소통'이다. 감사는 '고마운 마음을 상대방에게 전하며 인사하는 것'이다. 감사는 오해를 풀게 하고, 싸움을 그치게 하며, 고통과 한의 응어리도 풀어지게 하는 힐링과 치유가 있다.

을 쓰게 했다. 자신을 도와준 사람, 배우자, 선생님, 경제적인 도움, 운 등을 쓰게 했다. 다른 집단에겐 사건에 이바지한 자신의 능력이나 행동을 쓰게 했고, 대조군엔 그냥 좋은 일이 생긴 이유를 설명하게 했다.

설문을 끝낸 후, 피험자들은 자신들의 보상을 자선단체에 일부 혹은 전부

를 기부하는 기회를 부여받았다. 외적인 요인들 덕분에 좋은 일이 생겼다고 작성한 집단은 자신의 능력 때문에 좋은 일이 생겼다고 작성한 집단에 비해서 25%나 더 많이 기부했다. 대조군의 기부는 대략 나머지 두 집단의 중간 정도였다. 다시 말해 감사는 다른 사람을 도우려는 마음을 갖게 한다.

이처럼 감사를 표현하는 것은 우리를 움직이는 힘이 있다. 감사 표현을 받은 사람은 어떤 기분이 들까. 내가 다른 사람에게 선물이나 도움, 친절, 후원을 받을 때는 감사함을 느끼지만, 감사함의 표현을 받은 상대방은 어떤 기분이 들지 생각해본 적이 거의 없다. 먼저 우리가 감사를 표현하면 돕는 사람은 자기효능감이 상승한다. 우리가 누군가에게 도움을 주고 싶지만, 그 도움 행위가 정말 도움이 되는지 확신이 없어서 머뭇거리는 경우가 많다. 하지만 도움을 주었을 때 상대방이 고맙다고 표현하면, 안심되고 '내가 상대방에게 필요한 행동을 했구나.' 하는 생각에 유능감을 느끼기도 한다. 그래서 더 많은 도움을 주고 싶어진다.

더욱이 감사를 표현하면 상대방은 존중받는 느낌이 든다. 자신의 행동이 가치 있음을 느끼게 되고, 중요한 사람임을 느끼게 되어 돕는 행동을 더 하고 싶어진다. 도움을 주고자 했는데 상대방이 거절하면 기분이 나빠지고 화가 난다. 더 이상 어떤 도움도 주고 싶지 않아진다. 이런 느낌은 자신이 무능하고 무력하게 느껴지기 때문이다. 근데 감사 표현을 들으면 도움이 되었는지의 불확실감이 사라지고, 자신의 가치가 확인되는 것이다.

지노(Gino)의 연구에서는 대학생들에게 기부금을 요청하는 상황에 초점을 맞추었다. 연구에서 기부자들을 감사조건집단과 통제집단으로 분류했다. 기금 책임자는 감사조건집단 기부자에게 "당신의 노력에 감사합니다. 대학을 위한 기여에 진심으로 감사합니다."라는 말을 했다. 다른 통제집단에는 어떤 조치도 취하지 않았다. 그리고 두 기부자 집단에 기부의 효과성에 대한 피드백을 부탁했다. 그 결과 감사집단에서는 더 친사회적인 행동을 보였다.

감사를 표현함으로써 대인관계에서도 서로를 지탱할 수 있는 원동력이 되며, 보이지 않는 끈이 된다. 직장에서도 성향이 다르고, 전공이 다르며, 연령이 다른 구성원들과 일하는 것이 쉽지는 않다. 심지어 생각과 가치관도 다르므로 서로 오해가 생기고 편견을 가질 수 있다. 이러한 악순환을 방지하는 것이 감사 표현이다. 감사는 서로 간의 파괴적인 관계를 미리 방지하는 것이 감사 표현이다. 사실 직장 내에서 서로의 도움 없이는 해결되지 않는 경우가 많다. 서로의 도움을 당연하게 여기지 않는 태도, 고마움으로 받아들이고 이를 표현하면 상대방 역시 긍정적인 정서가 생긴다. '고맙다.'라는 표현을 받으면 상대방은 마음이 열리고 호감을 느끼게 되어 적극적으로 도움 행동을 하게 된다. 직장 내에서 동료의 도움이 있다면 당연하게 여기지 말고 진심으로 고마움을 표현하도록 하자. 그렇게 감사를 표현하면 상대방의 기분이 좋아져 긍정적인 문화가 형성될 수 있다.

감사는 '마음의 전달이요, 소통'이다. 감사는 '고마운 마음을 상대방에게 전하며 인사하는 것'이다. 감사는 오해를 풀게 하고, 싸움을 그치게 하며, 고통과 한의 응어리도 풀어지게 하는 힐링과 치유가 있다.

07 대인관계가 어려운 당신을 위한 해법

'감사'는 모든 인간관계를 원활하고 순조롭게 이어갈 수 있게 해준다. 감사를 통해 나보다 다른 사람을 더 아끼고 생각해줄 수 있는 마음을 배울 수 있다. 그래서 내 입장보다 다른 사람의 입장을 먼저 생각하게 되고, 이것은 더 좋은 인맥을 만들어 준다. 내 주변 환경과 사람들에 대해 좀 더 밝고 긍정적으로 바라볼 수 있다. 또한 감사함을 느낀 대상과 좀 더 친밀한 관계로 발전되어 인맥을 넓힐 수 있는 계기가 된다.

세상은 혼자서만 살아갈 수 없다. 감사는 사람들과 상호작용을 하면서 서로 협력할 수 있게 하는 활력소가 된다. 감사는 관계의 기적을 부르는 감사의 힘이다. 친구들이 나를 챙겨주고 든든한 동반자가 되어주는 것에서 항상 심리적인 안정을 얻는다는 것은 인생에 있어 매우 큰 행복이자 선물이다. 그들에게 내가 해줄 수 있는 것을 해줌으로써 나 자신의 안정을 얻을 수 있다. 그뿐만 아니라 친구들에게도 자신의 존재가 서로에게 소중한 존재라는 것을 인식하게 해준다. 혼자서는 하지 못하는 일을 도와주는 그들이 있기에 앞으로 인생을 살아감에 있어 나 자신을 더욱 발전시켜 나갈 수 있다. 감사는 사람과의 관계를 더욱 돈독하게 해주고, 가끔 생각나는 감사는 미소를 머금게 한다.

감사를 표현하면 긍정적인 에너지가 나온다. 아이젠 박사는 사람들이 긍정적인 감정 상태일 때, 남을 돕고자 하는 경향이 현저히 증가한다는 사실을 발견했다. 또 다른 사람을 돕는 행위 자체도 사람을 행복하게 한다는 것을 밝혀냈다. 한 마디로 선순환이 일어나는 것이다. 긍정적인 마음으로 남을 도우면 행복하고, 그런 행복감에 또다시 남을 돕겠다는 마음을 갖는 것이다. 그렇기에 감사를 표현함으로 나오는 긍정의 에너지는 서로를 돕고자 하는 마음이 커져서 자연스럽게 서로 협조하는 인간관계 분위기로 이어준다.

감사함은 적극적으로 표현해야 우리의 삶이 긍정적으로 바뀐다. 먼저 좋은 것을 받았다고 인식하는 것이 중요하다. 아무리 좋은 것을 받아도 특별하게 생각하지 않고 당연하게 여기면 감사한 마음을 갖기 어렵다. 호의를 베풀어준 마음에 따뜻한 마음을 느끼고, 감격스러운 마음이 있어야 감사를 느낄 수 있다. 누군가에게 고마운 마음이 생기면 부드럽고 온화한 말과 마음이 묻어나온다. 직접 말로 표현하지 않아도 좋은 것으로 되돌려주고 싶고, 미소 지으며 행동하게 된다. 이렇게 감사한 마음이 상대방에게 전달되면, 상대방 역시 기분이 좋아지고 더 호혜적인 행동을 하게 된다.

상호 간에 감사를 주고받으면 당연히 형성되는 것이 타인과의 유대감이다. 이것은 어쩌면 당연해 보인다. 내가 받은 혜택을 고마워하면 도와준 사람은 긍정적인 기분이 들고, 다시 좋은 것을 주고 싶어지며 친밀감을 쌓게 된다. 결국 친절과 친밀함은 상승 나선이 되어 서로 간의 관계를 돈독하게 만든다. 특히 감사를 표현하는 이들의 가족과 친구, 이웃들은 감사를 실천하는 당사자가 행복하기 때문에 함께 있는 것이 즐겁다고 이야기한다. 이것은 행복이 전염되는 원리다. 내가 감사한 마음으로 행복해지면, 남에게 긍정적인 에너지를 전달하게 되고, 긍정적인 에너지를 받은 사람은 또다시 다른 이에게 긍정의 에너지를 전달하게 되니 행복은 퍼지게 된다.

　　실제 행복은 전염이 된다는 사실이 밝혀졌다. 행복은 접촉이 없어도 주변에 행복이 있으면 전파되어 행복지수를 높이게 된다는 것이다. 발표된 내용을 보면, 내가

> 감사함을 실천하는 데 머뭇거릴 이유가 없다. 이처럼 감사는 우리 마음에 좋은 감정을 불러일으킨다. 지금껏 당연히 여겼던 내 존재의 가치를 발견하고, 내 주변의 사람들이 얼마나 소중했는지를 깨닫는 과정은 기쁨, 즐거움, 충만함을 갖게 한다.

행복하면 내 친구가 행복해질 가능성이 15% 증가하고, 내 친구의 친구가 행복해질 가능성은 10% 증가한다. 내 친구의 친구의 친구가 행복해질 가능성은 6% 증가한다. 내가 행복하면 가족, 친구, 이웃, 사회가 행복해질 수 있고, 그들의 영향을 받는 나 역시 더 행복해진다는 것을 말해준다. 내가 감사로 행복감을 찾으면 나에게 긍정적인 영향을 주는 것뿐 아니라 다른 사람들에게도 긍정적인 영향을 준다. 그리고 다른 사람의 행복의 혜택은 다시 나에게 돌아온다. 특히 사람들과의 관계 속에서 느낀 감사와 사랑을 일기로 쓰고, 표현하면 단순한 인맥이 아닌, 좋은 인연이 된다.

　　친밀한 관계는 심리적으로 안정감을 준다. 사랑할 때 나오는 호르몬인 페

닐에틸아민은 정신 건강에 좋다. 다트머스대 경제학자 데이비드 브래치플라워 교수는 35개국 1만여 명을 조사한 결과, 서로에게 감사하며 행복하게 결혼생활을 하는 사람들은 연봉 10만 달러(1억 1,200만 원) 이상의 가치를 번다는 결론을 얻었다. 이처럼 감사함을 표현할 때 관계에서 기적이 일어난다.

또한 연세대 사회복지학과 김재엽 교수팀은 실험자들에게 7주간 배우자에게 '사랑해, 미안해, 고마워.'라는 표현을 매일 하도록 했다. 그 결과 매일 이 말을 반복한 그룹은 혈액 내산화성 스트레스 지수가 50% 감소하고, 항산화 능력지수는 30% 증가했다. 또 우울증이 개선되고 심장박동도 안정화됐다. '사랑합니다. 감사합니다.'는 말을 자주 하는 것만으로도 암이나 고혈압, 당뇨병, 파킨슨병 등의 발생 위험이 낮아지고 노화 속도도 늦춰질 수 있다는 것이다.

미국 캘리포니아 주립대 폴 밀스 교수도 감사하는 마음이 우리 몸에 불러오는 효과에 관해서 연구하고 있다. 그는 TSL(Thanks, Sorry, Love) 가족 치료를 통한 부부 관계 개선과 산화성 스트레스 감소 효과에 관한 연구를 통해 감사 일기가 관계 개선에 효과가 있다는 걸 밝혀냈다. 감사는 수면의 질을 높여주고 우울증과 피로감을 감소시켜 주며 심장 기능을 유지하기 위한 효율성을 높여준다. 혈액 내산화성 물질도 감소하게 한다.

감사 일기도 인간관계에 놀라운 유익을 가져다준다. 감사 일기를 쓴 후 큰 변화는 대인관계에서 일어난다. 감사로 인한 좋은 기분은 다른 사람에게도 전달된다. 다시 말해 감사를 주고받게 되고, 행복도 주고받게 된다. 필자는 성인 여성을 대상으로 2주 동안 감사 일기를 쓰고 난 후 소감문을 분석하는 연구를 한 적이 있다. 감사의 태도를 보인 후 삶이 어떻게 변했는지 생생하게 들어볼 수 있는 시간이었다. 연구 참가자들은 놀랍게도 짧은 2주 동안 감사 일기를 쓰는 경험으로 삶의 소중함을 알게 되었다고 말했다. 그동안 당연하게 여겼던 것이 얼마나 소중한지 깨달았으며, 주위 사람들로부터 얼마나 많은 도움을 받고 살았는지를 알 수 있다고 말했다. 감사 연습을 한 후 불쾌한 사건이 그다지 화날 일이 아니었음을 알게 되었고, 이로 인해 마음이 부드럽고 온화해졌다고 보고했다. 마음이 풍족해 부자가 된 듯하며, 마음이 여유롭고 따뜻해져서 짜증과 불안감이 없어졌다는 소감도 있었다. 그뿐만 아니라 삶의 활력이 생기고, 하고 싶은 일이 많아지며, 에너지가 생긴다고 했다. 단 2주간의 감사 일기를 쓰고 난 후 이러한 변화가 일어난 것이다. 감사함을 실천하는 데 머뭇거릴 이유가 없다. 이처럼 감사는 우리 마음에 좋은 감정을 불러일으킨다. 지금껏 당연히 여겼던 내 존재의 가치를 발견하고, 내 주변의 사람들이 얼마나 소중했는지를 깨닫는 과정은 기쁨, 즐거움, 충만함을 갖게 한다.

내가 다른 사람에게 응원받을 만큼 소중한 존재였음을 알아차리게 되면, 나는 꽤 괜찮은 사람이라는 마음이 생기고 자존감이 회복된다. 그뿐만 아니라 감사 일기를 쓴 후 큰 변화는 대인관계에서 일어난다. 감사로 인한 좋은 기분은 다른 사람에게도 전달되어 그들도 기분이 좋아진다. 또한 나에게 혜택을 베풀어준 사람들에게 고마움을 표현하니, 상대방 역시 기분이 좋아진다. 다시 말해 감사를 주고받게 되고, 행복도 주고받게 된다.

08 쉿! 무병장수의 일급비밀

사람들은 무병장수하기를 바란다. 그러나 '생로병사'는 운명처럼 우리에게 고통을 준다. 감사를 실천하면 생로병사도 고통을 피할 순 없겠지만 줄일 순 있다. 사람은 네 가지 삶의 고통을 피해갈 수는 없다. 모든 것을 가진 인도의 싯다르타 왕자도 생로병사, 즉, 피할 수 없는 인간의 고뇌를 해결하기 위해 결국 모든 걸 버렸다.

그런데 감사하는 마음이 정말 건강을 가져다줄까? 뇌과학이 발전하면서 여러 심리적인 측면에 대한 과학적인 근거가 제시되면서 감사가 건강에 미치는 객관적인 영향이 밝혀지고 있다. 과학 기술의 발전으로 인해 뇌를 정밀하게 관찰할 수 있게 되면서, 뇌에 관한 연구들이 감사하면 실제로 건강해진다는 것을 밝히고 있다.

먼저 감사를 표현하면 뇌하수체 후엽에서 옥시토신이라는 신경전달 물질이 분비되어 전두엽 피질에 전달된다. 흔히 '사랑의 호르몬'이라 불리는 옥시

토신이라는 호르몬은 혈압과 코티
졸 분비량을 낮춰주기도 하고, 불
안을 감소시키며, 긍정적인 사회
적 교류를 돕는다. 옥시토신은 사
랑할 때, 친밀한 관계에서 분비되
어 행복감을 느끼게도 한다.

> 감사하면 뇌가 활성화되는 부분이 달라져 건
> 강해진다. 감사 실천이 뇌의 사회적인 관계
> 를 담당하는 측두엽의 쾌락 중추를 작동시켜
> 도파민, 세로토닌, 엔도르핀 같은 행복 호르
> 몬을 분비시킨다.

 옥시토신이 분비되면 사랑과 애정이 높아지고, 스트레스가 줄어들며, 심장
기능도 좋아진다. 그러니 '감사합니다.'를 표현하면 옥시토신이 증가하고, 세
로토닌을 증가시키며, 행복감을 느끼게 하고, 몸을 건강하게 한다. 또 감사
를 느끼는 사람이 그렇지 않은 사람들보다 질병에 걸리지 않거나 더 빠르게
회복한다. 감사할 때 뇌의 혈액량이 증가하고, 소뇌에 충분한 혈액이 공급되
어 엔도르핀이 분비되면서 면역력이 증대되어 혈액순환이 잘 되기 때문이다.
화가 날 일이 있거나 스트레스를 받더라도, 감사 성향이 높은 사람들은 스트
레스를 잘 대처하고 극복한다. 그러니 감사하면 건강해지는 것은 객관적인
사실이다.

 그레이터 굿 과학센터의 연구 책임자인 에밀리아 토마스 박사도 "감사를
느끼면 스트레스나 어려움을 극복할 수 있는 회복 탄력성이 강화된다."고 말
했다. 감사를 실천하면 남을 더 잘 도와주며 관대해진다. 병에 걸렸더라도 감
사할 점을 더 많이 찾아내고 삶에 대해 긍정하는 사람들은 회복 속도가 빠르
다. 다보스병원 센터장은 대부분 병의 경과에 고마움을 표현할 줄 아는 환자
들이 일상 복귀 속도가 빠르고, 건강하고, 행복한 삶을 사는 사람이 많다고

했다. 의사는 병을 고치는 데 도움을 주는 사람이지만, 병을 고치는 사람은 환자 본인의 자세라고 한다.

한편, 치매와 노화 연구 중에 수녀 연구(The Nun Study)가 있다. 이 연구는 수녀들을 대상으로 진행되었는데, 수녀들이 사망한 뒤 기증한 뇌로 수녀의 평소 생활과 인지기능을 비교하는 것이다. 이 연구는 수녀들의 유전자 검사, 신경 심리 검사, 신체검사, 혈액 검사 등을 통해 인지기능과 신체기능의 변화를 관찰했고, 수녀가 사망한 후에는 기증된 뇌로 인지기능 변화와 뇌의 직접적인 변화를 관찰하기로 했다. 노트르담 수녀 학교 출신의 수녀 678명이 이 연구에 참여했다. 이 연구의 흥미로운 것은 180여 명의 수녀가 종신 서약을 맺을 당시의 기분을 표현한 일기를 분석한 것이다. 연구팀은 22살에 쓴 수녀의 일기를 기분 상태로 분류했다. 감사, 만족, 행복, 희망, 사랑과 같은 긍정적인 감정이 많이 쓰인 정도를 기준으로 크게 4개 집단으로 분류했다. 집단4는 긍정적인 기분이 많은 수녀 집단이고, 집단1은 긍정적인 기분이 적은 수녀 집단이다.

또한 집단별로 수녀의 수명 차이를 살펴보았다. 흥미롭게도 감사와 만족과 같은 긍정적인 정서를 많이 기록한 수녀 집단은 적게 쓴 수녀 집단보다 수명 차이가 거의 7년에 달했다. 90세를 기준으로 집단1의 생존율은 30%였으나 긍정적인 기분이 많은 집단4는 60%의 생존율을 기록했다.

이 연구는 우리의 마음가짐이 수명에도 영향을 미친다는 것을 보여준다. 우리가 일상에서 감사와 사랑, 행복을 많이 느끼면 그만큼 건강해진다는 것을 보여준다. 수녀 연구는 긍정 감정과 치매의 관계도 연구했는데 긍정적인 감정을 풍부하게 썼던 수녀들은 나중에 알츠하이머병에 훨씬 적게 걸린다는 것이 밝혀졌다. 이 연구는 오래 살고 싶다면, 그리고 건강한 인지기능을 유지하고 싶다면 건강하고, 사랑하며, 행복한 긍정적인 감정을 표현하라는 시사점을 남겼다.

감사하는 마음이 건강에 영향을 미치는 이유는 몸과 마음은 밀접하게 연관되어 있기 때문이다. 만일 감사가 뇌파를 변화시킨다면(몸의 변화는 마음과 밀접하게 연결되어 있다는 사실로 보면), 감사하는 마음은 우리 몸에 유익한 영향을 미친다. 스트레스, 분노, 원한 등의 감정이 몸에 부정적인 효과를 미치는 것과 같은 이치였다. 뇌파가 감정 상태를 반영한다는 사실은 이미 과학적으로 입증되어 있었다.

또 감사하는 마음이 몸에 미치는 영향을 증명한 과학적인 자료들은 많다. 많은 과학자가 여러 감정에 따른 생리적인 반응(특히 심장 박동수와 뇌파의 변화)을 측정했다. 그리고 '감사'는 우리 심장이나 몸 그리고 정서에 좋은 반응을 일으킨다는 결과도 나와 있다. 심장박동이 느려지고, 혈압이 떨어지며, 소화작용을 촉진한다는 것이다. 또한 마음이 평온해지고, 스트레스가 감소되며, 면역계의 활동도 증가하는 것으로 나타났다.

혼란스럽고 불규칙한 심장 박동은 우리 몸에 연쇄적인 반응을 불러일으킨다. 혈관이 수축하면서 혈압이 올라가 고혈압을 초래하므로 심장 발작이나 뇌졸중 가능성이 급격하게 증가한다. 반면, 감사하는 마음을 가질 경우 심장

박동은 규칙적이고 주기적이며 균형 잡힌 파장을 나타낸다. 평온하고 일정한 심장 박동은 심장 혈관의 건강에 도움이 되며, 면역기능을 향상하고, 신경계의 기능을 원활하게 만들며, 호르몬의 균형을 가져온다.

앞서 말한 것처럼 감사하면 뇌가 활성화되는 부분이 달라져 건강해진다. 감사 실천이 뇌의 사회적인 관계를 담당하는 측두엽의 쾌락 중추를 작동시켜 도파민, 세로토닌, 엔도르핀 같은 행복 호르몬을 분비시킨다. 심장박동을 안정시키고, 근육이 이완되게 하며, 혈압을 편안하게 만든다. 기분 좋은 행복감을 느끼게 한다. 반면, 화를 내면 교감 신경계를 자극해 아드레날린 같은 신경전달 물질을 분비해 부신을 자극해서 스트레스 호르몬인 코티졸을 혈액 근육 쪽으로 몰리게 해 혈압과 혈당이 올라간다. 심장박동도 빨라진다.

생로병사를 관장하는 병의 치유법이 감사다. 실제로 감사를 해서 병을 이겨낸 사람들이 많다. 감사하면 생리학적으로 더 건강한 심장을 가지게 되어, 심혈관 질환 등 스트레스와 관련된 질병에 더 강해진다. 반면, 불평은 혈액순환을 방해하여 맥박을 급하게 하는 동시에 위장의 운동을 정지시켜 뱃속으로 들어온 음식의 소화를 거부해 건강에도 어려움을 겪게 된다고 한다. 그러므로 물질과 환경의 조건에 상관없이 감사하는 사람들은 건강하고 행복한 인생을 살게 된다.

한 연구에서 약 3주 동안 밤마다 감사했던 것 세 가지를 적어보게 하고 신체적인 안녕감이 어떻게 달라지는지 관찰했다. 결과는, 감사한 점을 작성한 사람들은 수면시간이 증가했고, 쉽게 일어날 수 있었으며, 깨어났을 때 상쾌하다고 말했다. 감사가 수면에 긍정적인 영향을 미치면서 신체적인 컨디션이 향상된 것이다. 이것은 수면과 관련 있는 시상하부가 감사에 의해 활성화되기 때문이다. 감사가 잠들기까지 시간을 줄이고, 수면시간도 연장하고, 결국 면역체계, 우울, 불안, 통증에도 영향을 미친다는 것이다.

09 물은 이미 정답을 알고 있다고?

상상을 초월하는 '말'의 놀라운 힘을 아는가? '말'에는 질병까지도 치유하는 기적을 가져오는 놀라운 비밀이 숨겨있다. 말기 신장암에 걸린 일본 대체의학협회의 데라야마 신이치는 매일 하늘을 보며 "고맙습니다."라고 말했다. 암에 걸렸지만 절망하지 않고 '고맙습니다.', '감사합니다.'라는 긍정의 말을 매일 기도하는 마음으로 크게 말했는데 기적처럼 암이 완치되었다. 폐암 말기환자도 매일 큰 소리로 '감사합니다.'를 100만 번 이상 말하자 기적처럼 건강을 다시 회복했다는 사례도 있다. 감사의 파동이 다시 자신에게 돌아올 수 있도록 행복과 건강을 원한다면 '감사합니다.'라고 매 순간 수백 번 반복해 말해보라.

인간의 몸은 대부분 물로 구성되어 있다. 이 물은 놀라운 감사의 힘에 대한 비밀을 알고 있다. '말'의 힘에 대한 놀라운 비밀에 대한 실험사례는 일본의 에모토 마사루 박사가 8년간 연구한 결과물이 담긴 베스트셀러《물은 답을 알고 있다》에 자세히 소개되어 있다. 에모토 마사루 박사는 원래 눈의 결정체를 연구하던 학자였다. 그는 모든 눈의 결정체 모양이 제각각 다르듯 물역시 각자의 결정체를 가지고, 상황에 따라 물 결정체가 달라지는 것을 과학적으로 입증해 전 세계를 충격에 빠뜨렸다. 또 '감사'나 '불평'과 같은 인간의 감정은 파동이 있고 다른 것에 영향을 미친다는 사실을 실험결과가 담긴 많은 사진을 보여주며 입증했다. 그의 연구에 따르면 물에게 어떤 말을 하거나 어떤 글을 종이에 써서 보여주면 그 말의 특성에 따라서 물의 결정체가 달라진다는 흥미로운 실험결과를 소개한다.

그는 저서를 통해 물을 부은 컵에 '감사합니다.', '사랑합니다.', '감사', '천사', '회복'과 같이 긍정적인 말을 부착 후, 지속적으로 말했을 때 물은 화려하게 핀 꽃과 같은 가장 아름다운 결정체 모양인 육각수 형태의 정육각형을 이루었다는 사실을 보여줬다. 더욱 충격적인 사실은 인간이 그 물을 마시면 놀라운 질병 면역 효과까지 있다는 것이다. 반대로 '미워한다.', '화난다.', '짜증난다.', '사탄' 등과 같은 부정적인 말을 붙인 후, 들려주면 물의 결정체가 엉망으로 망가진 흉악한 모양을 나타냈다. 놀랍게도 이 물은 실제로 인간의 몸에 해로운 성분까지 지니고 있었다고 설명한다.

부정적인 말에는 아무 결정체를 보이지 않던 물이 기도를 하자 결정체를 보였다. 박사는 5cc의 물을 담은 50개의 표본접시에 각각 '감사합니다.'와 같은 긍정적인 언어를 붙인 것과 '증오합니다.'와 같은 부정적인 언어를 붙인 것을 영하 25도에서 3시간을 냉동시킨 후 영하 5도 냉장고에서 전자 현미경으로 관찰했다. 그러자 긍정적인 언어의 결정체는 아름다운 다이아몬드 보석과 같은 눈부시게 예쁜 결정을 보여준 반면, 부정적인 언어의 결정체는 흉측하고 심하게 망가진 모습을 보였다.

이 실험은 신체의 대부분이 '물'로 이루어진 우리 인간들이 '말'의 놀라운 힘을 알고 있다면 아무리 절망적인 상황에서도 의도적으로라도 매 순간 긍정적인 말을 해야 할 이유를 알려준다. 긍정은 긍정을, 부정은 부정을 불러온다. 감사는 감사를, 원망과 증오는 더 큰 원망할 상황을 불러온다. 시크릿의 끌어당김의 법칙과 같다.

앞서 소개한 박사의 실험은 각종 매스컴에 알려지며 긍정적인 언어의 놀라운 효과와 부정적인 언어의 무시무시한 파괴력을 세상에 널리 알리게 된 계기가 되었다. 이 흥미로운 실험결과는 많은 이들을 충격을 빠트리기에 충분했다. 우리가 매일 마시는 물의 미세한 결정체마저도 그 형태를 완전히 바꿔버리는 놀라운 힘은 바로 '말'에 있었던 것이다!

《물은 답을 알고 있다 2》에서도 흥미로운 연구가 소개됐다. 에모토 마사루가 집의 수돗물 결정체가 예쁘지 않자 동일한 시간에 지인 500명에게 수돗물을 떠 놓고 "고맙습니다."라고 긍정적인 말을 지속하게 했다. 그러자 못생겼던 물의 결정체가 밝은 수정체의 결정체로 바뀌었다. 신비로운 양자물리학의 파동과 주파수의 비밀이 물의 결정을 완전히 다른 모양으로 바꾼 결과이다.

이처럼 감사의 말과 같은 긍정적인 말을 하는 것에는 상상 이상의 크고 놀라운 비밀이 숨어 있다. 그러나 말과 감사의 힘에 대해서 쉽게 받아들일 수 있는 사람이 많이 있을까? 눈에 보이지 않는 것을 믿는다는 것은 쉽지 않다. 그러나 박사의 실험으로 우리가 매일 마시는 물의 결정형태를 좌우하는 '말'의 놀라운 힘에 대한 실험결과를 눈으로 확인할 수 있음은 큰 행운일 것이다. 박사의 실험으로 눈에 보이지 않지만 모든 물체는 각자의 주파수와 파동이 있다는 사실을 증명해주었다. 긍정의 말, 감사의 말을 많이 할수록 우리 운명은 물론 건강과 환경까지도 바꿀 수 있다니 이보다 큰 유익은 없다.

그렇기에 우리에게 큰 영향을 미치는 말과 언어의 힘에 대해 제대로 알고 있어야 한다. 우리의 운명과 인생을 좌우하는 결정적인 비밀이 담겨있기 때문이다. 스스로의 운명을 바꾸고자 하는 사람일수록 언어와 말의 힘에 대해 관심을 갖고 많은 책을 읽어봤을 것이다. 수많은 저자는 저서를 통해 '말'의 힘에 대해 강조하고 있다.

> 모든 물체는 각자의 주파수와 파동이 있다는 사실을 증명해주었다. 긍정의 말, 감사의 말을 많이 할수록 우리 운명은 물론 건강과 환경까지도 바꿀 수 있다니 이보다 큰 유익은 없다. 그렇기에 우리에게 큰 영향을 미치는 말과 언어의 힘에 대해 제대로 알고 있어야 한다. 우리의 운명과 인생을 좌우하는 결정적인 비밀이 담겨있기 때문이다.

한편, 우리 인간의 몸은 60조 개의 단백질로 이루어져 있고 70%가 물로 구성되어 있을 정도로 대부분 물로 이루어져 있다. 혹자는 인간을 '영혼을 가진 아름다운 물주머니의 존재'라는 예술적인 말로 표현한다. 인간은 한순간도 물 없이 살아갈 수 없기에 물은 생명과 직결되는 소중한 생명과 같다. 공기 중에 떠다니는 이슬도 우리가 코로 숨을 쉬며 호흡기로 들어가 인체의 일부분을 구성한다.

우리에게 어떤 언어(말)를 노출시키느냐가 물에 큰 영향을 끼쳤다. 우리는 매일 수천, 수만 마디를 끊임없이 말하고 생각하고 읽는다. 그러나 힘들고 고된 세상살이에 지친 현대인들은 항상 긍정적인 언어에만 노출되기에는 현실적으로 불가능하다. 모든 사람이 서로 격려하고 응원하고 칭찬한다면 범죄율도 많이 줄어들 것이다. 아쉽게도 서로를 증오하고 시기 질투로 비난의 말이 오가는 환경 속에서 우리는 무수히 많은 부정적인 언어와 생각 속에 노출되어 살아가고 있다. 모든 언어와 생각이 부정적인 환경 속에서는 결코 우리의 건강도 보장할 수 없다. 우리가 항상 하는 언어의 형태와 정신건강을 포함한 신체의 모든 건강은 서로 유기적으로 연결되어 있기 때문이다. 항상 원망하고 비난하는 부정적인 말을 듣게 된다면 우리의 몸이 면역력이 떨어져 질병에 노출되기 쉽고 정신건강도 해치게 된다. 실제로 우울증에 시달리는 현대인들은 참 많다. 몸과 정신이 병들면 우리의 미래는 행복할까?

앞서 소개한 《물은 답을 알고 있다》에서 메모토 마사루는 감사와 사랑의 파장이 이토록 놀랍도록 물의 형태를 다르게 변화시킨다는 사실을 객관적인 실험으로 증명해줬다. 사실 박사의 실험을 접하기 전에는 필자 역시도 눈에 보이지 않는 말과 언어의 힘에 대해서 확신하기 힘들었다. 이미 수많은 성공학책을 통해 언어와 긍정의 힘에 대해 수없이 좋은 내용을 접했지만 뚜렷하고 객관적인 근거나 직접적인 체험 없이는 누구나 진실로 받아들이기 힘들 것이다. 박사의 실험을 접하고 난 이후에는 말 하니, 생각 하나가 운명을 좌우할 수 있다는 경각심을 일깨워줘서 부정적인 감정이 올라올 때마다 의도적으로 긍정적이고 감사하는 마음으로 순화시키기 위해 노력하고 있다. 남을 욕하는 순간 그 누구보다 가장 먼저 부정적인 에너지를 접하게 되는 것은 바로 '나 자신'이다. 다른 사람을 위해서가 아닌, 나 자신을 위해서 부정적인 것들과 싸워 이기고 항상 긍정적인 에너지를 유지시켜야 한다. 항상 마음에 감사의 씨앗을 심고 '감사합니다.'라는 말을 습관화해서 온몸의 세포가 매 순간 덩실덩실 춤을 추며 환하게 웃도록 하자. 당신의 인생은 행복이라는 화려한 꽃으로 다시 피어날 것이다.

국내 프로축구팀 포항에서도 감사하는 마음이 어떻게 식물의 성장에 영향을 미치는지 실험을 했다. 선수들이 숙소에서 아침 훈련 나갈 때, 한쪽 고구마에다가는 "사랑스러운 고구마야, 너는 참 예쁘구나! 앞으로 무럭무럭 자라라, 고마워."라고 말하게 하고, 또 한쪽 고구마에게는 "야, 못생긴 고구마야. 너는 안돼. 꺼져."라고 말하게 했다. 60일 동안 똑같은 환경에서 똑같은 물을 주었는데도 긍정과 감사를 보낸 고구마의 성장이 몇 배나 더 좋아졌다.

포항 축구팀 황선홍 감독은 그 결과를 보고 이렇게 말했다.

"실험을 보고 많이 느꼈습니다. 어떤 말을 하느냐에 따라서 마음가짐이 이렇게 큰 변화를 가져올 수 있다고 생각했고, 실제로 선수들이 고구마 실험을 하여 서로 긍정적인 말과 감사의 말을 많이 하여 단결해서 훈련을 했더니 결승진출까지 하게 되었습니다. 감사하는 말의 비밀을 알게 되어 감사합니다."

이처럼 감사와 긍정의 말이 가져다주는 힘은 실로 놀랍고 위대하다.

CHAPTER 3

당신도
인생의 기적을
창조할 수 있다

당신도
인생의
기적을
창조할 수 있다

01 4차산업혁명 시대, 왜 감사가 답인가?

'2020년 시대'를 앞두고 있었을 당시 '4차산업혁명'을 주도할 인공지능 로봇, 사물인터넷 등의 뉴스가 나올 때마다 미래를 걱정하며 불안에 빠져들었다. 2016년 다보스 포럼(Davos Forum)을 통해 4차산업혁명의 흐름을 인식한 인류는 과학 기술이 불러올 기회와 위협적인 혁명을 예감했다. 이후, 이세돌이 인공지능 알파고와 펼친 세기의 바둑 대결이 세인의 관심을 받았다.

과거 바둑은 기계가 감히 이길 수 없는 인간의 마지막 자존심의 영역이었으나 최근 구글-딥마인드의 '알파고'가 이세돌 9단과 5차례 대국을 벌였다. 승리를 확신했던 인간 대표 이세돌은 4대1로 패배해 인공지능 전문가에게조차 충격으로 다가왔다. 우리는 인공지능을 필두로 한 4차산업혁명의 문턱에 다다랐다. 대다수가 '다가오는 4차산업혁명에 어떻게 대비해야 하는가?'를 두고 '무엇을 어떻게' 준비해야 할지 불안함과 답답함을 느꼈다.

4차산업혁명이 가져올 우리의 미래 삶에 대한 답은 어디에 있을까? 4차산업혁명의 핵심은 고도의 기술이 획기적으로 발달해 사람을 능가한다는 데 있다. 최첨단 기술에 의해 모든 것이 하나로 연결되고 '초 지능화' 되다 보니 변화의 속도가 상상을 초월할 정도로 빠르고 광범위한 영향을 끼칠 수밖에 없다. 분명한 것은 다가올 극명한 변화에 지혜롭게 대처할 필요성이 요구된다.

　이미 4차산업혁명 시대가 열렸다. 모든 사물과 사물을 연결해 빅 데이터로 저장 및 분석하고 이를 공유하는 사물인터넷 기반의 5G 시대를 살아간다. 인간의 모든 생각과 지식, 행동을 저장하고 전 세계가 이를 공유하면서 우리의 삶은 더욱더 편리하게 발전하고 시대가 급변하고 있다. 인공지능(AI), 알파고, 4차산업혁명, 빅 데이터 등 과거 산업혁명과는 완전히 다른 세상이 펼쳐지고 있는 것이다. 인공지능 기술이 빠르게 발전하고 일상 속에 침투하게 되면서 4차산업혁명 시대에 대한 기대와 동시에 우려가 교차하고 있다. 기술의 발전은 이로움을 주면서도 그 이면엔 윤리적인 문제와 몰가치성 등 인간의 행복과 존엄성을 위해 해결해야 할 과제들이 공존하기 때문이다. 과학기술혁명 시대에는 분명 너무나 빠른 변화 속에서 미처 예상하지 못한 윤리·사회적 문제가 심각해질 수 있다. 결코 기계가 발달해도 인간이 누릴 수 있는 존엄성과 행복을 양보할 수는 없다. 인간이 기계보다 우선이기 때문이다.

　만일 기계가 인간을 지배한다고 상상해 보라? 얼마나 끔찍한가? 그렇기에 우리는 한 번 고민해 봐야 한다. 물질적인 풍요와 과학 기술의 발전이 인간을 과연 편리하고 행복하게 해줄 수 있을까? 이미 많은 사람이 4차산업혁명 시대에도 인간이 행복해질 수 있느냐를 우려하고 있다. 4차산업혁명은 인간이 단순히 과거처럼 불행하지 않음을 넘어 끊임없이 행복을 추구해야 하는 혁명이 돼야 한다. 그만큼 인간의 행복과 정신과 영적인 세계

> 철학자 아리스토텔레스는 "행복은 감사하는 사람의 것이다."라고 했고, 인도의 시성 타고르도 "감사 분량이 곧 행복의 분량이다. 감사한 만큼 행복하게 살 수 있다."고 했다.

를 연구하는 연구자들도 많이 나와야 한다.

이미 눈에 보이는 물질과 과학 기술 발전으로 인한 편리함으로 행복을 추구하는 것은 한계에 다다랐다. 이젠 눈에 보이지 않는 정신적인 것을 통해 행복을 추구할 수 있는 시대가 온 것이다. 그런데 왜 갑자기 '감사'냐고 의문을 갖는 사람이 있을지 모른다. 행복과 감사는 한 몸처럼 떼려야 뗄 수 없을 정도로 긴밀한 관련이 있다. 4차산업혁명 시대에서 인간으로서의 행복을 추구하기 위해서는 감사하는 방법을 알아야 한다. 이제는 물질을 넘어 정신적인 것만이 우리의 행복을 채워줄 수 있기 때문이다.

그리스 철학자 아리스토텔레스는 "행복은 감사하는 사람의 것이다."라고 했고, 인도의 시성 타고르도 "감사 분량이 곧 행복의 분량이다. 감사한 만큼 행복하게 살 수 있다."고 했다. 행복은 소유에 정비례하기보다는 감사에 정비례한다고 생각한다. 감사가 없는 가정은 메마른 광야와 같다. 아무리 지식과 명예와 권세와 부를 많이 쌓아놓아도, 감사가 없으면 풍요로운 삶을 누릴 수 없다. 행복은 마음 상태에 달려있다. 자기 일에 열정을 쏟는 사람은 행복을 느끼고, 반대로 자기 일에 헌신과 열정이 없는 사람은 무미건조한 삶을 살게 될 뿐이다. 행복은 돈, 명예, 권력과 비례하지 않는다. 이처럼 4차산업혁명에서는 불행을 없애기 위한 욕구보다 인간의 행복을 추구하는 욕망이 중요

해진다.

한편, 지금 질적 성장에 온 국민의 관심이 쏠려 있던 덕분에 우리나라는 세계가 깜짝 놀랄 정도로 고성장을 이루었고, 우수한 인적 자원을 바탕으로 IT 산업과 문화 산업에서 세계적으로 이름을 뽐내고 있다. 그러나 항상 양면성이 있다. 물질적인 풍요와 과학 기술이 발전한 만큼 행복하지 않다. 가진 것에 감사하지 않고 남과 비교하면서 조금이라도 덜 가진 것들을 아쉬워하면서 불행을 느끼고 있다. 또한 모두가 지금보다 더 잘 살아야 한다는 강박적인 열망을 추구하는 동안 현재에 초점을 맞춰 우리가 가진 것에 감사한 마음을 가지지 않았다. 이제 다시 초점을 돌려 감사를 우리 생활의 밑거름으로 삼아 하루하루를 살아간다면 물질적인 풍요와 함께 영적인 풍요도 함께 누릴 수 있을 것이다. 소유와 무관하게 감사만이 우리가 행복해질 수 있는 유일한 길이다.

요즘 세계적으로 4차산업혁명에 관한 관심이 높다. 인공지능(AI), 자율주행, 사물인터넷(IoT), 가상현실 등 하루가 다르게 진화하는 새로운 기술이 인간들의 삶에 커다란 영향을 미치고 있다. 사람들에게 행복을 가져와야 할 4차산업혁명에 대한 두려움도 커지고 있다. 이제는 인간의 행복을 추구할 수 있는 새로운 길을 모색해야 한다. 그중에 감사하는 것이 급변하는 시대에 우리를 새로운 행복의 길로 인도할 것으로 확신한다.

박노해의 시 '감사' 전문이다.

오늘은 아무 일도 없었다
한가함이라는 선물을 받았다

오늘은 몸이 아파 누웠다
몸에게 반성하며 감사했다

오늘은 좋은 일이 있었다
힘든 시간들에게 감사했다

오늘은 실패가 있었다
그래도 나는 아직 죽지 않았다

내일도 새로운 만남과 선물이 있으리라
오늘 다시 준비하며 새롭게 감사할 뿐

02 기계와의 전쟁, 알파고를 능가할 인재조건

사람들이 4차산업혁명 시대에는 로봇과 인공지능이 많은 수의 일자리를 빼앗아가게 될 것이라고 걱정한다. 실제로 스마트 팩토리가 제조업 현장에 보급되면, 기존 작업장 근로자들의 일자리도 많은 수가 사라지게 될 것이다. 또한 인공지능의 고도화는 의사, 법률가, 회계사, 교수 등의 과거의 화려함을 떨쳤던 전문직 일자리들도 보장하지 못한다. 이제 인류의 일자리에 대한 인식도 바뀌어야 한다.

인간은 일과 성취를 통해 보람과 행복을 느낀다. 인간에게 일과 직업은 단순히 생계유지 수단뿐만 아니라 궁극적으로는 삶의 보람을 느끼고 인생을 행복하게 살아가기 위한 가치로서의 의미이다. 4차산업혁명의 핵심은 역설적이게도 '기계, 기술 중심의 시대'가 아니라 '인간, 인간성 중심의 시대'이다. 4차산업의 모든 기술과 아이디어들은 모두 그 목적이, '인간과 인류를 편리하게 하고, 인류의 삶을 행복하게 하는 것'으로 수렴한다.

이제 곧 도래할 4차산업 기술들이 만들어 줄 편리함의 이기(利器)라는 시대는, 다수의 생산과 작업을 효율적으로 대체시키며, 생산성의 극대화를 통해 더욱 많은 풍요로움과 소득을 가져오고, 반면 인간과 인류는 스스로가 가장 잘하고, 가장 하고 싶은 분야의 일을 하며 살아갈 수 있다는 환경이 조성된다. 따라서 우리는 로봇이 빼앗아갈 직업을 분석하고 걱정만 하고 있을 것이 아니라, 로봇과 인공지능 등 편리함의 이기를 이용하여 지구에서 우리가 진정 행복하게 살아갈 수 있는 방법을 연구하고 고민해야 한다. 하지만 분명한 것은 이제 인간은 기본적인 경제활동을 하며, 동시에 내가 진정 좋아하고 하고 싶은 일을 주체적으로 결정하며, 자유롭게 살 수 있는 환경이 갖춰진 세상이 오고 있다는 점이다. 로봇과 인류의 일자리는 결코 양립 불가능하지 않다. 10년 뒤 "당신은 무슨 직업을 갖고 계세요?"라고 누군가 묻는다면, "질문이 틀리셨군요. '당신은 지금 어떤 일을 하며 행복한가요?'라고 물어봐야죠."라는 대답이 되돌아올 수 있기를 기대해 본다.

4차산업혁명 시대에는 어떤 능력을 갖춰야 일을 통해 행복과 성취를 느낄 수 있는 인재가 될 수 있을까? 4차산업혁명 시대에는 공동체라는 인간 중심 가치를 소유한 개인 및 집단과의 교류를 기반으로 세계무대에서 활약하는 깨어있는 사람들이 부자가 되어 풍요와 행복을 누릴 것이며 인간의 진실성, 인간과의 교류, 인간의 소속감 추구가 매우 중요한 행복요소가 될 것이다. 그래서 4차산업혁명으로 오직 사람만이 할 수 있는 직업은 계속해서 수요가 따를 것이다. 사람이 만나 비즈니스를 구축하는 일은 오직 사람만이 할 수 있다.

그래서 인적교류를 바탕으로 하는 네트워크마케팅과 같은 비즈니스가 4차산업혁명 시대에는 더욱 번창할 것이다. 마케팅전문가나 네트워커는 시대가 변해도 기계로 대체될 수 없는 오직 사람만 할 수 있는 직업이다. 사람과 사람이 만나 일이 성사되고 수익이 발생하기 때문이다. 이러한 직업은 인공지능이나 로봇이 대신할 수 없기에 영원히 존재할 것이다.

인공지능의 한계는 존재하고, 결국 인간만이 갖춘 특별한 부분이 있는데, 이를 얼마만큼 인지하느냐가 중요하다. 그중 하나는 '사회성'이다. 인간은 '관계 맺기'의 천재이다. 싸운 친구와 쉽게 화해하고, 토라진 애인을 살살 달래주며, 누군가의 슬픔에 진심으로 공감하는 것 등, 인간에게는 너무나 당연한 감정들을 데이터화시키고 수치화시켜 인공지능 프로그램에 적용하기란 아직 불가능하다. 또한 성(性), 문화, 나이에 따라서 달라지는 사회성도 데이터로 만들기에는 경우의 수가 너무 많다. 그리고 '이 사람은 뭔가 나랑 코드가 맞지 않아' 등과 같은 인간이 직관적으로 느끼는 감정들 역시 수학적 데이터로 만들기엔 매우 까다롭다. 이처럼 인공지능과 기계로 대체할 수 없는 인간만의 장점을 살릴 수 있는 능력을 키운다면 미래의 핵심인재로 살아남을 것이다.

김성희 카이스트 명예교수는 "새 시대에는 융합과 협업, 빠른 대응, 감성교감 등의 역량이 중요해질 것"이라며 이같이 밝혔다.

결국 미래 사회의 인간상은 바로 '협력하는 괴짜'가 될 것이다. 아무리 인공지능이 발달해도 인간의 손길이 반드시 필요한 직업이 있다. 우리에게 필요한 것은 도저히 기계화할 수 없는, 사람만이 할 수 있는 일이다. 기계로 대체될 수 있는 독보전인 인재가 되기 위한 고민을 해야 한다. 4차산업혁명을 선도하는 과학자들은 인간이 삭막한 환경 속으로 내몰릴 것이라고 경고한 바 있다. 설마 4차산업혁명 시대의 충격이 다가와도 정부가 국민의 삶의 질과 행복을 책임질 것이라고 착각하고 있지 않은가? 이는 당연히 현실적으로 어려운 것이 사실이다.

이처럼 우리 모두 변화의 시대에 살고 있다. 구글의 인공지능 알파고가 이세돌 9단과의 바둑 대결에서 승리하면서 인공지능 시대에 들어선 것을 실감하였다. 그리

> 인간에게 이타성을 낳는 '감사의 표현'은 사람들을 움직이게 한다. 작은 감사 표현이 다른 사람을 위한 친사회적인 행동의 파급효과를 갖는다. 그래서 4차산업혁명은 '감사하는 능력'이 개인의 행복과 생존을 좌우하는 중요한 요소가 될 것이다.

고 4차산업혁명이라는 급격한 직업 세계의 변화 속에서 생존 방법이 주요 이슈로 떠오르고 있다. 4차산업혁명 시대에는 다른 사람을 돕고 이해하는 능력이 필요하다. 인공지능의 역할이 커지면서 1인 기업이 늘어나는 시대에는 다른 사람과의 관계가 덜 필요하다고 생각할 수 있다. 그러나 인간은 감정을 가진 존재이며, 공감받고 싶고 이해받고 싶은 기본적인 욕구를 지녔기 때문에, 그 감정을 나누며 이해할 수 있는 사람이 필요하다. 인공지능이 인간의 역할을 대신하더라도 인간과 진짜 만남을 대신할 수 없다. 최근 인공지능과 대화하는 전자제품이나 애플리케이션이 나오는 것을 보면 인공지능의 기본적인 공감과 정서적인 표현도 가능해 보인다. 하지만 더 깊은 차원의 공감, 인간과

인간의 참만남과 친밀함은 인공지능이 대신할 수 없다. 그러니 다가오는 사회에서는 다른 사람에게 마음을 내어주고, 위로하며, 사회에 공헌하고자 하는 힘을 키워야 할 것이다.

그런데 흔히 IQ가 높으면 똑똑해서 높은 성취를 이룰 것으로 생각한다. 나 자신에게 감사하는 것은 효과적인 자기성찰 과정이라고 볼 수 있다. 자기성찰이 왜 중요할까? 하워드 가드너의 다중지능이론에 따르면 인간의 지능은 IQ 하나로 결정되는 것이 아닌, 언어와 음악, 논리수학, 공간, 신체 운동, 인간 친화, 자기 이해, 자연 친화라는 독립된 8개의 지능으로 구성된다. 이중 가장 중요한 것은 자기 이해지능이다. 자기 이해지능이란 자기 생각과 느낌을 파악하고 통제하는 EQ 지능, 즉 감성 지능과 관계되어 있다. 뛰어난 업적을 이룬 각계의 인사들은 특정 분야의 지능 이외에 자기 이해지능이 뛰어나다는 공통점이 있다. 그 이유는 이 자기 이해지능이 대인 지능과도 깊은 연관이 있기 때문이다.

자신의 상태와 감정을 읽어내고, 이해하며, 통제하는 기능은 결과적으로 조직 안에서 조화를 구하고 타인을 이해하는 능력으로 이어진다. 타인과 나를 구분하고, 타인의 입장과 나의 입장을 헤아려 조장하는 능력이야말로 이 시대의 리더들이 갖춰야 할 중요한 덕망이며, 각계 유명인사들은 바로 이 부분에서 특출함을 발휘한 사람들이다.

다른 사람들의 협조 없이 독불장군처럼 혼자 성공할 수 없다. 그래서 모두가 당신에게 협력하고자 하는 마음을 느끼도록 이타성을 불러일으켜야 한다. 그런데 인간에게 이타성을 낳는 '감사의 표현'은 사람들을 움직이게 한다. 작은 감사 표현이 다른 사람을 위한 친사회적인 행동의 파급효과를 갖는다. 그래서 4차산업혁명은 '감사하는 능력'이 개인의 행복과 생존을 좌우하는 중요한 요소가 될 것이다.

03 관점을 바꾸면 인생이 달라진다

빅터 프랭클(Victor E. Frankl) 박사는 2차 대전 당시 나치의 죽음의 수용소에서 살아남은 사람 중 한 명이다. 그의 책《죽음의 수용소에서》에는 그가 수용소에서 겪었던 비참한 삶의 실체가 그대로 담겨 있다. 그는 수용소에서의 경험과 인간적인 반응을 환자의 심리치료에 적용하여 심리치료법에 변혁을 가져오는 로고테라피(Logoteraphy)라는 방법론을 개발했다. 전문가들은 이 치료법의 가치를 매우 높게 평가해 프로이트와 아들러 이후 가장 커다란 성과라고 평가할 정도로 위대한 업적이다.

빅터 프랭클은 아우슈비츠에 있는 죽음의 수용소에서 수없이 많은 육체적인 고통과 마음의 상처를 입었다. 죽음과 분노의 공포로 가득했던 수용소에서 자신에게 주어진 고난의 의미를 찾으려 애썼다. 한 개인으로 무력하기 짝이 없었던 그는 '수용소의 한 죄수'라는 상황을 바꿀 수 없었다. 절망이란 더이상 방법이 없을 때 생긴다. 상황을 바꾸기가 불가능할 때 절망한다. 그러나 그는 변화시킬 수 있는 것이 하나 있다는 것을 깨달았다. 상황을 변화시킬 수 없다면, 이 상황을 해석하는 자신의 '관점'을 바꾸는 것이다. 그는 고난의 의미를 찾기 시작했다. 후에 그는 자신이 겪은 이러한 변화의 힘을 환자의 치료에 적용했다.

이처럼 우리도 청춘을 바친 직장에서의 내몰림 혹은 치명적인 암이나 사랑하는 가족의 이혼, 죽음, 결별, 사고 등과 같이 피할 수 없는 절망적인 상황조차도 그 의미를 발견해 재해석할 수 있다. 우리 자신을 변화시킴으로 해서 절망적인 상황을 바꾸는 것이다.

중요한 것은 빅터 프랭클처럼 고난을 재해석하여 미래의 꿈을 만들어낼 수 있었다는 점이다. 그는 자신이 겪고 있는 고난을 객관화시킬 수 있었다. 또자신의 고난에 대해 관찰자가 되었다. 그는 꼭 살아남아 이 체험을 세상에 알려야만 하고, 이 체험을 통해 환자를 치료해야만 하는 '삶의 목적'이 있었다. 이는 그가 도저히 그곳에서 죽을 수가 없게 만든 이유다. 이게 그를 살린 인생의 '비전'이었다.

'나에게 삶이란?'이라는 질문에 '삶은 전쟁이다.', '삶은 수행이다.'라고 답하는 사람이 있다. 또 어떤 사람은 '삶은 선물이다.', '삶은 축제다.'라고 답하기도 한다. '삶은

> 감사함의 눈으로 삶을 바라보면, 새 희망이 열린다. 살다 보면 '왜 나한테만 이런 일이 일어나는 거지, 왜 이 사람은 나를 이렇게 힘들게 하는 거지, 왜 나는 이렇게 힘든 일을 겪는 거지.' 등 많은 불행요소로 머릿속이 복잡하다.

○○이다.'라고 표현하는 것을 은유라고 하는데, 어떤 은유를 하고 있느냐에

따라 우리의 인생 스토리는 많이 달라진다.

'삶은 전쟁이다.'라고 표현하는 사람의 인생은 늘 치열하고, 고되고, 누군가는 상처를 입게 되는 과정일 것이다. 반면, '삶은 선물이다.'라고 표현하는 사람의 인생은 감동이 있고, 설렘도 있을 것이다. 인생에 대해 어떤 은유를 갖는지에 따라 우리의 감정, 태도, 생각에 영향을 미치고, 결국 다른 사람과의 관계, 자신의 미래에 대한 낙관성, 일에 대한 자세 등 삶의 전반에 영향을 미친다.

자신의 인생에 대해서 늘 고통과 불행이 지배하고 있다는 이야기를 하면 세상은 어두컴컴한 곳이 된다. 이런 세상은 늘 전쟁을 하는 치열한 공간이 된다. 그러나 삶의 스토리를 새로운 관점으로 쓰면 세상은 다른 공간이 된다. 새로운 이야기로 쓰인 세상은 '반짝반짝 빛나는 선물'이 된다. 늘 삶에 대해 부정적으로 해석해왔지만, 새로운 이야기를 써 가면 파티가 된다. '존재했지만 인식하지 못했던' 나의 순간들을 볼 수 있는 것이다. 이처럼 내 인생의 이야기를 새로 쓰려면 감사의 눈이 필요하다. 감사의 눈으로 자신을 들여다보면, 과거에 보지 못했던 사랑스러운 자신을 발견할 수 있다. 거친 세상에서 영화처럼 흥미롭고, 감동을 주는 삶의 주인공이 될 수 있다. 감사로 인생 스토리를 쓰면 자신이 얼마나 사랑스럽고 아름다운지 발견하게 된다.

이처럼 감사는 새로운 관점을 열게 한다. 세계에서 가장 영향력 있는 여성으로 꼽히는 방송인 오프라 윈프리는 제75회 골든 글로브 어워드 수상 소감을 어려운 환경에서 자라는 소녀들과 나눴다. 그녀 역시 가장 불우한 어린 시절을 겪었기에 그들에게 위로를 전했다. 그녀는 최악의 환경에서 자랐고, 가난을 넘어 성적 학대와 인종차별을 받으며 자랐지만. 지금은 누구보다도 존경과 사랑을 받으며 성공한 인물이다. 그 비결은 자신의 역사를 새로 썼기 때문이다.

"상처를 지혜의 초석으로 삼으라."는 그녀의 값진 명언은 인생 스토리를 다시 쓴 결과다. 상처받고, 가난하고, 무력과 패배감에 붙잡힌 과거의 그녀는 늘 '세상은 고된 고통이다.'라고 했을 것이다. 그러나 과거의 아프고 힘겨운 자신을 그대로 인정하고, 감사하는 시간, 즉 과거를 보듬어주고 재해석해 새로운 세계를 창조했다. 오프라 윈프리는 자신의 성공비결을 '감사'라고 이야기하며, 여전히 감사 일기를 쓰고 있다. 감사 일기를 쓸 때 '세상은 살만하며, 나는 세상을 감당할 수 있어.'라는 믿음이 생긴다. 상황이 변하지 않았음에도 불구하고, 과거가 바뀐 게 아님에도 불구하고 내 인생을 해석하는 관점이 바뀐 것이다. 이처럼 마음을 바꾸면 세상이 달라진다. '모든 것은 마음먹기에 달려있다.'라는 말이 있다. 이게 인생의 기본 진리이다. 생각을 약간만 바꾸면 뭐든지 즐겁게 해낼 수 있고 실패나 위기도 좋은 기회로 나를 도약시키는 계기로 만들 수 있다.

우리에게 닥친 수많은 사건, 특히 '부정적인 사건들을 어떻게 해석하느냐?'가 중요하다. 그에 따라 대처방식과 정서적인 반응이 달라진다. 왜 하필 다른 사람이 아닌 내가 힘든 것인지 해석되지 않는 순간들도 많다. 하필 지금 불행한 사건이 일어났는지 해석되지 않을 때가 있다. 이유를 알 수 없는 막막한 고통 앞에서 우리는 무엇을 할 수 있을까. 먼저 사건의 전말을 밝혀 고통의 원인을 찾겠다는 생각을 멈추고 마음을 내려놓아야 한다. 그리고 더 넓고 초월적인 눈으로 자기 자신과 사건을 바라보는 것이 필요하다. 불행한 사건을 신의 뜻 일부로 바라보면 위안이 되고 신의 사랑을 경험할 수 있다.

이러한 과정을 돕는 것이 종교다. 우리에게 시련이 닥쳤을 때 종교의 영향력과 중요성은 더 커진다. 종교는 자기 고통을 이해하고 사건의 의미와 가치를 찾을 때 큰 힘이 된다. 비록 아프고 힘겨워도 특별한 가치를 깨닫고 신의 사랑을 경험하는 데 종교의 의미가 있다. 그렇기에 종교가 있는 곳에는 자연스럽게 감사도 따른다.

긍정적인 상황뿐만 아니라 고통 속에서도 신의 뜻과 사랑이 있다는 믿음은 감사를 가능하게 한다. 종교는 인생에서 겪는 경험이나 만남, 사고 등 다양한 사건에 대해 해석의 가능성을 넓혀준다. '신은 우리가 감당할 수 있는 시련만 주신다.'고 믿는 사람들은 삶에서 겪는 어려움과 고통을 거리낌 없이 받아들이고 고통을 통한 성장을 이루려 애쓸 것이다. 그래서 고통 속에서도 감사할 수 있게 된다. 비록 힘든 상황에 처해있지만 특별한 뜻을 찾고 이를 통해서 성장이 이루어지고, 궁극적인 선이 있다는 믿음이 감사를 가능하게 하는 것이다.

또 감사가 영성을 촉진하기도 한다. 나는 힘이 없고, 외로운 인생길 앞에 있으나 이를 통해서 성장할 수 있을 거라 여기는 감사는 더 깊은 영성을 경험하게 돕는다. 지금 겪는 고통은 신의 원대한 계획이며, 신의 사랑 안에서 허락된 고통이라고 여기며 감사한 마음으로 드리는 기도는 우리를 정신적으로 그리고 영적으로 성숙하게 한다.

감사함의 눈으로 삶을 바라보면, 새 희망이 열린다. 살다 보면 '왜 나한테만 이런 일이 일어나는 거지, 왜 이 사람은 나를 이렇게 힘들게 하는 거지, 왜 나는 이렇게 힘든 일을 겪는 거지.' 등 많은 불행요소로 머릿속이 복잡하다.

그런데 불행의 이야기를 감사의 눈으로 다시 해석하면 관점이 바뀐다. '나에게 생긴 일 때문에 힘들었지만 많은 것을 배웠구나.' 하며 긍정으로 생각하면 상황이 다르게 인식된다. 그 순간 삶을 이야기하는 단어들이 변한다. 원망과 고통, 어려움, 절망이 감사, 희망, 긍정이라는 단어로 바뀐다. 기적은 이렇게 시작된다.

사실 우리의 평범한 일상들을 감사의 눈으로 들여다보면 수많은 축복으로 다가온다. 이 축복을 받은 우리는 기적의 삶을 사는 것이다. 평범한 일상이 기적이 되는 순간이다. 평범한 나의 존재가 기적 같은 존재가 되고 늘 누렸던 하루가 소중한 시간이 된다. 우리의 평범한 일상들을 감사의 눈으로 바라보자. 나에게 주어진 역경과 고통 그리고 외로움 속에서 감사의 기도를 드려보자.

'지금은 힘겹지만 이를 통해 더 큰 일을 할 수 있게 해주실 것이라는 사실을 믿기에 감사합니다.'

'외로움의 울부짖음이 있지만 이를 통해 외로운 사람의 마음을 헤아릴 수 있게 해주심에 감사합니다.'

04 '자존감', 삶의 위기에서 나를 지키는 버팀목

요즘 여러 통계를 보면 지금 한국인들, 특히 젊은이들은 행복해 보이지 않는다. OECD 자살률 1위라는 오명은 익숙해진 지 오래다. 또한 수많은 불행이 한국을 겨냥한 것처럼 느껴진다. 이런 외적인 요인들이 분명히 존재하는만큼 우리를 행복이 아닌 불행으로 이끄는 수많은 원인 중엔 '감사 불감증'과 자존감 상실도 존재한다. 요즘 같은 세상엔 자존감이 부족해 쉽게 상처받고 열등감에 빠지기 쉽다. 실시간으로 수많은 정보가 제공되고, 자신도 모르게 비교당하고 있기 때문이다. 심지어 행복도, 자존감도 비교되고 있다. 열등감에 빠지게 하는 사건들이 널렸다. 그래서 많은 사람이 자신의 자존감을 살리기 위해 고군분투한다.

'남들은 취업(이직)도 잘하는데, 나는 왜 이렇게 힘든 거지?'

'남들은 연애(결혼)도 잘하는데, 나는 왜 이런 걸까?'

'남들은 여유로운데(잘사는데), 나는 왜 사는 것이 버거운 거지?'

남들이 어떻게 생각하는지 상관없이 내 인생이 초라해 보일 때가 있다. 하는 일도 버겁고, 인생도 그렇게 즐겁지 않다. 남들은 신나는 세상이라는데 나는 하루하루 버티듯이 사느라 진 빠지는 것 같다.

이러한 생각과 마주하는 순간은 주로 자존감이 바닥을 치는 경우다. 나는 세상에 필요한 존재가 아닌 것만 같고, 살아갈 의미도 재미도 느껴지지 않으며, 의욕도 떨어진다. 직장에서 인정받고자 일에 몰두해도 곧 허무해지고, 가정에서는 자녀에게 기대를 걸고 매달려 봐도 허탈해진다. 사랑이든 우정이든 진정한 관계를 맺지 못해 외로워지고 지나치게 관계에 매달려 지쳐간다. 나에 대한 기대를 높이 쌓았지만, 곧 무너져 우울해지기 쉽다. 이는 결국 나의 외모와 능력, 행동에 대해 비하로 이어진다. 이처럼 모든 문제의 뿌리에는 자존감이 있다.

자존감이란 무엇일까? 이는 자신을 가치 있다고 여기는 사고이다. 또 자기 존재를 튼튼하게 받치는 반석이다. 모래 위에 지은 집이 튼튼하고 오래갈 수 없듯 자존감이 약하거나 낮은 사람은 좋은 집과 외제 차를 가져도 행복에 도달하기 어렵다. 그 좋은 집과 외제 차가 없다면 그에게는 더는 내세울 것이 없기 때문이다.

'자존감'이란 '자기 존중감', 즉 '자기 자신을 사랑하고 존중하고 존귀하게 여기는 마음'을 뜻한다. 상처받은 마음을 돌아보고 자존감을 회복시키는 과정은 존재 가치와 삶에 대한 감사를 끌어낸다. 이런 마음을 재발견하게 되면, 행복지수가 올라가고 삶의 만족도가 올라가 상대방을 이해하고 소통하는 공감 능력도 향상될 것이다. 또 마음속의 부정적인 시각들도 사라질 것이다.

반면, 자존감이 높고 튼튼한 사람은 어려움이 닥쳐 허름한 옷을 입고 가난에 시달려도 어떻게든 자신을 보호하고 자신을 가치 있는 사람으로 생각해 위기를 이겨낼 힘을 얻는다. 상처가 치유되지 않고 방치될 경우, 자연스레 대물림되어 자녀 세대에게도 영향을 미치거나 더 심해지기도 한다. 낮은 자존감 또한 마찬가지다. 자신의 상처를 치유하고 자신의 존엄을 되찾아야 하는 이유가 바로 여기에 있다.

그런데 이 자존감은 행복과 감사의 경험을 통해 성장한다. 어린 시절 얼마나 많은 행복을 경험하고 주어진 것에 감사하며, 행복과 감사 속에서 성장했는가가 일생 그 사람의 자존감에 영향을 미친다. 그런데도 우리나라 부모들은 자녀들에게 감사 훈련을 잘 시키지 않는다. 자녀들은 매사 감사하기보다 불평, 불만을 더 많이 한다. 감사함을 깨닫지 못함은 상처와 역경을 행복의 동기로 변화시키는 방법을 알지 못한다는 것과 같다.

인생은 행복하지 않아서 감사하지 못하는 것이 아니다. 감사하지 않아서 행복을 깨닫지 못하는 것이다. 감사하는 사람들의 삶은 다르다. 그들은 더 행복하고 낙천적으로 생각하며, 열정적으로 활동하고 결단력도 좋다. 더 창조적이고 열린 시야로 세상을 바라보고, 남에게 관대하고, 친절하고, 스트레스에도 강하다. 감사하는 태도를 얻으면 내가 변화하고, 주변 인간관계도 변한다. 열악한 환경에 처해있어도 강력한 동력으로 만들 힘을 '감사'를 통해 키울 수 있다.

타인에게 호감을 느끼기 어렵고 증오의 마음이 생기는 원인은 여러 가지가 있다. 상대가 나에게 불쾌한 말을 하거나, 시비를 걸거나, 폭언을 하면 좋은 감정을 갖기 힘들다. 만일 그런 상황으로 힘들면 누구보다 자신을 먼저 바라보자. 어떤 위협에도 '나는 너로 인해 상처받지 않는다.'라는 굳센 자존감을 갖는다면, 위협으로 느껴지지 않을 것이다.

자신을 더 격려하고, 한 번 더 칭찬하고, 한 번 더 축복하자. 그 무엇도 내 허락 없이 나의 자아를 무너뜨릴 수 없다. 힘든 일이 벌어져도 잘 헤쳐나갈 수 있는 건강한 자아가 형성되면, 나를 힘들게 하는 타인에 대한 원망 대신 그 사람의 미성숙한 인격, 도울 부분이 보일 것이다. 이러한 회로가 튼튼하게 생기면 비로소 남들을 격려하고 주변 사람들에게 감사하는 마음의 여유가 생긴다.

한편, 자존감의 건강한 회복을 위해서는 자신에 대한 긍정적인 관점이 필요하다. 힘든 과거를 돌아보며 연민에 젖거나 현재 상황에 대해 신세 한탄으로는 변화하기 어렵다. 마음의 상처를 어루만지고 보듬어주어야 얼룩진 상처가

> 더 행복하고 낙천적으로 생각하며 열정적으로 활동하고, 결단력도 좋다. 더 창조적이고 열린 시야로 세상을 바라보고 남에게 관대하고 친절하고 스트레스에도 강하다. 감사하는 태도를 얻으면 내가 변화하고, 주변 인간관계도 변한다. 열악한 환경에 처해있어도 강력한 동력으로 만들 힘을 '감사'를 통해 키울 수 있다.

사라지고, 현재의 나도 그대로 바라보게 된다. 그런데 상처가 남겨진 과거는 괴로우므로 피하게 되고, 결국 내 안의 아픔을 돌봐주고 보듬어 줄 기회가 없어져 상처는 더욱 곪아간다. 이때 필요한 것은 자신과 마주 설 용기다. 상처

받고 지친 내 모습과 마주 서서 '힘들어도 괜찮아. 아파도 잘해 왔잖아. 힘들어도 잘 버텼어.'라고 말해주는 따뜻함이 절실하다. 아픈 과정을 버텨온 나를 다독일 수 있고, 비난과 불평의 대상에서 존경과 위로의 대상이 된다. 이를 위해 '그럼에도 불구하고 감사'가 필요하다.

감사는 자기 가치를 강화시킨다. 감사란 타인에게 좋은 것을 받았다고 인식하고, 그것에 긍정적인 정서를 느끼는 것이다. 다른 사람, 가족, 국가 또는 신이 나에게 좋은 것을 준다고 인식하는 순간 감사가 시작된다. 누군가가 나를 긍정적으로 생각해주고 호의를 베풀면 기분이 좋아진다. 받은 호의가 얼마나 좋은지 느끼는 순간 '다른 사람이 나를 중요하게 여기는구나.' 하며 감사를 경험하게 된다.

인간의 기본 욕구 중 하나는 타인에게 이해받고 싶고, 사랑받고 싶은 마음이다. 이 욕구가 채워지지 않으면 자존감이 낮아지고, 불행해진다. 반대로 자신이 중요한 사람 또는 필요한 존재라 여겨지면 사는 것이 당당해지고 자존감도 상승한다. 이처럼 내가 다른 사람으로부터 받은 혜택을 헤아리며 고마워하는 마음은 '나는 가치 있다.'는 확신을 하게 하고, 자존감을 올려준다. 자존감은 단지 유복한 가정환경에서 자라났다고 생기는 것이 아니다. 자신을 가치 있게 여기고, 다른 사람에게 이해와 사랑을 받고 있다고 느낄 때 자란다.

반면, 계속해서 부모에게 관심을 받지 못하고 상사로부터 비난받거나 동료로부터 환영받지 못한다고 느껴질 때 자존감은 쉽게 상처받는다. 또 역경에 처하면 자연스럽게 자존감이 낮아진다. 그러나 이 순간 '그럼에도 불구하고'

가족, 친구, 동료, 신이 나에게 좋은 것을 줬다는 생각은 안도감을 주고 여전히 '괜찮은 나'로 확인시켜준다. 나는 의미 있는 존재이며, 사랑받을 만큼 가치 있는 존재임을 알게 되니 즐거워지고 상처받은 자존감도 회복된다. 자신이 중요한 사람이라고 믿는 힘이 역경 속에서 자존감을 극복할 수 있게 한다.

인간은 어려움 속에 처하면 자존감이 낮아진다. 나의 존재가 하찮게 느껴지고, 쓸모없는 존재로도 느껴진다. 우울해지고 무력해지며, 고통의 상황은 더 악화하여 악순환의 늪에 빠져든다. 이럴 때는 '나는 중요한 사람이야, 괜찮은 사람이야.'라는 생각이 들기 어렵다. 오히려 자신을 별 볼 일 없다고 비하한다. 그러나 이 세상에 중요하지 않은 존재는 없다. 이것을 믿어야 역경을 극복한다. 그래도 나의 가치와 존재감이 느껴지지 않으면 외부로 관심을 돌려 다른 사람들이 나를 돕고 있고, 나에게 관심이 있다는 것을 아는 것은 자존감에 큰 도움이 된다. 또 내가 중요한 사람으로 인식되어야 한다. 남을 돕는 행동을 하면 나의 가치감을 경험할 수 있다. 그래서 내 존재가 느껴지지 않을 때는 누군가를 돕고, 봉사활동을 하며 친절을 베푸는 것도 좋은 방법이다.

또한 인생에서 어려움을 극복하고 멋지게 목표를 달성하는 것에는 '주어진 문제를 자신의 능력으로 성공적으로 해결할 수 있다는 신념'을 뜻하는 '자기효능감'이 중요하다. 심리학자 앨버트 반두라(Albert Bandura)가 이야기한 이 자기효능 이론은 특정한 상황에서 성공적으로 문제를 해결할 수 있는 자신의 능력에 대해 믿음을 가지는 것을 뜻한다. 인간이 목표를 달성하고 동기부여하는 데에는 자기효능감은 무엇보다 중요하다고 한다. 자기효능감이 높은 사람은 어려운 과제를 줘도 그 일을 수행하면서 불가능성보다 가능성을 보며, 어려움도 도전의 대상으로 보는 경향이 있다. 설령 실패해도 패배감에 빠지는 대신 빨리 회복하며 스스로 비하하지 않는다. 또 새로운 방법과 정보를 동원해 다시 도전한다. 이러한 자기효능감은 태어날 때부터 저절로 갖게 되는 것도 아니고, 낙천적인 성격을 가진 사람들만 갖춘 것도 아니다. 오직 노력과 의지를 통해서만 얻을 수 있다.

05 좌절에도 다시 뛰게 하는 힘, 회복 탄력성

세상을 살면서 역경을 피할 수 없다. 각기 역경의 모양과 고통의 강도가 달라도 누구나 시련과 고통이 있다. 역경들로 인해 두려움, 불안, 좌절과 같은 아픔을 겪는다. 이러한 아픔을 극복해내는 사람들도 있는데 심리학에서는 인생의 역경을 경험한 후 심리적인 고통을 극복하고 삶을 영위해 나가는 능력을 '회복 탄력성(resikiency)'이라고 부른다. 공이 바닥을 치면 다시 뛰어 오르는 것처럼, 원래 상태로 복원하는 힘이다. 체육 시간에 뜀틀을 넘어 본 적이 있는가? 도움닫기 한 후 구름판을 밟고 뜀틀을 뛰어넘는다. 구름판을 힘껏 밟아야 넘을 수 있다. 사회과학자들은 구름판을 '회복 탄력성'이라 말한다. 역경에도 다시 일어서게 하는 힘이 회복 탄력성이다. 우리 삶에서 회복 탄력성은 바로 삶에 대한 '희망'이다. 즉, 긍정성이다. 긍정성 중에서도 강력한 힘은 '감사 탄력성'이다. '감사 탄력성'을 통해 역경을 오히려 발판으로 삼아 희망으로 뛰어오른다.

전문가들은 마음의 근육도 몸의 근육처럼 체계적이고 반복적인 훈련을 통해 키울 수 있다고 한다. 인체 면역력과 기초체력을 평소 다져놓으면 바이러스나 각종 질병을 이겨낼 수 있는 것처럼 마음을 단련해 회복 탄력성을 키워놓으면 인생의 역경과 시련이 닥쳤을 때 이겨낼 수 있다. 심리학에서는 이 회복 탄력성을 '정신적 저항력', 즉 '스트레스나 역경에 대한 정신적인 면역성'이라고 말한다. 이를테면 '내적, 외적 자원을 효과적으로 활용할 수 있는 능력', '역경을 성숙한 경험으로 바꾸는 능력', '곤란에 직면했을 때 극복하고 환경에 적응해 정신적으로 성장하는 능력'이라고 할 수 있다. 이는 오히려 위험을 통해 성장하는 능력을 말한다.

최근 뇌과학 연구에 의하면, 역경을 희망으로 바꿀 수 있는 회복 탄력성이 강하면 예상치 못한 상황에서 자신의 실수를 민감하게 모니터링해 낯선 외부 자극에 적응해 나간다고 한다. 회복 탄력성이 높은 사람의 뇌는 인지 신경적으로 외부 시련에 더 민감하게 반응하고 잘 대처한다.

그들은 반복적인 실수도 빨리 알아차리고 피드백을 적극적으로 받아들이며, 새로운 실수나 시련을 두려워하지 않는다. 이는 실패나 실수에 대해 긍정적인 태도를 뜻한다. 실수를 두려워하는 것이 아니라 인정하면서도 실패를 줄일 수 있도록 재도전한다.

그렇다면 회복 탄력성이 낮은 사람의 뇌는 어떨까? 회복 탄력성이 낮은 사람의 뇌는 실수를 과도하게 두려워한다. 그래서 실수나 실패를 기피하거나 외면하는데, 그래서 현실을 인정하고 새롭게 도전하는 비율도 낮다. 결국 시련이 닥칠 때마다 전보다 더 두려워하는 마음이 커져 같은 실수를 반복한다.

사실 실패와 실수를 매번 피하기는 어렵다. 현대사회는 매일 복잡한 자극과 과제들이 펼쳐진다. 매번 성공하기는 어렵고, 중요한 것은 실수를 해도 이겨내려는 마음이다. 즉, 건강한 신체를 만들기 위해 매일 근육과 체력을 키워가야 하는 것처럼, 마음의 회복 탄력성도 꾸준한 단련으로 키울 수 있다.

감사 회복 탄력성이란 온갖 역경이나 고통, 어려움, 삶의 문제들을 구름판 삼아 헤쳐나가는 힘이다. 세상에는 불의의 사고를 당한 사람들이 많다. 하지만 어떤 사람들은 오히려 그 역경을 긍정적으로 뛰어넘는다. 사고 나기 전보다 더 행복하게 사는 사람들도 있다. 서울대 이상묵 교수는 미국에 지질조사 연구하러 갔다가 차가 전복되어 입밖에 못 움직이는 전신 마비 장애인이 되었다. 그러나 처음부터 사고를 받아들이고 뇌를 쓸 수 있고, 입을 움직일 수 있는 것에 감사하며 서울대에서 강의한다. 마우스를 입김으로 불어 휠체어를 움직이며 불의의 사고를 감사로 극복했다.

이 같은 회복 탄력성을 기르기 위해서는 삶의 통제력을 길러야 한다. 환경과 주위 시선에 의해 자기 선택이 결정되는 게 아니라 스스로 내 인생의 주인이 될 수 있다는 믿음이 필요하다. 더욱 중요한 것은 누구보다 나 자신이 중요하다는 믿음이다. 자신을 소중하게 여길 줄 알고, 나에게 좋은 강점이 있다는 믿음을 가져야 한다.

2018년 6월 23일, 태국 치앙마이주의 한 축구 클럽에 소속된 선수 12명과 코치 1명이 훈련을 마친 후 태국 탐 루엉 동굴 관광에 갔다 고립되는 사건이 일어났다. 갑자기 내린 비로 동굴 내 수로의 수위가 높아지면서 탈출하지 못했다. 선수들의 부모는 이날 밤 실종 신고를 했고 동굴 입구 근처에서 소년들의 소지품과 발자국 등이 발견되자, 이틀 후 태국 해군 구조 요원들은 동굴 내부를 잠수해 수색하기 시작했다. 실종 열흘 만에 영국 잠수부들에 의해 생존자들이 전부 살아있다는 소식이 전해졌으나, 소년들은 영양실조 등 건강 상태가 좋지 않고 동굴 안쪽까지 물이 차오르는 긴급한 상태였다.

절대 위기에 처한 태국 소년들에게 필요했던 것은 무엇일까. 그들에게 가장 절실했던 것은 가족에게 돌아갈 수 있다는 '희망'이었다. 태국 소년들은 희망을 버리지 않았기에 극도의 공포와 두려움 앞에서도 절망하거나 포기하지 않고 끝까지 버틸 수 있었다. 이처럼 역경을 극복하는 사람들에게는 회복 탄력성을 비롯한 몇 가지 공통점이 있다. 그것을 알아보자.

회복 탄력성을 연구한 대표적인 학자는 에미 워너(Emmy Werner) 교수다. 그는 하와이의 카우아이 섬에 거주하면서 열악한 환경에서 자란 201명을 연구하려고 했다.

> 감사 회복 탄력성이란 온갖 역경이나 고통, 어려움, 삶의 문제들을 구름판 삼아 헤쳐나가는 힘이다. 세상에는 불의의 사고를 당한 사람들이 많다. 하지만 어떤 사람들은 오히려 그 역경을 긍정적으로 뛰어넘는다.

그들의 특정 경험이 성인이 되어 어떤 특성을 갖는지 알아보고자 한 것이다. 그런데 연구 중에 관심 대상이 바뀌었다. 매우 가난했고, 부모의 갈등은 심했고, 심지어 부모 중 한 명은 알코올 중독이거나 정신질환을 앓는 열악한 환경에서 자랐음에도 어려움 없이 성장한 72명의 성인이 연구 대상자가 되었다.

에미 워너는 그 72명의 특성을 연구하기 시작했다. 유사한 역경을 겪었음에도 건강하게 살아갈 수 있었던 특성을 조사하면서, 회복 탄력성을 확인하고 역경을 이겨내는 힘을 갖게 하는 요소들을 연구했다. 회복 탄력성은 힘든 환경 속에서도 절망하지 않고 오뚝이처럼 다시 일어나는 것을 말하는데 최근 많은 심리학자는 이 회복 탄력성을 주목하며 강조한다. 왜냐하면 인간은 누구나 역경을 겪기 때문이다. 우리의 역경은 그들과 같은 큰 상실이 아닐 수 있다. 그러나 이별을 겪기도 하고, 시험에 떨어지기도 하고, 물건을 잃어버리기도 하고, 심지어 자판기가 동전을 삼켜버리기도 한다. 이런 크고 작은 역경 앞에 우리는 '분노'와 '좌절'을 경험한다. 작은 어려움 앞에서도 욱하며 폭발하거나 어디론가 숨어 버리기도 하고, 강력한 방어기제를 사용하기도 한다. 그렇기에 크고 작은 사건들 앞에서 회복 탄력성이 필요하다. 역경을 두려워하지 않고 스승으로 삼고 다시 일어서 오뚝이처럼 다시 일어나는 힘을 가지면 감사가 보인다.

한편, 미국의 육상선수이자 배우, 패션모델인 에이미 멀린스의 이야기다. 그녀는 종아리뼈가 없이 태어나 한 살 때 무릎을 절단했고, 평생 의족을 해야 했다. 그녀는 그 다리로 소프트볼과 스키를 즐겼다. 장학생으로 명문 조지타운대학교에 들어가 전미 대학경기협회(NCAA)의 육상경기에 참여했고, 장애인 올림픽에도 출전했다. 1999년 알렉산더 맥퀸 패션쇼 모델에 선정되었고, 2002년에는 영화에도 출연했으며, 2013년 〈피플(people)〉지가 선정한 '세상에서 가장 아름다운 50인'에 선정되기도 했다. 그녀는 세상의 편견과 역경 앞에서 이렇게 말했다.

"우리는 이제 변했습니다. 도전을 통해 우리는 달라졌어요. 육체적으로나,

감정적으로나, 혹은 두 경우 모두 도전을 통해서요. 그리고 전 역경도 꽤 괜찮은 거라고 이야기하고 싶습니다. 역경은 우리의 삶을 유지하기 위해 피해야 할 장애물이 아닙니다. 그것은 우리 삶의 일부입니다. 또한 저는 그것을 저의 그림자인 것처럼 생각합니다. 어떨 때는 잘 보이고, 어떨 때는 잘 보이지도 않지만 늘 저를 따라 다닙니다. 그렇다고 투쟁의 압박감과 부담을 폄하하려 하는 것은 절대 아닙니다. 역경이기도 하고, 도전이기도 하고 모든 개인마다 상대적이죠. 문제는 역경을 마주할 것인가 말 것인가가 아니라, 어떻게 마주할 것인가입니다. 우리가 해야 할 일은 단순히 그들을 역경으로부터 보호하는 것이 아니라 그것을 잘 맞이할 수 있게 준비하는 것입니다. 그 무언가를 폄하하고 부정하거나 피하고 숨기는 데에 공을 들이기보다 오히려 역경에 감춰진 기회를 찾아야 한다는 것입니다. 그래서 제가 제안하고 싶은 것은 역경을 극복하려 너무 애쓰지 말고, 우리 마음의 문을 열어두고 그대로 받아들이고 기꺼이 함께 춤추듯 즐기자는 거죠. 그리고 만약 역경을 자연스럽고, 별다르지 않고 유익한 것이라고 보게 된다면, 우리는 그것 때문에 맘고생 할 일은 없을 겁니다. 역경이야말로 우리가 우리 자아와 능력을 일깨우고 우리 자신에게 선물을 가져다주는 거죠. 우리는 역경을 그저 험난했던 시간 이상의 무엇인가로 새롭게 그려낼 수 있습니다. 변화라는 차원에서 볼 수도 있겠지요. 역경은 그저 우리가 아직 받아들이지 않았던 변화에 불과합니다."

– 에이미 멀린스의 ted 강연 중

　그녀는 회복 탄력성의 표본이다. 그녀는 역경을 부인하거나 회피하지 않앉고, 역경을 벗으로 삼았다. 또 역경이 가져다준 자기 능력에 주목했고, 그것을 선물로 여겼다. 고통을 스승으로 삼는 자세는 어려움을 극복하는 원동력이 되었다. 그녀는 역경에서 고난을 참는 게 아니라 이를 딛고 튀어 올라야 한다고 말했다. 그녀는 "저는 역경이나 장애를 극복한 적이 없습니다. 잠재력을 끌어냈을 뿐이죠. 결함으로 여겨지는 것들을 피하고 감추기보다는 그 안에 감추어져 있는 기회를 찾는 데 노력했습니다."라고 말할 때 그의 눈은 빛났다. 이런 깨달음이 있기까지 인내했을 그녀의 모습에 존경의 마음이 생기면서, 쉽게 낙심하는 자신을 반성하게 된다. 일이 잘 안 되거나 관계가 뜻대로 안 될 때는 그 문제를 그대로 바라보면서 기회를 찾는 것이 문제를 해결하는 방법임을 머린스는 우리에게 알려주고 있다.

06 혜택을 받고도 '입 싹' 닫고 '튀튀'할 것인가?

긍정의 미덕으로 청소년 범죄율을 대폭 줄인 교육 운동가 린다 포포프. 그녀가 개발한 교육 도구인 '미덕 카드' 52장 중에서 뽑아낸 '감사'의 전문이다.

"감사는 우리가 가진 것을 고맙게 여기는 태도이다. 우리가 배우고 사랑하고 존재하는 것에 고마움을 느끼는 것이다. 당신은 당신 주변과 마음속에서 매일 일어나는 작은 일에 감사할 수 있다. 항상 긍정적으로 생각하라. 감사하는 마음을 품으면 만족하게 된다. 자신이 누리는 삶이라는 이름의 선물을 음미해보라. 다른 사람을 부러워하기보다는 자신의 능력을 고맙게 여기라. 일상에서 마주치는 어려움을 새로운 배움의 기회로 삼으라. 누군가 당신에게 뭔가 주고 싶어 하면 감사한 마음으로 기꺼이 받으라. 매일 당신이 누리고 있는 축복을 세어보라."

감사는 우리가 가지고 있는 것을 알아차리는 것이다. 나에게 부족한 것을 인식할 때는 불평과 불만이 마음속을 시끄럽게 하지만 내가 가지고 있는 것들에 초점을 두고 주의를 기울이기 시작하면 마음은 다르게 움직인다. 편히 쉴 수 있는 집, 쉽게 연락할 수 있는 핸드폰, 지친 몸이 쉴 수 있는 침실, 굶주리지 않을 만큼의 음식 등 주의를 기울이면 보이는 감사함의 제목들을 나열할 수 있다.

이처럼 감사는 존재의 가치를 아는 것이다. 김경미 저자의《그저 감사했을 뿐인데》에 나온 이야기다. 아들에게 부유함을 자랑하고 싶었던 부자가 있었다. 부자에게는 일곱 살 난 아들이 있었다. 아들에게 얼마나 부자인지 자랑하고 싶어서 아들에게 가난한 사람들이 어떻게 사는지 보여주고 싶었다. 그래서 거대한 자신의 저택에서 차를 몰고 가난한 친구가 사는 어느 시골로 갔다. 그곳에서 나무로 만든 작고 허름한 집에서 TV도, 멋진 가구도, 좋은 컴퓨터도 없었기 때문에 함께 자면서 이야기를 나누며 밤을 보냈다. 그곳에서 이틀 밤을 보내고 돌아온 뒤 아빠는 아들에게 시골집에서 보낸 이틀이 어땠는지 물었다. "아들아, 가난한 사람이 어떻게 사는지 보았니? 넌 거기에서 무엇을 배웠니?", "네. 아빠. 우리 집은 개가 한 마리인데 그 집은 개가 4마리나 있었어요. 우리 집은 뒷마당에 수영장이 1개뿐인데, 그 집 뒤에는 끝없이 이어지는 개울이 있었어요. 우리 집에는 전등이 있었는데, 그 집에는 멋진 별이 있었어요. 우리는 밤에 제각각 TV를 보았는데, 그들은 모두 둘러앉아 재미있게 이야기했어요."

우리 주변에는 평소 의식하지 못했지만 고마운 것들이 너무 많다. 그렇지만 긍정적으로 주의를 기울이지 않으면 감사한 마음을 갖기 어렵다. 우리가 감사해야 하는 것들은 아무 생각 없이 매일 반복되는 일상에서 배경이 되어 주목을 받지 못하는 경우가 많다. 내가 갖고 싶은 대상(전경)과 늘 갖고 있었던 대상(배경)을 바꾸어 주목해보자.

우리는 주변의 감사한 존재들을 너무 당연하게 생각해 감사할 가치를 느끼지 못할 때가 있다. 하지만 작은 물건이어도 갑자기 사라진다면 어떨지 상상해보라. 아마도 한순간도 편치 않아 어쩔 줄을 모를 것이다. 핸드폰을 집에 놓고 나왔을 때 핸드폰이 없어서 불편했던 경험을 한 번씩 경험했을 것이다. 그제야 우리는 핸드폰 덕에 얼마나 편하게 살고 있는지 알아차린다. 평소 너무나 당연하게 여겼던 소소한 물건들이 갑자기 사라졌다고 생각해보자. 생각만 해도 불안하고 큰일이 생길 것 같지만 다행히도 내가 이미 갖고 있는 것들이다. 이러한 것들이 감사할 대상이고 고마운 것들이다.

요즘 미세먼지 등으로 고생하는 사람들이 많아지고 우리나라의 대기질이 최악의 수준이 되었다. 전에는 너무나 당연하게 여겼던 맑은 하늘과 상쾌한 공기가 이제는 당연하지 않게 되었다. 종종 미세먼지 수치가 낮아지면 얼마나 감사한지 모른다. 그동안 당연하게 누렸던 자연이 이제는 너무나 감사하다.

내가 이미 갖고 있는 것들의 가치를 재해석할 수 있는 시각이 열리면 인생에서 풍요로움을 누릴 수 있다. 우리가 이미 가지고 있는 것들에 주의를 기울여 가치를 찾는 것, 그것이 바로 감사의 출발점이다. 작은 것이라도 감사해보자.

또한 감사는 내가 이미 받은 혜택을 인정하는 마음이며 내가 받은 혜택이 다른 사람에게서 왔음을 인정하는 것이다. 감사는 내가 누군가에게 돌봄을 받고 있는 것, 지지받고 있다는 사실, 누군가와 이야기하는 것, 누군가로부터 이해받는 것, 수많은 도움을 받고 있는 것을 알아차리고 긍정적으로 느끼는 것이다.

우리는 매일 이러한 고마운 상황을 겪으며 살고 있다. 식당에서 주문한 맛있는 음식이 나오기까지 열심히 수고해준 주방장이 고맙다. 목적지까지 안전하게 운전해준 택시기사에게 감사하다. 주문한 물건을 집까지 신속하게 배달해준 택배기사의 수고에 감사하다. 왜냐하면 결코 나 혼자서는 절대로 세상을 살아갈 수 없기 때문이다. 잘 생각해보면 우리가 누리는 모든 편의는 수많은 사람의 수고가 있기에 가능한 일이다.

> 내가 이미 갖고 있는 것들의 가치를 재해석할 수 있는 시각이 열리면 인생에서 풍요로움을 누릴 수 있다. 우리가 이미 가지고 있는 것들에 주의를 기울여 가치를 찾는 것, 그것이 바로 감사의 출발점이다.

내 눈에 보이지 않지만, 항상 누군가의 헌신과 희생이 있었다. 눈에 보이지 않는 곳에서 열심히 각자의 역할을 하고 있고, 우리는 그들로부터 많은 혜택을 받고 있다. 이를 인정하는 마음이 감사다. 감사할 거리가 별로 없다고 생각된다면 보이지는 않지만 내가 지금 받고 있는 주변 혜택들을 생각해보면 금방 찾을 수 있다.

그뿐만 아니라 우리에게는 실제적인 도움을 주는 친구, 동료, 지인들이 있다. 낯선 곳에서 헤맬 때 정성스럽게 길을 알려주는 행인의 친절이 얼마나 고마운지 느끼게 된다. 직장 내에서 상사의 지도와 관심에 감사하다. 내가 낙심하고 좌절하고 있을 때 친구의 따뜻한 위로가 힘이 되고 고맙다. 내가 우울해질 때 가족이 힘내라고 응원해줘서 고맙다. 애정을 나눌 수 있는 사랑하는 연인이 있어서 참 감사하다. 바쁜 일상에서 누군가의 배려와 양보가 있기에 참 행복하고 고맙다.

이러한 실제적인 도움과 정서적인 지지를 당연한 것으로 여기지 않는 마음이 감사다. 주변의 소중한 사람들로 인해 내가 그동안 얼마나 많은 도움과 혜택, 사랑을 받고 있는지 감사해보자. 이들이 있어 고맙다고 고백할 때 행복이 오게 된다.

이처럼 감사는 여러 가지 다양한 형태를 띠고 있다. 우리의 삶을 당연한 것으로 받아들이지 않는 것, 삶 속에서 아름다운 자연의 경이로움을 느끼는 것이 감사다. 감사는 나에게 주어진 여러 축복을 헤아리는 마음이다. 내가 부모님의 자녀라는 것, 좋은 환경에서 공부할 수 있었던 것, 아름다운 자연풍경을 맘껏 볼 수 있는 것 등 우리에게는 풍성한 축복이 있다.

그런데 감사는 결핍을 경험할 때 느껴지기도 한다. 아이러니하게도 무언가 잃어보면 그때야 그동안 내가 소중한 것을 지니고 있었다는 것을 깨닫게 된다. 건강, 자연, 관계 등 우리 주변의 것에 대한 소중함을 깨닫는 것이 곧 감사 주제가 되곤 한다. 웃음과 사랑스러운 마음도 많아지면서 자연스레 관계가 좋아지고, 삶의 활력도 넘치게 된다. 감사를 하는 과정은 결국 나와 타인을 사랑하는 마음으로 발전하며 성장으로 이어진다. 그렇기에 인간관계도 자연스럽게 좋아진다.

행복이란 결코 주변 환경이나 돈, 소유물에 의해 결정되지 않는다. 행복은 고통이 없는 상태도 아니다. 고통이 있다 해도 고통 속에서 무엇을 주목하고 어디에 방점을 찍는지에 따라 행복이 좌우된다. 역경의 경험이 고통과 아픔으로 결론지어지면 불행이 되지만, 역경 속에서 축복과 성장한 자신을 발견하면 이는 행복한 이야기가 된다. 그래서 감사가 행복을 이끄는 유용한 방법이다.

CHAPTER 4

감사가
행복을
결정한다

감사가
행복을
결정한다

01 SNS로 '가짜행복'을 경쟁하는 사람들

최근 인터넷에서 '카페인 우울증'이라는 신조어가 화제다. 카페인은 흔히 커피에 함유된 카페인을 떠올리지만, 여기서 말하는 '카페인'은 카카오 스토리, 페이스북, 인스타그램의 앞글자를 딴 약자를 뜻한다. 즉, '카페인 우울증'은 습관적으로 소셜네트워크서비스(SNS)를 보며 다른 사람의 행복한 일상 속에서 느끼는 상대적 박탈감에서 오는 우울증을 뜻한다. SNS 행복 경쟁이 낳은 비극 '카페인 우울증.' SNS를 오래 접할수록 우울감을 쉽게 느끼고 자존감이 떨어지는 현상을 말한다.

이같이 소소한 일상을 공유하던 SNS가 어느덧 '가짜행복'을 경쟁하는 장이 됐다. 사람들은 '남보다 행복하지 않으면 안 된다.'는 행복 강박증을 앓고 있다. 전문가들은 SNS가 유발하는 상대적 박탈감이 자존감과 행복감을 떨어뜨린다고 경고한다.

'카 · 페 · 인'으로 압축되는 주요 소셜미디어는 '잘 먹고, 잘 사는' 모습이 주를 이룬다. 멋들어지는 먹방 여행, 명품과 같은 호화 쇼핑, 잘 나온 셀카,

기념일 선물, 공연 인증사진 등 하나같이 "나 행복해요."라고 말하는 듯하다.

공기업에 다니는 김모(33) 씨는 3년째 연애를 못 하는 솔로다. 자신의 외로운 모습을 감추고자 페이스북에 친구들과 최고급 호텔에서 파티하는 사진과 함께 '행복하

> SNS가 긍정적인 기능을 하는 공간일지라도 SNS상에서 타인의 행복이 자신의 불행이라고 여겨진다면 SNS 사용을 멈추는 게 좋다. 또한 남에게 보이기 위해서 자신을 행복으로 포장해 SNS를 하는 것은 좋지 않다.

다.'고 적고 있다. 그러나 시간이 흐를수록 현실과 가상의 괴리감으로 허탈감만 커지고 있다. 또 취업 준비생 강모(29) 씨는 "사람들이 '좋아요'를 수백 개씩 올려주더라고요. 이렇게 많은 사람의 주목을 받아본 건 처음이에요. 돈이 생기면 다시 슈퍼카를 렌트할 거예요." 일용직 현모(26) 씨는 "죽도록 일해 아우디부터 페라리까지 모두 타봤다. 현실은 막노동꾼이지만 인터넷에선 사진 한 장으로 백마 탄 왕자가 된다."라고 말한다. 이는 마치 '리플리 증후군'과 같은 증상이다.

리플리 증후군은 자신의 현실을 부정하면서 실제로는 존재하지 않는 허구의 세계를 진실이라고 믿고 상습적으로 거짓된 말과 행동을 반복하는 반사회적인 인격장애. 소셜미디어 자체가 리플리 증후군을 만든다고 볼 수는 없지만, 자아가 강하지 않고 상대적 박탈감을 잘 느끼는 사람이 소셜미디어에 의존하면 허구세계를 만들어 리플리 증후군을 겪기 쉽다.

20대 여성 직장인 이모 씨는 연예인 못지않은 외모와 몸매를 과시하는 사

진을 수시로 SNS에 올리고 있다. 지난여름에는 친구와 괌으로 여행을 가서 쇼핑하고 수영하는 모습을 올렸다. 최근에는 남자친구에게 생일선물로 받은 명품 가방을 자랑하고, 호텔 레스토랑에서 와인을 마시며 식사하는 사진과 '행복한 나날들'이라는 글을 함께 올렸다. 그녀가 실제 행복한지는 판단할 수 없지만, 이 같은 SNS 풍경은 이용자들에게 일종의 '경쟁심리'를 심어줄 수 있다. 다른 사람의 일상을 보면서 '나도 행복한 모습을 보여줘야겠다.'라는 욕구가 강해질 수 있기 때문이다.

지인들의 SNS를 보면, 나만 빼고 모든 사람이 행복한 것 같고 일상이 화려해 보인다. 나만 지루한 일상이 똑같이 반복되는 것 같고 외롭기 그지없다. 머릿속으로는 '다들 매일 이렇게 살지는 않겠지.' 하며 애써 생각하지만, 그래도 마음이 헛헛하고 왠지 모를 박탈감에 빠져 쓸쓸해져 간다. SNS를 하면 할수록 행복 박탈감을 겪게 된다. 이곳에서 행복의 비교가 시작되고, 불행감이 느껴진다.

지인의 회사 회식 사진을 보면 나는 그렇게 분위기 좋은 회사에 다니지 못하는 것 같다. 결혼기념일에 여행을 다녀온 친구의 사진을 보고 있으니 내 결혼기념일은 초라하게 느껴진다. 분위기 좋은 레스토랑에서 찍은 지인의 사진을 들여다보니, 나는 하루하루가 지루한 일상인 것 같다. 친구의 로맨틱한 연애 사진을 보면, 더 외로워지고 홀로되는 기분이다.

요즘 사회가 행복을 강요하는 분위기라 오히려 사람들이 행복 스트레스를 받고 있다. SNS에서라도 행복 경쟁에서 이기고자 다른 사람과 비교하면서 자신의 삶을 각색해 올리다 보면 괴리감으로 인해 스트레스를 받게 된다. 다른 사람들의 행복한 사진을 보니 나도 행복해 보이고 싶다. 어느 순간부터 화려한 음식을 먹을 때마다 그렇게 사진을 찍어대고 있다. 'YOLO' 인생처럼 배낭을 메고 멋진 배경 앞에서 포즈를 취한다. 고급스러운 레스토랑에서 즐거워하며, 불행하지 않고 행복한 가정인 것처럼 나를 꾸미고 싶어진다. 사람들이 행복하니까 나도 행복해야 할 것 같고, 행복한 것처럼 보이려 애쓴다. 늘 행복한 것처럼 보이고도 싶다. 마치 행복을 경쟁하며, 나도 누구 못지않게 행복하다는 것을 보여주고 싶은 것이다. 웃음으로 얼굴을 가리고, 화려한 사진을 경쟁적으로 SNS에 올린다. 사진을 음미하며 누리고 싶어서가 아니라 행복한 것처럼 보이기 위해서 올리는 것이다. 얼마나 이중적인 모습인지 모르겠다. 이러한 불편한 보여주기식의 행복은 행복 부담감을 낳고 심지어 강박적인 행복을 갖게 한다. 나는 우울하지 말아야 하고, 나는 행복해야 한다는 억지스러운 부담감에 빠져서 진정한 내 모습을 잃어버리고 만다.

사람들에게 SNS를 하는 이유를 물어보면 온라인상에서 지인과의 관계를 더욱 강화하고 새로운 인적 네트워크를 쌓기 위해서, 자신의 소소한 일상을 남기기 위해서, 또는 상업적인 목적을 위해서 등으로 대답할 것이다. SNS는 공간적 제약을 받지 않고 다양한 사람들과 정보를 공유하면서 관계를 맺을 수 있다는 장점으로 많은 사람이 이용하고 있다. 그러나 '행복 강박증'과 같은 부작용도 나타난다. SNS가 서로 자신의 삶과 행복이 남보다 우월하다는 것을 '증명'하고 '광고'하는 경연장으로 활용하는 것이다.

실제 SNS 이용자들을 대상으로 실시한 연구조사에서 SNS를 할수록 행복감이 떨어지고 피로감을 느끼게 된다는 사실이 밝혀졌다. 연구자들은 SNS 이용자들이 다른 사람과 자신을 비교하고, 무력감과 우울감에 빠질 수 있다고 말했다. '나만 행복하지 않나 봐.', '남들은 나보다 즐겁게 살고 있네.' 같은 생각으로 시작된 열등감은 왜곡된 자아상을 만들고, 자신의 부정적인 부분을 불행으로 해석하게 만든다. 결국 왜곡된 자기개념을 갖게 한다. SNS가 얼마나 자신의 삶을 기록하고 누리며 음미하기 좋은 공간인가. 지나간 기억을 잘 음미할 줄 알고 재조명하는 것은 행복한 삶의 태도에 있어 매우 중요하다. 행복했던 기억을 자주 꺼내면서 회상하고, 힘들었던 기억을 긍정적인 시각으로 재조명하는 것은 우리의 삶을 더 윤택하게 한다.

SNS가 긍정적인 기능을 하는 공간일지라도 SNS상에서 타인의 행복이 자신의 불행이라고 여겨진다면 SNS 사용을 멈추는 게 좋다. 또한 남에게 보이기 위해서 자신을 행복으로 포장해 SNS를 하는 것은 좋지 않다. 진정한 행복은 남에게 보여주기 위한 감정이 아니라, 자신의 모습을 있는 그대로 인정하고 수용하는 것이기 때문이다. 온라인상에서의 피상적인 관계에 집착하지 않고, 실제 내 본모습을 알고 있는 사람들과의 관계에서 진정한 행복을 찾는 것이 중요하다.

02 힘든 현실과 불안한 미래, 행복은 어디에?

요즘 다양한 통계들을 보면 지금의 한국인들, 특히 젊은이들은 그다지 행복하지 않다. OECD 자살률 1위라는 오명은 익숙해진 지 오래다. 안타깝게도 냉정하게 말해서 당신 주변의 10명 중 8명은 정신적으로 정상이 아니다. 사람들과 소통하고 가깝게 지내는 데 이유 없이 나도 우울해진다? 이것은 우울과 부정의 바이러스가 전염성이 매우 강하기 때문에 스스로 이러한 부정적인 바이러스와 공존한다는 현실을 인식하고, 이에 물들지 않고 긍정의 힘을 유지할 수 있도록 부단히 노력해야 행복한 삶을 살 수 있다. 같이 사는 가족도 예외가 아니다. 우리 몸과 마음은 대부분 병들어 있고, 지쳐 있다. 그러나 우리에겐 감사와 긍정의 기적적인 희망이 있다.

앞서 언급한 것처럼 한국인에게 불행할 수밖에 없는 환경·외적인 요인들이 존재하는 만큼 우리를 행복이 아닌 불행으로 이끄는 수많은 원인 중 '감사 불감증'과 자존감 상실도 존재한다는 점이다.

우리는 행복을 찾기 위해 일을 해야 하지만, 현실은 전혀 그렇지 못하다. IMF 외환위기 후에는 곳곳에서 "먹고 살기 힘들다."는 비명이 터져 나온다. 노무현 정권이 출범한 후 대한민국은 OECD 국가 가운데 하루 30여 명에 이를 만큼 자살 증가율 1위에 오르는 불명예를 차지했다. 과거보다 경쟁이 엄청나게 치열해진 것이 첫 번째 원인이다. 무엇보다도 현대는 정보화 사회의 도래와 신자유주의 체제의 확산으로 속도경쟁이 심해지고 무한경쟁 시대다. 이처럼 사회 환경이 변하다 보니 개인의 생존 경쟁도 치열해질 수밖에 없다.

우리나라 장기불황의 직접적인 원인은 정확히 말하면 IMF 외환위기에서 시작된 것이다. 물론 이는 급속한 성장 과정에서 빚어진 총체적인 부실에서 비롯된 것이다. 정부는 국가 부도라는 비상사태를 맞아 오랫동안 우리 경제의 발목을 잡고 있던 복마전 같은 부실기업과 금융기관들을 과감히 잘라버림으로써 일단 총체적인 부실의 수렁에서 빠져나올 수 있었다. 또한 외자 유치를 통해 운영자금을 충당함으로써 회생의 길을 열어나갔다.

한국 경제는 과감한 구조조정으로 위기를 넘겼으나 아직도 국가 전체를 부강하게 하는 성장 동력이 크게 떨어져 있기에 불황 국면으로 치닫고 장기불황 국면으로 빠져들고 있다. 정부는 IMF 외환위기 이후 내수진작 목적으로 신용카드 사용을 권장했다. 물론 단기적으로는 소비를 진작시키는 데 큰 도움이 되었고 IMF 이전처럼 내수가 살아나기도 했다. 그러나 신용카드사들은 개인에 대한 철저한 신용확인도 없이 마구잡이식의 카드 발급과 그 사용 한도를 대폭 늘렸다. IMF 외환위기로 인해 여러 용도의 자금이 매우 급한 사람들은 카드를 통해 돈을 조달하기 시작했다. 또한 소비심리를 자극하는 카드의 특성까지 발휘되어 대한민국은 졸지에 '신용카드 공화국'이 되고 말았다. 결국 400만 명이 넘는 사람들을 신용불량자로 파산시키고 한국 경제의 발목을 잡는 가장 큰 족쇄가 되어버렸다. 그때 국가와 기업, 개인 등 모든 경제 주체들이 거시적인 안목을 가지고 대처했더라면 신용불량자를 양산하는 사태는 일어나지 않았을 것이다.

2001년 8월에는 IMF로부터 빌린 돈 200억 달러를 모두 갚고 공식적으로 'IMF 졸업'을 선언했다. 1997년 12월, IMF 관리체제에 들어간 이래 3년 8개월 만이었다. 이는 IMF 역사상 유례가 없는 일로, 한국 국민의 저력을 보여주는 눈물겨운 졸업장이기도 했다. 그러나 그게 끝이 아니었다. 눈물 섞인 찬밥을 말아먹었던 한국 경제가 불같이 타오를 줄 알았는데 힘없이 주저앉으며 장기불황의 골짜기로 처박히고 있다. 많은 경제학자와 정부 당국자들은 이러한 불황 국면이 신용카드 부실과 부동산 정책 실패에서 비롯된 것으로 진단하고 있다. 그러나 장기불황의 가장 큰 원인은 국가의 성장 동력이 크게 저하되어 있기 때문이다. 한국 경제는 과감한 구조조정으로 위기를 넘겼지만, 아직도 국가 전체를 부강하게 하는 성장 동력이 크게 떨어져 있으므로 불황 국면으로 치닫고 있는 것이다.

결국 IMF 외환위기 이후 우리나라의 계층 간의 소득 격차는 더욱 심화되었다. 통계청에 따르면 2004년 상위 20% 가구의 평균소득과 하위 20% 가구의 소득 격차는 7.75배로 벌어졌다. 상위 20%에 속하는 가구의 월평균소득은 574만 원, 하위 20%에 속하는 계층의 평균소득은 74만 원에 불과하다. 또한 한국 사람 상위 5%의 사람들이 38%의 금융자산을 소유하고 있다. 부동산 부문은 더욱 심각해서 상위 10%가 가지고 있는 부동산이 전체의 90%를 넘는다. 소득이 최저생계비에도 못 미치는 절대 빈곤층의 비율도 11.5%로 높아졌다.

이처럼 소득불균형이 심화하다 보니 상대적인 박탈감에 의한 계층 간 갈등의 골은 더욱 깊어지고 있다. 노무현 정부의 출범 이래 그동안 갈등의 밑바닥에는 소득 격차의 심화에 따른 계층 간 분노와 주도권싸움이 뿌리 깊게 자리하고 있다. 상대적 박탈감을 가져다주고 서민들의 행복지수를 끝없이 추락시키는 빈익빈 부익부 현상은 해소될 전망이 있을까? 정부가 주도하는 분배정책이 효력을 발휘하여 격차의 폭이 다소나마 줄어들 수 있을까? 없다.

결국 경제적인 어려움의 경우, IMF 외환위기가 1997년 말 시작된 이후 20여 년간 경제 불황의 장기화가 지속되고 있다. 현재 한국 경제가 처한 구조적인 문제로 빈부격차 심화, 인구 고령화, 가계부채 증가, 부족한 노후 준비, 기업 경쟁력 둔화 등이 꼽힌다. 사실 이 난제는 하루아침에 우리 앞에 던져진 게 아니다. 국제통화기금의 구제금융을 받던 1997년 말 외환위기는 대기업에 집중된 경제 정책과 더불어 불투명한 회계, 높은 부채비율, 열악한 기업지배구조 등이 주원인이었다. 외환위기 때는 기업 부채가 도화선이었지만, 지금은 가계부채가 문제다. 그렇게 힘들게 위기를 극

> 시대 현상에 그냥 매몰될 순 없다. 돌파구가 필요하다. 이에 대한 돌파구는 감사가 제일이다.

복하고, 약 20년의 세월이 지났음에도 지금 한국의 상황은 그 당시와 근본적으로 달라지지 않았다. 지금은 30여 년간 지속한 5년 단임제의 적폐로 인한 정치위기, 20여 년간 지속한 경제위기 이면에서 진행되고 있는 소리 없는 아우성은 이미 사회위기로 이어졌다. 자살, 저출산, 비정규직, 빈부격차, 남녀임금 격차, 노인 빈곤율, 산업재해 사망, 자녀 살인, 부모 살인 등 지표들은 OECD 최악의 수준이다. 최근 유행하고 있는 '헬조선', '구포 세대', '청년실신'이란 말이 바로 우리 사회의 위기 상황을 있는 그대로 증언하고 있다. 헬조선은 '지옥 같은 대한민국'이란 뜻이다. '삼포'(연애, 결혼, 출산)를 넘어 '오포'(인간관계, 내 집), 여기에 '칠포'(꿈, 희망), 또 '구포'(외모, 건강) 세대라는 말까지 등장했다. 실업과 신용불량의 이중고에 시달리는 젊은 세대를 가리키는 '청년실신'이란 신조어도 등장했다.

신용정보원의 빅데이터 분석에 따르면 사회에 첫발을 내디딜 무렵인 25세 청년들은 심한 '부채 보릿고개'를 겪고 있다. 전체 37%가 빚이 있으며 1인당 평균 부채액이 1,926만 원에 이른다. 요즘 청년들이 아무리 노력해도 상황이 나아지지 않자, 자신이 태어난 조국에까지 화살을 돌려 '헬조선'이라 조롱하는 것이다. 인간관계, 희망, 건강처럼 우리 삶에서 기본적인 것까지 포기한다는 것은 삶 자체를 포기한다는 뜻이 아닌가? 취업포털 '사람인'이 2011년 20·30세대 1,837명을 대상으로 조사한 결과, 22.5%가 자살을 시도한 경험이 있고, 스트레스가 심각한 사람이 63.3%로 밝혀졌다. 이 자료는 이미 6년 전 조사 결과다. 그러니까 OECD 가입국 중 자살률 1위가 된 지 10년이 넘었고, 자살 대국 일본보다 자살률이 50% 정도 더 높은 사실이 결코 우연이 아니다. 헬조선, '지옥 같은 대한민국'에서 꿈과 희망까지 포기한 청년, 삶을 포기하기 위해 자살로 뛰어드는 게 아닌가! 사회위기는 경제위기보다 훨씬 심각하다. 일단 사회위기가 닥치면 회복하는 데 수십 년이 걸릴지도 모른다. 사회병리 현상은 끈질긴 생명력을 갖는다. 현재의 위기를 넘기는 게 문제가 아니다. 더 중요한 것은 우리 사회의 체질, 시스템 그리고 가치관을 바꾸는 일이다. 지난 30여 년간 누적된 불합리한 정치, 경제, 사회, 교육 제도를 손보고 잘못된 인식을 바꿔야 한다. 결코 쉬운 일이 아닐 것이다.

더욱이 지금 유럽은 시리아전쟁 난민 몸살로 정치 지형마저 바뀔 태세다. 세계 곳곳에서 정치·인종·종교적인 이유로 폭탄테러가 끊이지 않고 있다. 유럽은 그 공포가 도를 넘어섰다. 중국, 동남아, 중남미 아메리카 등 기근과 지진, 쓰나미, 폭풍우 등 자연재난으로 어수선하다. 무엇을 말함인가? 감사하기 어려운 시대라는 의미다. 우리는 자고 일어나면 유럽과 아시아는 물론 아메리카대륙에서 일어나는 크고 작은 소식들(대개 나쁜 소식들)을 뉴스로 접한다. 예전 같으면 모르고도 살 일을 지금은 그렇지 않은 시대에 살고 있다. 그래서 염려와 근심 그리고 불안과 걱정들이 많다.

"너희 중에 누가 염려함으로 그 키를 한 자라도 더할 수 있겠느냐? 그러므로 염려하여 이르기를 무엇을 먹을까 무엇을 마실까 무엇을 입을까 하지 마라…… 내일 일은 내일이 염려할 것이요 한 날의 괴로움은 그날로 족하니라"(마 6:27, 31, 34)

이 같은 시대 현상에 그냥 매몰될 순 없다. 돌파구가 필요하다. 이에 대한 돌파구는 감사가 제일이다.

03 우린 이미 충분히 행복하다!

　초가집과 판잣집에서 당장 눈앞의 끼니 걱정을 하기 바빴던 한국인들은 이제 첨단 통신망으로 연결된 초고층 빌딩에서 세계 경제에 큰 영향력을 행사하는 '세계인'으로 거듭났다. 미군 트럭을 따라다니며 초콜릿을 받아먹기 바빴던 세대는 세계로 수출되는 고급 자가용을 타며 성인병 걱정을 하게 됐다. 최근 경기가 주춤하면서 살림이 팍팍해졌다고는 하지만, 한국은 경제적으로 남부럽지 않은 풍요로운 나라임이 틀림없다.

　요즘 경제적으로 몹시 어렵다고 한다. 하지만 불과 30년 전과 비교했을 때 우리의 삶은 의식주 모든 면에서 풍족함을 누리며 살고 있다. 그 당시에는 감히 상상할 수 없었던 승용차를 대다수 사람이 소유하고 있고, 휴대전화도 어린 자녀들까지 하나씩 가지고 있다. 지금 우리는 이미 충분히 행복하다고 말해도 좋다. 옛날에는 왕도 제철이 아니면 먹을 수 없었던 신선한 과일을 이제는 사시사철 먹을 수 있다. 옛날로 돌아간다면 지금의 생활이 왕들도 부러워할 만큼 호사스럽다는 생각이 든다. 가마를 타고 다니던 왕이 자동차를 타고 가는 사람을 본다면 얼마나 부러워하겠는가?

이처럼 대다수 사람이 넉넉하고 편리한 생활 속에 살고 있지만, 과거 궁색했던 옛날 사람들보다 더 행복할까. 안타깝게도 현대인의 삶은 메마르고 영적으로 침체해 있다. 그리고 이런 삶에는 한 가지 공통점이 있다. 바로 '감사'가 없다는 것이다. 행복해지려면 감사에 눈을 떠야 한다. 많이 가졌다고 행복해지는 것이 아니라 감사하는 사람만이 행복할 수 있다. 행복은 소유의 크기가 아니라 감사의 크기에 비례한다.

한국전쟁을 치르고 60년밖에 지나지 않은 대한민국이 이루어 낸 성과는 '한강의 기적'이라 불리며 세계의 이목을 집중시켰고 총체적인 난국을 이겨 내고 경제성장을 이루었기에 그 업적에 걸맞은 칭찬을 충분히 받을 만하다. 6·25 전후 한국의 처참한 상황을 본 외신기자는 '쓰레기통에서도 장미꽃이 피는가! 단언컨대 100년이 지나도 대한민국은 제구실하지 못할 것이다.'라는 내용의 브리핑 기사를 자국에 돌아가 타이틀 기사로 썼다고 했다. 그로부터 50년도 채 지나지 않아 대한민국은 경제적으로 대단히 성공을 거둔 나라, 개발도상국들의 벤치마킹 대상이 되는 나라, 전 세계에서 IQ가 2위인 나라, 뛰어난 인재들이 넘치는 나라가 되어 있다.

GDP 2만 4천달러, 세계 14위의 경제 대국, 세계에서 일곱 번째로 20·50클럽 가입 등 우리나라가 얼마나 역동적인 경제 발전을 이루었는가. 40여 년 전과 비교해 보았을 때 우리의 삶은 의식주를 포함한 모든 면에서 상상할 수 없는 풍족함을 누리며 살고 있다. 그럼에도 불구하고 대부분 사람은 경제적으로나 모든 삶에 있어서 많이 어렵고 힘들다고 말한다. 60년이라는 짧은 시간에 일궈낸 고속성장의 명예는 '소프트웨어의 상대적인 낙후'라는 불명예를 동시에 안겨주고 있다. 현대경제연구원은 '한국 경제의 선진화 어디까지 왔나.'라는 보고서에서 "경제적 풍요도와 세계화는 큰 진전을 이뤘지만, 환경과 사회복지는 경제협력개발기구(OECD) 가운데 최악"이라고 평가했다. 연구원이 OECD 23개국과 비교해 매긴 우리나라의 선진화 지수는 51.5점. 23개국 가운데 17위로 하위 수준에 머물러 있다.

분명한 것은 우리는 예전보다 정말 잘살게 되었다. 전 세계에서 가장 가난하던 나라가 세계적인 부자 국가 중의 하나가 되었다. 이제 우리나라를 선진국이라 해도 전혀 어색하지 않다. 하지만 30, 40여 년 전보다 더 행복하다고 말할 수 있을까? 경제성장으로 잘살게 되었음에도 정작 우리나라 국민은 그다지 행복한 삶을 살고 있지 않다. 우리나라의 사회적 갈등비용은 GDP의 27%로 한 해에 거의 300조 원이 소모되고 있고, 자살률이 세계 1위, 이혼율이 3위, 행복지수가 OECD 국가 34개국 중 32위라고 했다. 우리나라는 하루에 40명씩 자살을 한다.

그런데 이상한 사실은 우리나라가 OECD에 가입되었음에도 자살률이 세계 제일이라는 점이다. 결국 우리 사회는 매우 잘살게 되었

> 행복해지려면 감사에 눈을 떠야 한다. 많이 가졌다고 행복해지는 것이 아니라 감사하는 사람만이 행복할 수 있다. 행복은 소유의 크기가 아니라 감사의 크기에 비례한다.

지만, 전혀 행복하지 못하다는 사실을 알 수 있다. 현대인의 삶은 메마르고

과거보다 오히려 가슴 뛰는 설렘이나 행복감이 거의 사라진 것 같아 안타깝다. 그것은 환경의 문제가 아닌 '마인드의 문제'이다. 바로 과거보다 정말 더 못한 요인들이 많기보다는 감사가 사라진 것과 너무도 부정적인 심리가 온 사회와 우리 자신을 지배하고 있는 것 같다. 이런 사회 분위기를 바꾸고 삶의 스트레스를 없앨 좋은 방법은 없을까?

무엇보다 우리 안의 감사 마음이 회복되어야 한다. 내가 누리는 모든 것이 하나님의 은혜라는 사실을 알고 지극히 작은 것부터 하나씩 감사하기 시작한다면 삶을 짓누르는 고통 중 많은 것이 사라질 것이다. 우리의 삶이 아무리 힘들다 해도 단 3일만 볼 수 있기를 간절히 원했던 헬렌 켈러 여사와 비교할 수 있을까? 아무리 힘든 상황이 오더라도 우리는 충분히 행복한 조건임을 감사해야 한다.

물론 인생을 살다 보면 항상 좋은 일만 있을 수는 없다. 감당하기 힘든 시기가 올 수도 있다. IMF와 같은 심각한 사회적 위기는 공동체는 물론 나라 전체에까지 영향을 미치기도 한다. 그러나 감사는 이런 위기가 초래할 절망감과 위압감 그리고 위기로부터 우리를 구출해 준다. 그렇기에 우리는 힘들 때도 감사해야 한다.

위기(危機)는 위험한 고비나 위(危)기와 기(機)회가 합친 말이다. 위기에는 항상 기회가 따라오는 양면성이 있다. 따라서 위기는 자신을 변화시키고, 일으켜 세울 기회로 삼는다면 자신이 크게 도약할 수 있는 좋은 계기가 된다. 인류의 역사에서는 보통 난세(亂世)에는 영웅이 탄생했다. 이는 곧, 시대가 영웅을 만든다고 할 수 있다. '난세'란 전쟁이나 무질서한 정치 따위로 혼란스러워 살기가 힘든 세상을 가리키는 말이다. 어쩌면 우리는 지금이 난세인지 모른다. 나라 안팎이 갖가지 혼란과 갈등, 경제침체 등에 휩싸여 어지럽다. 태평성대에는 영웅이 나타날 수 없다. 모두가 편안하고 배불리 잘 먹고 잘사는데 영웅이 나설 필요가 없다. 영웅은 시대가 필요로 하고 시대가 만드는 것이다. 마치 영웅이 고난과 시련의 시기인 난세를 맞아 세상을 멋지게 바꾸듯이, 자신에게 어떤 식으로든 변화가 필요하다고 생각되면 난세는 분명히 좋은 기회다.

난세에는 세상이 어지럽기에 그만큼 허점과 빈틈이 많다. 이럴 때일수록 역발상으로 잘만 생각하면 기가 막힌 기회가 숨겨져 있다. 취업난에 허덕이는 젊은이들은 남들 따라 입사경쟁률이 수백 대 일이 넘는 대기업, 좋은 기업에만 몰릴 것이 아니라 자기 생각을 바꾸어 새로운 시도를 해 볼 좋은 기회가 될 수 있다. 발로 뛰면서 적극적으로 행동하면서 스스로 좋은 기회를 만들어야 한다.

인생에서 갑작스럽게 위기, 역경, 고난 등을 맞게 되면 효과적으로 대처하지 못한다. 그리하여 좌절하거나 쉽게 무너진다. 평안하기만 한 인생은 위기와 역경에 대처하는 면역력이나 저항력 그리고 판단력과 문제해결력을 약화시킨다. 그래서 한 번 틈이 생기면 하염없이 와르르 무너져 버린다. 그래서 비록 순탄한 인생이라고는 못해도 삶의 굴곡을 겪으며 크고 작은 고난과 위기를 경험해야 저항력, 면역력도 생기고, 어떤 위기라도 지혜롭게 극복할 수 있는 지혜와 용기가 생긴다.

하버드대에는 '다른 사람보다 뛰어나고 싶으면 남보다 더 많은 고난을 견뎌라.'라는 명언이 전해진다. 때로는 괴로움과 고난은 아픔과 상처와 피로를 동반한다. 그러나 이를 견뎌낸 경험은 앞으로 더 큰 일을 해낼 기반과 자신감이 된다. 고난은 강한 의지를 지닌 단단한 사람으로 단련시키는 보약과도 같다. 이 굳은 의지는 당신을 점점 더 발전시키며 더욱 위대한 성공의 토대가된다. 고난은 결국 우리를 더욱 크게 만드는 성장의 촉진제이자 행동하게 하는 마중물이다. 자고로 "부싯돌은 세게 부딪힐수록 더욱 찬란한 불꽃을 만드는 법이다."라는 말처럼 당신을 더욱더 강하고 단단하게 만드는 고난과 난세의 위기를 게임처럼 즐겨라! 자신을 성장시켜라! 최고를 창조하라! 그게 당신의 사명이다.

04 '돈'과 '행복'은 과연 비례할까?

많은 사람은 대부분 '돈이 있어야 행복하다.'고 믿는다. 그러나 선진국 수준의 경제력 등을 보면 돈은 웬만큼 있는데 여전히 불행하다는 것은 '돈' 문제가 아닌 듯하다. 유엔 산하 자문기구인 지속가능발전해법네트워크(SDSN)는 전 세계 156개국을 상대로 국민 행복도를 조사한 결과 북유럽 핀란드, 노르웨이, 덴마크가 1, 2, 3위를 차지하고, 한국은 57위로 나타났다('2018 세계행복보고서').

북유럽국가는 복지환경이 잘 갖춰진 것도 있겠지만 덴마크 사람에게 왜 행복한지 근본적인 이유를 '돈이 많아서가 아니고 어릴 때부터 가정과 학교에서 가장 먼저 배운 것이 남을 존중하고 피해를 주지 않는다는 것이었다.'며 내가 그렇듯이 남도 나를 존중하고 피해를 주지 않기 때문에 사는 것이 즐겁고 행복하다는 것이다.

2010년도 가난한 나라 부탄의 행복지수가 8위였는데 그 후 산간마을까지

TV가 보급되고 근래에 정신과 의사가 처음 개업했는데도 오히려 행복지수는 크게 떨어졌다는 것이다. 그 이유는 불교와 농사일만 알던 사람들이 TV로 딴 세상을 보게 됐고, 하고 싶고 갖고 싶은 것이 많아진 탓에 행복감이 떨어졌다는 것이다.

최소의 돈은 행복의 필요조건은 된다. 의식주의 기본적인 욕구조차 충족되지 못한 삶은 행복하기 어렵다. 그러나 필요 이상의 비타민 섭취가 별다른 효력이 없듯이 일정 수준 이상의 돈은 기대만큼의 행복으로 전환되지 않는다. 소득이 높아지면 돈의 쓰임새가 바뀐다. 더 이상 생명과 직결되는 자원을 교환하는 수단이 아니라, 자신의 가치를 타인으로부터 인정받기 위한 물건이나 상징들을 얻기 위해 돈을 쓴다. 하지만 명품 가방이 주는 기쁨은 오래가지 않고, 더 좋은 가방을 들고 다니는 사람이 없도록 계속 업그레이드를 해야 한다. 또한 원하는 돈을 손에 쥐었을 때의 만족감은 얼마 가지 못하고 점점 더 많은 돈이 있어야 만족감을 느끼게 된다고 한다.

그렇다면 행복해지기 위해서 많은 돈이 과연 필요한가? 돈이 행복을 결정하는 데 큰 영향을 미치지 않았고 행복은 마음에 달려있다. 대니얼 카너먼(Daniel Kahneman)과 앵거스 디턴(Angus Deaton)의 연구를 통해 이를 설명해보려 한다. 이 연구는 마음의 중요성을 강조한 카너먼과 돈의 중요성을 연구한 디턴의 합작품이다. 이들은 미국인 45만 명의 소득, 긍정 정서, 부정 정서, 삶의 만족도, 건강, 연령, 성별 등을 조사하고, 이들의 관계를 분석했다. 그 결과는 다음과 같다. 먼저 연간소득(X축)이 높을수록 긍정 정서(Positive

Affect)를 경험하는 비율이 증가했다. 그런데 연 소득이 4만 달러가 될 때까지는 그 관계가 선형적이었지만, 4만 달러가 넘어가면서는 긍정 정서가 그다지 증가하지 않았다. 다시 말해 연 소득 4만 달러까지는 소득이 행복(긍정 정서)에 영향을 주지만, 4만 달러를 넘은 이후부터는 소득이 행복에 별 영향을 미치지 않는다는 것이다.

우울(not blue)함에 미치는 영향도 유사했다. 연 소득이 4만 달러가 될 때까지는 우울하지 않은 사람의 비율이 증가했으나, 연 소득이 4만 달러가 넘은 후부터는 소득이 우울함에 거의 영향을 미치지 않았다. 스트레스 역시 마찬가지였다. 다시 말해서 연 소득이 4만 달러가 되기 전까지는 우리가 얼마나 즐거운지, 우울한지, 스트레스가 있는지에 소득이 영향을 미친다는 것이다. 이러한 감정적인 행복은 연 소득이 4만 달러가 넘어가면 큰 관계가 없었다. 하지만 자신의 삶에 얼마나 만족하는가(Ladder)는 이야기가 조금 다르다. 과거와 비교하며 얼마나 만족한지 묻는 인지적 행복은 연 소득 4만 달러가 넘어서도 여전히 소득의 영향을 받았다.

이러한 결과는 소득이 우리의 삶의 질을 지켜준다는 것이며, 우리의 의식주가 충족되어야 행복해질 수 있음을 말해준다. 그런데 일정 수준의 소득을 갖는다고 해서 더 즐겁거나, 덜 우울해하거나, 스트레스를 적게 받는 것은 아니었다. 돈으로 가질 수 없는 행복이 있다는 것이다. 즉, 행복해지기 위해 돈 외에 다른 무언가가 필요한 것이다. 그게 바로 감사의 태도이다.

행복은 물질에 비례하지 않는다. 행복은 소유의 크기가 아니라 감사와 긍정지수의 크기에 비례한다. 언젠가 세계 54개국 국민을 대상으로 행복지수를 조사해서 발표한 것을 보았다. 가장 행복한 나라로는 예상을 깨고 최빈국인 방글라데시가

> 작은 일에도 감사히 여길 수 있는 마음을 가진 사람은 행복지수도 높다. 사람은 행복해서 감사하는 것이 아니라, 감사하며 살기 때문에 행복해지는 것이다. 감사는 분명 행복의 문을 여는 열쇠이다.

뽑혔다. 그 뒤를 이어 아제르바이잔이 2위, 나이지리아가 3위에 올랐다. 반면에 경제 대국이며 최고의 문화시설과 교육환경, 자연환경 등을 두루 갖춘 선진국들인 미국, 스위스, 독일, 캐나다, 일본 등이 40위권 밖으로 밀려나 큰 충격을 주었으며 우리나라 국민의 행복지수 또한 23위에 머물렀다. 그런데 가장 행복지수가 높은 방글라데시가 어떤 나라인가? 1인당 국민소득은 우리나라의 100분의 1수준인 2백 달러로, 세계에서 가장 가난한 나라이다. 인구 밀도는 세계 1위이고 문맹률도 90%에 육박한다. 해마다 국토의 80% 이상이 홍수에 잠겨 수해로 고통받는다. 천연자원도 없고, 돈이 많은 것도 아니고, 교육 시설이나 의료 시설도 열악하다. 그렇다고 마음껏 즐길 수 있는 문화나 레저 시설이 있는 것도 아니다. 사회는 양극화되어 있고, 뇌물과 부정부패가 만연되어 있다. 그런데도 그들의 행복지수는 높다. 그들 중 대부분은 아침에 일어나면 출근할 직장이 없고, 공부할 학교도 없고, 심지어 몸이 불편해도 찾아갈 병원도 없다. 그러나 어려운 생활 속에서도 작은 것에 감사하며 만족한 생활을 하고 있다. 가족들과 이웃들 간에 끈끈한 유대관계를 통해 행복의 끈을 이어가고 있는 것이다.

가난한 나라의 국민은 인간관계의 끈끈한 정이 삶의 행복으로 이어졌지만,

선진국의 사람들은 오히려 인간관계에서 비롯한 소외감과 소유의 비교에서 오는 상대적 빈곤감 때문에 불행을 더욱 심하게 느낀다는 것이다. 이처럼 행복지수는 객관적인 조건이나 지표보다는 행복하다고 느끼는 사람의 주관적인 생각에서 차이를 보인다.

행복은 자신이 만들어 가는 것이다. 행복은 소유에 비례하기보다는 감사하는 마음에 비례한다. 행복은 없는 것에 관심을 가지는 것이 아니라 있는 것을 소중하게 여기고 감사하는 사람이 행복한 인생을 살게 된다. 없는 것에 대한 불평이 있는 것에 대한 감사로 변할 때 비로소 행복한 인생이 되는 것이다. 남들보다 가진 것이 없어도 있는 것에 대해 감사하며 사는 것이 곧 행복이다. 그래서 칼 힐티는 그의《행복론》에서 행복의 첫 번째 조건을 감사로 꼽았다. 작은 일에도 감사히 여길 수 있는 마음을 가진 사람은 행복지수도 높다. 사람은 행복해서 감사하는 것이 아니라, 감사하며 살기 때문에 행복해지는 것이다. 감사는 분명 행복의 문을 여는 열쇠이다.

현재 가지고 있는 것보다 더 좋은 것을 원하는 경향은 행복을 저해하는데, 이것은 물질주의와도 관련이 있다. 물질주의란 삶의 중요한 가치를 물질 추구와 소유에 두는 태도를 말하며, 긍정적인 요소 대부분과 부적상관을 갖는다. 왜냐하면 돈, 권력, 외모를 중시하는 물질주의적 가치를 가진 사람들은 감사한 마음을 갖기 어렵기 때문이다. 조금 더 돈이 많고, 더 넓은 집이 있고, 권력이 있으면 감사할 수 있을 거라고 여기지만, 사실은 그렇지 않다.

물질주의적 가치를 가진 사람들은 다른 사람의 돈과 권력을 자신과 비교하고, 남보다 적으면 열등감을 겪는다. 좋은 물건이 있어도 더 좋은 물건을 가질 때까지 만족하지 못하며, 불안해하고 초조해진다. 그러니 물질주의적 가치관을 가진 사람은 자신이 소유한 것에 감사하지 못하고, 결국 행복을 느끼기 어려워진다. 지금 가지고 있는 것을 더 원하는 경향이 있는 사람에게 감사의 관점이 필요하다고 조언한다. 새로운 핸드폰을 갖고 싶다면 현재 내가 사용하고 있는 핸드폰에 애정을 쏟고, 더 좋은 차를 갖고 싶어지면 현재의 차에 관심을 기울이라는 것이다. 자신이 가지고 있는 것의 소중함을 찾아 감사한 마음을 갖는 연습을 해 보자. 이러한 감사 연습이 행복의 적인 '물질주의'를 줄일 수 있다.

그렇다면 어떻게 해야 행복감을 느낄 수 있을까? 그것은 바로 나와 내 주변 사람들 간에 따뜻한 관계 속에서 느끼게 되고 아무리 돈이 많고 명예가 높고 외모가 출중해도 혼자 고립되어 외롭게 생활하면 행복감을 느낄 수가 없다. 반대로 물질적으로는 별로 가진 것 없이 평범해도 주말 저녁마다 나를 불러주는 친구가 있고 아프면 찾아오는 지인들이 많으면 마음속에 행복감이 번진다. 많은 이는 아직도 부든 뭐든 모든 것을 가졌을 때 비로소 행복이 찾아온다고 믿고 있다. 하지만 행복은 주어지는 것도 쟁취하는 것도 아니다. 행복은 느끼는 것이다. 우리 주변을 맴도는 행복의 작은 조각들을 그때그때 붙잡을 줄 알아야 한다. 그리스 철학자 아리스토텔레스는 "행복은 감사하는 사람의 것이다."라고 했고, 인도의 시성 타고르도 "감사 분량이 곧 행복의 분량이다. 감사한 만큼 행복하게 살 수 있다."고 했다. 행복은 소유에 정비례하기보다는 감사에 정비례한다고 생각한다.

05 세상에서 가장 행복한 사람들의 비결은?

영국의 〈더타임스〉가 '이 세상에서 가장 행복한 사람은 누구인가?'라는 제목으로 국민의 의견을 수렴한 적이 있다. 4위는 생명이 위독한 환자를 수술로 방금 살려낸 의사였고, 3위는 섬세한 공예품을 완성하고 휘파람을 부는 목공이었고, 2위는 아기를 깨끗하게 목욕시키고 몸에 분을 발라주며 웃는 어머니였으며, 1위는 모래성을 막 완성한 어린아이였다. 행복한 사람들 속에 정치인이나 재벌, 귀족, 박사 등은 전혀 포함되지 않았다. 인간은 보람 있는 일을 완성했을 때 진정 행복을 느낀다.

이밖에도 행복을 위한 조건은 몇 가지 더 있다. 특히 칸트는 행복의 세 가지 조건에 대하여 "첫째 할 일이 있고, 둘째 사랑하는 사람이 있고, 셋째 희망이 있는 것"이라고 했다. 그리고 제임스 오펜하임은 "어리석은 자는 멀리서 행복을 찾고, 현명한 자는 자신의 발치에서 행복을 키워간다."고 했다. 우리가 행복하지 않은 것은 내가 가지고 있는 것을 감사하기보다, 내가 가지고 있지 않은 걸 탐내기 때문이라고 한다. 행복해지고 싶다면 내가 가진 것들과 내 주변 사람들을 아끼고 사랑해야 한다. 주변 사람들과의 친밀한 관계도 당연히 행복에 큰 영향을 미친다.

요즘과 같이 IT가 발달한 시대는 직접 만나지 않아도 SNS를 통해 쉴 새 없이 연결되어 있다. 핸드폰으로, 각종 SNS로 시간과 공간을 뛰어넘어 접속만으로 연락할 수 있다. 사람들과 끊임없이 연락하고 연결되어 있는데, 아이러니하게도 연락을 하면 할수록 여전히 외롭고 혼자인 듯하다. 오히려 가족과 친구들은 더 멀어져가고, 가족과 함께 밥 먹는 시간은 줄어들며, 연결의 강도는 약해지고 있다. 현대인의 감정지도를 그려본다면 외로움이 상당히 많은 부분을 차지할 듯하다.

외로워서 연애와 결혼을 선택하지만, 그래도 여전히 외롭고 고독하다. 화려한 SNS상의 연결망은 이어져 있으나 마음과 마음의 만남은 소원해지고, 서로를 그리워하며 살아가고 있다. 쇼펜하우어가 고독은 모든 존재의 운명이라고 했으니 괜찮다고 애써 위로하지만, 그래도 외로움을 피하고 누군가에게 소속되고 싶다. 이것이 우리의 기본적인 욕구다.

그렇다면 외로움을 피할 방법은 무엇일까. 감사의 이유를 언제 어디에서나 쉽게 찾아내는 사람은 친구가 없다고 투덜대거나 사람들이 자신의 마음을 받아주지 못한다고 불평하지 않는다. 감사할 줄 아는 사람들은 자연스럽게 사람을 끌어들이기 때문에, 덜 외롭고 사람들과 연결되어 있음을 느낀다. 어딘가에 속하고 싶어 하는 인간의 본성은 진정한 감사를 느끼고 표현하는 것을 통해 채워지는 것이다.

요즘같이 행복을 자주 이야기하는 시대는 없다. 그런데도 우리는 쉽게 우울해지고, 불행감을 느끼며, 항상 불안하다. 이러한 시대에 자신을 사랑할 수 있고 몸과 마음의 건강을 유지하는 방법이 감사이다. 자신을 사랑하고, 몸과 마음의 건강을 위해 가장 손쉽고 간단하지만 강력한 방법인 감사를 제안하고자 한다. 심리학자들은 감사를 행복에 이르는 요소로 제안한다. 하루의 좋았던 일, 감사한 일을 음미하는 것은 우리를 행복하게 한다. 감사는 그저 기분이 좋은 상태로 끝나는 것이 아니라 자존감이 올라가며, 사람들과의 관계가 좋아지고, 마음이 행복하니 몸도 건강해진다. 이처럼 감사가 주는 유익은 많다. 인생은 누구나 단 한 번뿐이다. 인생은 항상 아름답지도 않고, 항상 추하지도 않다. 슬픔과 기쁨, 비통과 행복이 모두 한군데에 섞여 있다. 평범하든 위대하든, 가난하든 부유하든 분명 엄청난 가치를 선물 받았다. 이 사실만으로도 후회 대신 감사할 이유가 너무나도 많다.

그런데 언젠가부터 고마운 일들에 대한 감사를 느끼지 못한 채 메말라가고 있다. 하지만 가족, 친구, 지인, 자연, 환경 그리고 신

> 감사도 훈련이고 습관이다. 감사 고수가 된다면 일상에서 만나는 수많은 갈등과 문제를 해결하는 긍정적인 감사솔루션과 행복열쇠가 우리의 것이 될 수 있다.

으로부터 받은 은혜와 친절에 대한 감사의 태도를 가지면 우리의 삶에 기적과 같은 일들을 만날 수 있다. 끝없는 경쟁과 개인주의적인 사회 속에서 마음의 평화와 안녕을 유지하는 비결이 감사다. 감사는 사회에서의 실패, 대인관계의 아픔, 말하지 못하는 상처, 영적 침체 속에서 회복과 자유를 경험케 하

는 강력한 도구다. 감사는 좋은 마음과 연결되어 있기에 감사를 느낄수록 분
노나 불안, 시기심과 같은 부정적인 정서를 덜 느낀다는 것이다. 감사를 하면
행복해지는 것은 분명하다. 감사의 태도는 자신의 결핍을 채워주고 열등감과
욕심과 같은 부정적인 마음을 내려놓게 한다. 스스로 있는 그대로 수용해 성
장하는 감사하는 마음을 가져보자.

행복과 불행은 우리 자신의 선택에 달려있다. 진정한 행복은 감사를 담은 마
음에서 솟아난다. 심리학자 제임스 깁스 박사의 말을 들어보자.

"손안에 얼마나 많은 것을 쥐었는지는 그대의 행복과 아무런 관계가 없다.
그대의 마음속에 감사가 없다면 그대는 파멸의 노를 젓고 있다. 다른 공부보다
먼저 감사할 줄 아는 방법부터 배우라. 감사의 기술을 배울 때 그대는 비로소
행복해진다."

두 눈이 보이지 않고 말도 하지 못했던 헬렌 켈러는 고백한다.

"난 너무나 아름다운 인생을 살았다. 내 인생에서 행복하지 않은 날은 하루
도 없었다."

다른 공부보다 먼저 감사할 줄 아는 방법부터 배우라. 감사의 기술을 배울
때 그대는 비로소 행복해진다.

한편, 작가로서 명성이 높았던 톨스토이는 고관이나 명사들과 친밀한 관계
를 맺었으며, 넓은 농토와 많은 소작인도 거느리고 있었다. 그러나 사랑스러
운 아내와 귀여운 자녀들과 함께 살아가던 톨스토이는 행복의 정점에 도달한
50대 초반에 심각한 우울증에 빠지고 말았다.

톨스토이는 몇 차례나 자살 충동을 느낀 적도 있었다. 그래서 매일 저녁 침대 시트나 수건처럼 목을 맬 수 있는 물건과 권총을 멀찍이 치우고서야 잠자리에 들었다.

그러던 어느 날이었다. 톨스토이는 하루의 노동을 마친 소작인들이 헛간에 모여서 감사 기도를 드리고 찬송가를 부르는 장면을 목격했다. 그리고 부지런히 육체를 움직여 노동하고 선행을 실천하고 절대자에게 깊이 의지하는 이러한 남루한 일상 속에서 진정한 행복이 생겨난다는 사실을 깨달았다. 이후 톨스토이는 완전히 변했다. 당장 소작인들에게 땅을 나눠 주었고, 그들과 더불어 노동하고 기도했다. 마지막에는 자신의 모든 기득권을 버리고 가출까지 했다. 인류의 고귀한 정신적인 자산을 창조한 대문호는 '화려한 저택'이 아니라 '누추한 길거리'에서 참된 행복의 의미를 깨달았다.

당신은 오늘 하루 얼마나 감사하며 보냈는가? '감사'는 타인에게 보내는 고마운 마음인 동시에 자신에게 건네는 따뜻한 위로다. 거창하지 않아도 좋다. 소소한 일상에서 감사한 일을 찾아 하루에 다섯 번만 써보자. 무채색 같던 일상에 아름다운 빛깔이 더해져 당신의 인생은 더욱더 풍요로워질 것이다. 유대인의 인생독본인 탈무드를 보면 "세상에서 가장 지혜로운 사람은 배우는 사람이고, 세상에서 가장 행복한 사람은 감사하며 사는 사람이다."라는 말이 있다. 누구나 행복해지고 싶어 한다. 그러나 행복해지고 싶어 하는 직접적인 욕구는 오히려 사람을 더 우울하게 만들 수도 있다. 일상을 통한 감사함의 실천이 행복으로 가는 첩경이다.

사람의 의식 수준을 1에서 1,000까지의 척도로 수치화한 《의식혁명》의 저자 데이비드 호킨스 박사의 의식 지도를 보면 총 17수준의 단계에서 기쁨, 감사, 축복의 의식은 500룩스(Lux)를 넘어 600룩스의 평안함을 향해 가고 있다. 두려움과 근심 또는 슬픔과 후회 등의 의식 수준이 100룩스라면 500룩스가 넘는 감사로 가기 위해 우리는 용기를 가지고 지속적인 행복훈련, 행복연습, 행복습관의 본질인 감사를 올곧게 실천하며 자신의 감사지수를 날마다 최고조로 올려야 한다. 감사도 훈련이고 습관이다. 감사 고수가 된다면 일상에서 만나는 수많은 갈등과 문제를 해결하는 긍정적인 감사솔루션과 행복열쇠가 우리의 것이 될 수 있다.

06 '비교'하는 순간 불행이 싹 튼다

비교는 행복의 가장 큰 적이다. 경쟁주의의 대한민국에서 우리는 끊임없이 비교당하고, 자신과 남을 비교하며 살아간다. 어머니들은 자녀에게 '엄마 친구 아들' 이야기를 한다. 한창 공부하는 시기에 엄마 친구 아들은 전교에서 몇 등을 하며, 공부를 새벽까지 한다고 말한다. 대학교를 졸업할 때쯤 엄마 친구 아들은 대기업에 입사했단다. 결혼할 때가 되면 엄마 친구 아들은 돈 많은 누구와 결혼했다고 한다. 누구인지도 모르는 '엄친아' 이야기를 들을 때마다 짜증이 나면서 위축감에 빠지고 자신감도 잃게 된다. 남과의 비교는 자신의 정체성을 잃게 한다.

엄마만 나를 다른 사람과 비교하는 게 아니라 나도 나를 남과 비교한다. 나보다 연봉을 더 많이 받고, 나보다 넓은 평수의 집에서 살고, 나보다 아이도 잘 키우는 친구, 동료들과 나를 비교하면서 나도 모르게 시기심과 질투심을 갖는다. 그리고 내가 가진 장점, 가치는 쓸모없게 여기고, 남들이 가진 잘난 것만 부러워한다. 결국 다른 사람과 끊임없이 비교하면서 불행의 늪에 빠져 들어 간다.

사람들은 남들보다 못하거나 갖지 못한 것이 있으면 상대적 박탈감을 느낀다. 그리고 더는 감사할 거리를 찾지 못하게 된다. 감사의 가장 큰 적은 비교이다. 이렇게 남들과 비교해 자신을 평가하는 것을 사회 비교라 부른다. 사회 비교를 하면 모든 것이 충분하더라도 상대적 박탈감을 느낄 수 있다. 그리고 다시는 감사할 거리를 찾지 못하게 된다. 내가 조금만 더 돈이 있으면 행복할 것 같고, 조금만 더 좋은 물건을 가지면 감사할 것 같다. 그래서 조금 더 채워질 때까지 감사를 미루고 살아간다. 이 '조금 더' 앞에 생략된 단어가 있다. 바로 '남들보다'다. 남들보다 돈이 더 많으면 행복해질 것 같고, 남들보다 좋은 물건을 더 가지면 만족할 것 같다.

다른 사람의 성취와 나의 성취를 비교하는 순간 우리는 '조금 더, 조금 더'에 빠져들고, 나라는 사람은 없어지며 오로지 타인이 지배하는 인생을 살게 된다. 나보다 나은 사람들과 상황들에 자신을 비교하느라 자신이 가지고 있는 것을 보지 못하게 된다. 비교는 내가 가지고 있는 가치를 음미하는 것을 방해한다. 하지만 감사는 다른 사람의 상황과 상관없이 이루어질 수 있다. 남이 아닌 나로 살아갈 때 감사가 풍성해진다.

비교의식은 다른 각도에서 보면 욕심의 또 다른 얼굴이기도 하다. 상대방과 자신을 끊임없이 비교하면서 우월감으로 교만해지든지, 아니면 열등감에 사로잡혀 자기비하에 매몰되기도 한다. 어느 경우에도 감사하지 못하기는 마찬가지다. 비교의식은 우리를 상대적 빈곤감에 빠지게 한다. 상대가 나보다 많은 재물을 가지고 있거나, 나보다 더 많은 사랑을 받거나, 더 좋은 학벌을 가지고 있거나, 더 많은 재능을 가지고 있는 것을 비교하기 시작하면 감사는 사라지고 불행의 늪에 빠지게 된다.

영화 '아마데우스'를 보면서 모차르트와 살리에리의 생애를 통해 비교의식이 사람을 얼마나 비참하게 만드는지를 크게 깨달은 적이 있다. 살리에리는 당시 최고의 음악가였다. 모차르트가 나타나기 전까지만 해도 그는 많은 사람의 부러움과 존경을 한 몸에 받았던 행복한 인생이었다. 그렇지만 모차르트와 자신의 음악을 비교하면서 그의 인생은 불행의 늪에 빠지게 되었다. 그를 화나게 만드는 것은, 자신은 밤잠을 설치면서까지 온 힘을 다해 작곡해도 사람들이 기억해 주지 못하는데, 모차르트는 여자들과 어울려 놀 것 다 놀면서 그저 자투리 시간에 취미 삼아 작곡하는 것 같은데도 그의 음악은 불후의 명작이 되는 것이다. 그를 더욱 비참하게 만든 것은 모차르트의 천재성을 꿰뚫어 보는 안목을 가진 것이었다.

그는 절규했다. "왜 저에게 천재를 알아볼 수 있는 능력만 주시고, 모차르트와 같이 천재적인 작곡 능력은 주시지 않았습니까?" 결국 비교의식과 열등감이 그의 인생을 파멸로 치닫게 했다. 사탄은 끊임없이 비교를 통해 우리를 시기심의 노예로 전락시켜 비참하게 만든다. 인생을 비참하게 만드는 것은 가난에서 오는 슬픔도 아니고, 실패에서 오는 고통도 아니다. 재능이 모자라서 내뱉는 탄식도 아니다. 가장 큰 비참함은 '비교'로부터 온다. 비교란 인간이 선택할 수 있는 가장 어리석은 행동이다. 모두 남과 비교해서 인생을 바라보기 때문에 나온 자기비하의 소리들이다. 우리는 나에게 있는 것이 아니라 남과 비교하는 것에 온통 관심을 쏟는다. 그러나 이렇게 비교의식에 사로잡힐 때마다 하나님의 말씀을 기억할 필요가 있다. "너는 나의 사랑받는 자녀이며, 내가 만든 최고의 걸작품이다." 세상의 조건들을 남과 비교하면서 오히려 불행해지는 경우가 많다는 것을 주변을 통해서 자주 접한다.

그러나 자신이 갖고 있는 작은 것에 감사하는 마음은 사람을 바꾼다. 특히 비교는 행복하지 않은 사람들의 전유물이기도 하다. 소냐

> 사람들은 남들보다 못하거나 갖지 못한 것이 있으면 상대적 박탈감을 느낀다. 그리고 더는 감사할 거리를 찾지 못하게 된다. 감사의 가장 적은 비교이다.

류보머스키(Sonja Lyubomirsky)는 행복한 사람과 불행한 사람들의 특징에서 차이점을 발견했다. 그녀는 연구에 참가자를 모집하고, 행복을 측정했다. 연구에서 참가자들의 퍼즐 맞추기 능력이 얼마나 되는지 평가했다. 그 후 철자 맞추기 퍼즐을 진행했다. 참가자들은 다른 참가자들과 나란히 앉았고, 다른 참가자가 무엇을 하고 있고, 얼마나 퍼즐 맞추기를 잘할 수 있는지 볼 수 있었다. 사실 실험자를 제외한 다른 참가자들은 이 실험의 조력자, 즉 연기자였다.

실험자는 다른 참가자에게 뒤섞인 철자가 적힌 종이를 나누어 주었는데, 예를 들면 A-S-S-B-I, Y-O-N-S-W, N-O-X-T-K가 적힌 종이라면, 참여자들을 BASIC, SNOWY, TONIX과 같이 맞추면 되는 퍼즐이었다. 이런 일련의 실험과정의 주된 내용은 다른 참가자들이 자신보다 얼마나 빨리 맞추는지 비교하는 것이었다. 낱말 퍼즐 맞추기 과제를 마치고 나서 다시 한 번 자신이 얼마나 행복한지, 얼마나 능력이 있는지를 물었다. 그 결과 행복한

사람은 옆 사람의 수행속도와 상관없이 수행 후에 자신의 능력을 시험 전보다 높게 평가하고 더 행복하다고 보고했다. 반면, 행복하지 않은 사람들은 옆 사람의 수행속도에 따라 자신의 능력과 행복이 달라졌다. 수행하는 조력자가 자신보다 못했을 때는 자신의 수행능력을 높게 평가했지만, 조력자가 자신보다 잘했을 때는 자신의 수행능력을 낮게 평가했다. 행복도 마찬가지였다. 행복한 사람은 남들의 수행능력과 상관없이 자신만의 내적 기준을 가지고 있지만, 행복하지 않은 사람은 자신을 평가하는 데 다른 사람이 중요한 기준이 되기 때문이다. 그러니까 행복한 사람은 남과 상관없이 자신을 평가하지만, 행복하지 않은 사람은 다른 사람에 의해 자신의 능력과 행복이 결정되었다.

이렇듯 행복하지 않은 사람들의 특징은 비교를 통해 세상과 자신을 보는 경향이 높다는 것이다. 이러면 내가 아니라 다른 사람으로 살아가게 되고, 성공하더라도 진정한 나의 욕구를 충족시키지 못하니 허무하고 무의미함을 느끼게 된다. 다른 사람의 잘난 점과 나를 비교하면 더 이상 감사하기가 어려워진다.

남들보다 잘하면 감사할 수 있을까? 아니다. 다른 사람과의 비교 대상은 주로 외적인 것들이 많다. 객관적으로 비교 가능한 것들은 외적인 것이다. 이런 것들은 물질주의와 관련이 있고, 남보다 조금 더 갖더라도 감사로 나아가지 않는다.

07 스트레스를 없애는 놀라운 비밀

우리는 전쟁터 같은 회사를 다닌다. 직장을 생각하면 스트레스가 떠오른다. 늘 일만 좇다 보니 직장 내 압박감과 경쟁, 생존으로 힘들어한다. 한국 직장인의 평균 근로시간은 OECD 국가 중 멕시코 다음으로 길다. 노동량은 늘 상위권, 직장 내 행복도 여전히 낮다. 직장인의 스트레스 수준은 G20 주요 국가 중 가장 높다. 직장만 가면 불행해지고 경쟁에서 살아남고자 몰두하다 보니 몸도 마음도 약화된다.

그렇기에 직장 내 행복을 위해 우리에게 절실한 것은 감사하는 것이다. 직장생활에서 업무의 의미감과 긍정적인 정서, 즐거움, 기쁨을 자주 경험할수록 직장생활에 만족감을 느끼게 된다. 화가 나고 짜증이 난다 해도 긍정적인 기분을 느끼면 행복을 유지할 수 있다. 반대로 화, 무기력의 부정적인 감정이 없어도 긍정적인 기분이 낮으면 행복을 느끼기 어렵다. 그만큼 직장 내에서 부정적인 감정을 피하는 것 대신에 긍정적인 감정을 만들어 가는 것이 중요하다. 감사하면 기쁨이 오고, 마음에 평안함이 깃들고, 얼굴에 미소가 머물게 된다. 또 정신건강도 좋아진다. 내적 건강에도 청신호가 켜진다.

감사에 성공하면 인생의 모든 것에서 성공한다. 이는 면역체계에도 영향을 미쳐 역량이 대폭 강화된다. 특히 감사에 성공하면 치유가 뒤따른다. 감사는 몸을 건강하게 한다는 것은 놀라운 일이다. '정신의학계 선구자들이 감사하는 방법을 연구했다는 것을 알게 된 것'은 다행이며 감사한 일이다. 그러나 아쉽게도 감사에 치유가 있다는 것은 일반인들이 잘 모른다. 현대인들의 가장 큰 적은 스트레스이다. 스트레스에 가장 강력한 힘은 감사하는 데서 나온다. 이를 '아침마당'을 비롯한 방송과 언론, SNS에 수없이 언급하였다. 그런데도 사람들은 감사에 소홀하였고 듣지 않았다.

금세기 최고의 스트레스 연구의 레전드라 불리는 한스 셀리에(1907~1982)는 스트레스를 날릴 수 있는 한 가지를 말하면 '감사'라고 했다. 특히 우리나라 스트레스

> 생활 속에서 모든 순간에 감사하고자 마음먹어야 한다. 감사할수록 삶이 긍정적으로 바뀐다. 감사는 스트레스를 완화함으로써 건강을 증진하고, 면역계를 강화하며, 에너지를 높이고, 치유를 촉진한다.

의 권위자로는 이시형 선생이 있다. 그는 관련 분야 연구를 꾸준히 해 약 60여 권의 책을 냈다. 그중 《공부하는 독종이 살아남는다》는 100만 부 이상 팔린 스테디셀러이며, 《세로토닌하라!》, 《행복한 독종》은 베스트셀러이며, 《뇌력혁명》, 《세로토닌의 힘》, 《옥시토신의 힘》 등도 명성을 얻었다. 이시형 박사에 의하면 "감사하면 스트레스가 없어진다."고 한다. 또 '감사'만 한 스트레스제가 없고, 감사만큼 강력한 스트레스 치유제가 없다고 한다. 감사로 축복

하면 행복 감정을 느끼게 하는 신경전달물질 '세로토닌'이 흘러나온다. 감사를 베풀어야 은혜가 흘러넘친다. 감사는 타인뿐 아니라 자신에게도 적용된다. 감사해야 힘이 나온다. 감사하지 못하면 좌절한다. 특히 감사에 실패하면 불행한 인생을 살게 된다.

하버드대학교에서 있었던 일이다. 스트레스 분야 연구로 노벨생리의학상을 수상(1958년)한 한스 셀리에의 고별강의가 있었다. 당시 그 자리에는 세계적인 석학들, 박사과정생은 물론 수천의 하버드 학생들이 대강당을 가득 메운 상태였다. 스트레스에 관한 레전드 한스 셀리에의 강연을 듣기 위해서였다. 그의 열강은 멋지게 끝나고 우레와 같은 박수가 쏟아졌다. 그런데 퇴장하는 한스 셀리에에게 한 청년이 손을 높이 들고는 질문을 던졌다. "온 세상이 스트레스 덩어리인데 그것을 해소할 방법을 한 가지만 알려 주십시오!" 잠시의 침묵을 깨고 던진 셀리에의 한마디는 "감사! 감사하십시오(Appreciation)."라는 외마디였다. 셀리에는 다시금 박수를 받으며 유유히 청중을 헤치고 사라졌다. 이처럼 감사로 인한 치유와 힐링에서부터 행복해진다.

현대의학의 연구에 의하면 스트레스 해소 방법으로는 두 가지가 대표적이다. 하나는 우는 것이고, 다른 하나는 규칙적인 운동이다. 스트레스를 받으면 '코르티솔(Cortisol)'이란 물질이 분비되는데, 이는 사람이 울 때 제일 잘 배출된다. 스트레스를 해결하는 것은 행복으로 가는 길이다. 그런데 진정한 행복은 감사를 통하여, 특히 운동하듯이 규칙적인 감사의 감격과 찬양의 눈물로 행복해진다는 사실이다.

종교인이 장수하는 이유 중 하나는 종교인들이 범사에 감사하기 때문이다. 작은 일에도 감사드리는 자세가 종교인이 장수하는 비결로 의학에서는 증명한다. 감사하는 마음속에는 미움, 시기, 질투가 있을 수 없다. 뇌과학적으로 말하면 감사하는 순간 '세로토닌'이 펑펑 쏟아진다. 이렇게 '감사'라는 것이 인간을 편안하게 하고 몸과 마음을 건강하게 하는 것이다. 오늘 아침에 눈을 뜨는 것만으로도 정말 고마운 것이다. 내 발로 이렇게 서 있는 것만으로도 감사한 일이다.

또 최근 신경심장학에서 뇌를 연구하듯 심장을 연구했다. 신경과학의 발달로 심장이 뇌처럼 독자적으로 뇌 신호를 처리한다. 우리는 모든 행동을 관장하는 것이 뇌라고 생각하는데, 사실은 심장이다. 마음이 심장에 있다고 하는 말은 괜히 하는 말이 아니다. 최근 10년 동안 사회과학자들은 스트레스를 줄이고자 명상을 하고, 휴식을 하거나 몸을 차분히 가라앉히는 것보다 더 강력한 힐링 방법이 '감사하기'임을 알아냈다. 심장, 호흡, 혈압의 리듬을 완벽하게 긍정적인 상태로 만들어 주는 연구가 '맥크라티 & 차일드레(McCraty & Chikdre)'(2004) 논문을 통해 밝혀졌다.

좌절을 느끼면 심장 박동이 빨라진다. 감사함을 느끼면 박동이 변화하나 아름답게 규칙적으로 뛴다. '감사하기'는 호흡도 아름답게 변화시키고 혈압의 리듬도 안정적으로 변화시킨다. 생활 속에서 모든 순간에 감사하고자 마음먹어야 한다. 감사할수록 삶이 긍정적으로 바뀐다. 감사는 스트레스를 완화함으로

써 건강을 증진하고, 면역계를 강화하며, 에너지를 높이고, 치유를 촉진한다. 특히 매사 감사하는 태도를 보인 사람은 스트레스나 정신적인 상처를 훨씬 덜 받는다. 이는 단순히 심리학에만 해당하는 이야기가 아니다. 언제나 감사하는 마음과 긍정적인 마음을 유지하는 사람들은 부정적인 사람들에 비해 강한 면역력을 가지고 있다는 사실이 밝혀졌다. 똑같은 스트레스의 상황에서도 질병의 위험에서 벗어나 평균 10년 이상이나 장수하는 것으로 분석됐다.

또 스코틀랜드 스털링대 연구진이 2015년 5월 성인남녀 186명을 대상으로 심리테스트와 건강테스트를 한 결과 자신의 주어진 삶에 감사하고 주변 환경을 긍정적으로 인식하는 사람은 그렇지 않은 사람에 비해 심장병 발병 확률이 3분의 1 정도 낮게 나타났다. 또 스털링대 연구진의 2012년 연구에 따르면 감사하는 사람의 면역력은 그렇지 않은 사람에 비해 평균 1.4배나 높게 나타났고, 워릭대의 성인남녀 201명을 대상으로 한 조사에서는, '삶을 감사하게 여긴다.'는 사람은 '나는 불행하다.'고 응답한 사람에 비해 우울증 증세를 보인 경우가 절반 가까이 낮게 나타났다(2008. 11. 알렉스 우드 교수 연구팀).

이처럼 감사하는 마음은 정신건강은 물론 신체 건강에도 매우 긍정적으로 작용한다. 당신의 인생을 더욱 행복하고 만족스럽게 살기를 원한다면 모든 환경과 당신이 갖고 있는 것은 물론, 아직 갖지 못한 것까지도 이미 이룬 것처럼 감사하라. 그러면 어느 순간 감사의 힘으로 끌어당긴 당신이 원하는 모든 것들은 당신의 손에 의해 이뤄질 것이다.

08 우울증을 싹 날리는 100% 명약이 있다!

연예인들의 우울증과 마약 관련 뉴스에 자주 오르내리는 것은 무엇 때문일까? '대중의 인기를 한몸에 받고 카메라의 조명을 늘 받고 있으니 숨 돌릴 틈 없이 정신적인 스트레스에 노출된다. 자신의 삶은 잃어버리고 쫓기는 삶이 시작된다.' 내가 살았는지 죽었는지, 내가 잘사는 건지 아닌지 방향을 가늠하기 어렵다. 그러니 혼자 있을 땐 극심한 허탈감에 빠지고, 마음이 우울하고 허전하여 마약의 유혹에 현혹된다.

우울증은 삶에 즐거움이나 만족감이 없고 자신이 쓸모없다는 생각에 압도된 상태다. 그래서 우울증 환자는 삶에 대한 절망감과 무력감에 고통당하기 쉽다. 이들은 새로운 목표를 세우더라도 목표를 성취할 능력이 자신에게 부족하다고 믿고, 이미 이룬 결과에 대해서도 과소평가한다. 실패한 사건에 대해서는 자신의 약점으로 더 안 좋은 기분에 빠져들고, 미래에 대해서도 비관적이다. 결국 자기 자신과 세상과 미래에 대해 계속 부정적으로 해석하는 특징을 지닌다.

이러한 우울함에 빠지지 않고 벗어나기 위해서는 생각의 습관을 바꿔야 한다. 지난 과거의 좋았던 기억을 떠올리고, 자신에 대한 긍정적인 정보를 강화하는 것이 그 방법이다. 예를 들어 의도적으로 자신의 긍정적인 경험과 기억을 발굴하고 상기시키는 것이다. 구체적인 감사 대상과 감사한 이유를 나열하거나 감사 일기를 작성해보고, 감사 명상을 해 볼 수도 있다. 이러한 감사 훈련은 과거의 긍정적인 경험을 기억하고 저장하게 한다. 그래서 감사를 연습하면 안 좋은 사건을 겪더라도 저장해 놓은 긍정적인 기억들을 쉽게 떠올려서 부정적인 생각의 쳇바퀴에 빠져드는 것을 예방할 수 있다.

또한 우울함이 찾아왔을 때는 자신의 부정적인 모습과 기억에 대해 따뜻한 태도가 필요하다. 차가운 얼음을 녹이기 위해서는 따뜻한 햇볕과 물이 필요하듯이, 나를 보는 차가운 관점을 녹일 따뜻한 태도가 필요하다. 실패의 경험을 긍정적인 경험으로 주의를 전환하고, 만족스러웠던 과거의 추억을 떠올리는 따뜻한 마중물이 필요한 것이다. 이런 이유에서 감기몸살이 오려고 하면 비타민을 먹어 예방하듯 삶에 우울함이 찾아오려고 하면 감사를 실천하는 것이 좋다.

감사의 실천이 우울감을 감소시켜준다는 경험적인 연구가 이를 증명하고 있다. 대표적으로 마틴 셀리그먼 박사의 연구가 있다. 그는 웹사이트를 통해 연구 참가자를 모집했고, 이들의 행복과 우울감을 측정했다. 연구 참가자들에게 치료프로그램을 실시했는데, 그 치료에는 감사 방문, 좋았던 일 3가지 쓰기, 최고로 잘하는 강점 찾기, 새로운 방식으로 특성 감정(대표감정)을 사용하기, 특성 강점 확인하기 등이 포함되어 있었다. 이후 우울함의 감소가 있었는지 확인했을 때 프로그램의 효과는 확실히 나타났다. 그중 감사 방문의 효과가 제일 컸는데, 그 효과는 1개월 후에도 나타났다. 감사 방문은 평소 고맙다고 생각했으나 한 번도 마음을 표현하지 못한 사람들에게 감사편지를 쓰고 전달하는 것이었다. 마틴 셀리그먼 박사의 연구 이후 시행된 여러 연구는 부정적인 정서를 감소시키는 데 감사가 효과적임을 보여주고 있다. 아무것도 할 수 없을 것 같은 메마른 마음에 감사가 채워지면 다시 무언가를 해 보고 싶은 욕구가 일어난다. 우울한 기분이 든다면, 과거 고마웠던 사람, 경험, 기억들을 떠올리고 적어보고 표현해보면 좋겠다.

우울해질 때는 자기 자신보다는 외부에 더 많이 초점을 두는 것이 좋다. 외부로 초점을 돌리면 자신에게 초점을 둘 때보다 덜 우울해지고, 시간이 지나면서 우울감이 낮아지기도 한다. 그런데 우울한 사람들은 일반적으로 외부환경보다는 자기 자신에게 몰두 되어 있는 경우가 많고, 특히 잘한 것보다는 못한 것에 집중하는 경향이 있다. 자기 자신이 불확실하고 불안정한 것에만 초점을 두어 생각하다 보니, 일에 집중하지 못해 실패를 겪게 되고, 부정적인 결과가 확증되어 자존감이 낮아지고, 우울감은 높아진다. 그러니 우울감에서 빠져나오고 싶다면 자기 자신보다 외부로 관심을 돌리고, 자극을 확장시켜 나가야 한다.

반면, 감사는 외부로부터 혜택을 받았다고 인식하고 긍정적인 감정을 느끼는, 타인 지향적인 특징을 가지고 있다. 감사는 긍정적인 결과에 대해 자신의 노력을 인정하는 동시에 긍정적인 결과에 기여한 사람, 사건, 경험들을 인지한다는 것에서 다른 정서와 차별이 있다. 감사는 자신에 대한 과 몰두에서 벗어나도록 돕고, 초점을 타인과 외부로 돌려서 긍정적인 기분이 들게 해주는 우울 처방제다.

외상 후 스트레스 장애(PTSD)는 전쟁, 자연재해, 사고 등의 심각한 사건을 겪은 후 나타난다. 이러한 외상 후 스트레스 장애의 불안과 고통으로부터 보호해 주는 정서가 감사다. 2006년 베트남전에 참전한 퇴역군인을 대상으로 PTSD가 있는 사람과 PTSD를 겪지 않는 사람을 비교한 연구가 있었다. 연구결과 베트남전에 참전했지만, PTSD가 없는 사람들은 감사성향을 지닌 것을 확인할 수 있었다. 감사의 눈으로 자신과 세상을 바라보니 긍정적인 하루를 보내고 원하는 일에 집중할 수 있게 되어 불안감을 덜 느낀 것이다. 감사는 외상에서 벗어나 평온함을 경험하도록 돕는다.

대한민국이 자살률 부동의 1위를 차지한 지도 제법 오랜 시간이 지났다. 우리나라는 2013년 기준으로 세계 선진국 순위 12위, 세계 경제력 순위 15위에 올랐을 만큼 급속한 발전을 이루었다. 반면,

> 감사는 현재의 짜증과 분노와 집착의 삶을 변화시키는 수단이다. 감사는 미래의 불확실성과 염려와 두려움을 확신과 담대함으로 바꾸는 전환 장치이다. 감사는 잠자는 행복의 거인을 깨우는 자명종이다. 감사는 변화무쌍한 현실에서 삶의 균형을 잡아주는 균형추이다.

행복지수는 전 세계 41위, 자살로 인한 사망률은 OECD 국가 중에서 가장

높다. 특히 젊은 층의 자살률이 점차 증가 추세에 있는데, 이처럼 안으로 곪고 있는 문제들을 진지하게 들여다보려는 사회적인 시도는 거의 없는 것이 사실이다. 오히려 이런 문제들을 수면 위로 끌어올려 모두가 함께 논의하는 편이 바람직하다. 인생에서 죽음은 피할 수 없는 운명이지만 한창 젊은 시절에 죽음을 생각하는 것은 너무도 안타깝고 슬픈 일일 것이다. 자살을 꿈꾸는 이들의 가장 큰 특징 중의 하나는 고립감이다. 힘든 순간을 누구와 나눌 수 없고, 행여 나눈다고 하더라도 해소되지 않기에 그럴 바에야 당장 고통에서 벗어나고 싶다는 생각이 들 수 있다.

이런 마음을 해소하기 위해서는 무엇보다도 인생의 목표를 찾아야 한다. 작은 목표라도 좋다. 먼 미래를 내다보지 않아도 좋다. 지금 당장 할 수 있는 작은 일들을 시도해야 한다. 세상에는 나보다 힘겨운 사람들이 있고, 놀랍게도 내가 그들에게도 도움이 될 수 있다. 사회나 군대 등에서 불행한 사건들을 접하면 이런 생각이 들곤 한다. 누군가 한 사람만 손을 잡아주었다면, 누군가 한 번만 그의 어깨를 두드려주었다면, 누군가 단 한 번만 안아주었다면, 그 '단 한 번'이 모든 것을 바꿀 수 있었을 텐데. 사람은 한두 사람만 그를 손잡아 이끌어주거나 치유의 장을 마련해줘도 얼마든지 상처를 치유하고 정상적인 삶을 살 수 있다. 오히려 부정적인 영향이나 상처가 삶의 강력한 동력이 되는 경우도 적잖기 때문이다. 그렇기에 개인마다 감사와 긍정의 바이러스를 주변에 전파해야 사회가 건강해진다.

인생을 살다 보면 인간관계 등에서 상처를 받게 된다. 그러나 마음의 상처는 감추고 덮어둘수록 곪기 마련이다. 반면, 그 상처를 인정하고 밖으로 드러낼 용기가 있다면, 그때부터 치료가 가능해진다. 불우하고 결핍된 환경에서도 오히려 그 결핍을 에너지로 바꾼 수많은 위인처럼, 어두운 기억과 경험이 있더라도 얼마든지 미래의 인생에서 주인공이 될 수 있다. 상처 역시 내 모습의 일부임을 받아들이면, 그것이 오히려 삶의 힘으로 변화하는 것이다. 당신은 이제 부정적인 감정의 소용돌이를 극복하고 위기에 압도당하지 않기 위해 감사를 사용하게 되었다. 한 발 더 나가서, 눈앞에 닥친 위기에서 해결책과 가능성과 기회로 건너가는 다리를 만드는 데도 감사를 사용하라.

결국 감사는 모든 관계의 거룩함을 회복하는 화해 코드이자 위기에서 당신을 구할 천사이다. 감사는 모든 가능성과 잠재력 그리고 창조성을 깨우는 비밀 코드이다. 감사는 모든 과거를 매듭짓고 치유하고 재창조하는 도구이다. 감사는 현재의 짜증과 분노와 집착의 삶을 변화시키는 수단이다. 감사는 미래의 불확실성과 염려와 두려움을 확신과 담대함으로 바꾸는 전환 장치이다. 감사는 잠자는 행복의 거인을 깨우는 자명종이다. 감사는 변화무쌍한 현실에서 삶의 균형을 잡아주는 균형추이다. 우울증을 치료할 때 '감사의 일기 쓰기'와 같은 것이 효과가 있음이 알려지기도 했다. 또 감사하는 마음이 건강에도 도움이 된다는 사실은 이미 여러 경로를 통해 증명됐다. 감사는 몸의 건강뿐 아니라 마음의 병도 고치는 놀라운 기적이다.

09 죽지 못해 사는가? '삶의 의미'를 찾아라

'TED(Technology Entertainment Design) 강연'에서 에밀리 에스파하니 스미스는 "사람들이 절망하는 이유는 행복하지 않아서가 아니라 삶의 의미가 없기 때문"이라고 말했다. '삶의 의미'란 무엇일까. 국어사전에서는 '사물이나 현상의 가치'다. 삶의 가치가 있다는 것은 자신이 중요한 사람임을 인식하고, 자기 일이 쓸모 있다고 여기며, 자신에게 일어나는 일들에 목적과 이유가 있다고 생각하는 것을 말한다. 즉, 자기 삶의 방향성과 삶의 이유를 제대로 알고 있는 것이 삶의 이유다.

치열한 세상에서 어떻게 나답게 살 수 있을까? 내가 생각한 대로 살아가자고 수없이 다짐해도 일상으로 돌아오면 매 순간 타인의 시선과 세상의 기준에 휘둘린다. 다짐만으로는 나를 지키기 어려운데 주위를 둘러보면 분명 자기답게 살아가는 사람들이 있다. 갑옷 같은 멘탈을 타고나기라도 한 것인지

위기 앞에서도 놀라운 회복 탄력성을 보이며 꿋꿋하게 나아간다. 그렇다면 이 차이는 어디에서 오는 걸까?《어떻게 나답게 살 것인가》의 저자 에밀리 에스파하니 스미스는 그 비결을 알아내기 위해 과거부터 현재까지 흔들림 없이 살아가는 이들을 연구했다. 긍정심리학 연구자이자 스탠퍼드대학교 후버 연구소 소속 칼럼니스트인 저자는 아리스토텔레스, 석가모니, 마하트마 간디, 조지 엘리엇, 빅터 프랭클 등 중요한 인물들의 이야기를 집대성하고 500여 명이 넘는 현대인들을 대면 조사한 결과 자기답게 사는 사람들의 공통점을 발견했다. 그것은 바로 '행복한 삶'이 아니라 '의미 있는 삶'을 추구한다는 점이었다. 그들의 내면에 단단히 뿌리내린 의미의 기둥이 흔들림 없는 삶의 비결이었다. 암 투병 중이거나 경계선을 넘나드는 극한 고통 중에 있는 자도 자기의 사명(Mission)을 굳게 붙잡으면 견뎌낼 수 있다.

삶에는 목적과 이유가 있어야 한다. 삶의 의미를 추구하는 사람은 내적으로 성장할 뿐 아니라 삶의 행복을 경험할 수 있다. 행복에는 재미와 함께 '의미'의 속성도 있다. 예를 들면 이렇다. 밤늦게까지 무언가에 집중해본 적이 있을 것이다. 밤늦게까지 집중하다 보니 피곤하지만, 왠지 모를 뿌듯함과 좋은 기분이 몰려왔을 것이다. 어려운 누군가를 도와주거나 누군가에게 친절을 베풀었을 때 느끼는 만족감이 있다. 이것도 행복이다. 재미만 좇으면 내면이 허전하고 공허해지며, 의미만 좇다 보면 너무 진지해지거나 무거워져서 삶이 지루해질 수 있다. 그러므로 행복에는 재미와 의미의 밸런스가 필요하다.

실존주의자 빅터 프랭클은 그의 저서《죽음의 수용소에서》에서 삶의 의미를 제시했다. 강제 수용소에 갇혀서 모든 것을 포기할 수밖에 없고, 고통만 남아있는 상황에 처해 있어도 살아가는 이유와 목적이 있다고 이야기했다. 이 책은 빅터 프랭클이 아우슈비츠를 비롯한 네 곳의 유대인 강제 수용소에서 겪은 일을 적어놓은 것이다. 굽힐 줄 모르는 낙관주의, 끊임없이 용솟음치는 삶의 의지를 표현했다. 그래서 절망이 아니라 '희망 교과서'다.

아우슈비츠에 수용된 프랭클은 가족과 재산, 심지어 숨겨두었던 원고까지 빼앗긴 채 벌거숭이 몸뚱이만 남는다. 그러나 그는 악과 고통의 죽음으로 둘러싸인 수용소 생활을 전하면서 내면적인 선과 고귀

> 삶에는 목적과 이유가 있다. 이것을 믿고 삶의 의미를 추구하는 사람은 내적으로 성장할 뿐 아니라 삶의 행복을 경험할 수 있다. 과거의 고통을 고통으로 남기지 않으려면, 그 고통에 의미가 있다고 믿어야 한다. 진정한 가치와 의미를 발견하게 되면 감사할 수 있게 된다.

함과 삶에 대한 긍정적인 가치관을 일깨운다. "자기에게 남은 마지막 빵조각까지 다 주어버리는 사람들이 있다. 물론 극소수지만, 한 인간에게서 모든 것을 다 빼앗을 수 있지만 자신의 태도를 결정하는 자유만은 빼앗을 수 없다."

그는 사랑하는 가족과 친구들이 죽음을 맞거나 고된 노동과 학대로 죽어가는 처참한 상황 속에서조차도 삶의 의미와 목적을 발견하면, 고통이 더 이상 고통이 되지 않는다고 이야기한다. 우스꽝스럽게 발가벗겨진 자신의 몸뚱이 외에 잃을 것이 없다고 말하는 그의 고백은 상황이 얼마나 수치스럽고 처참한지 보여준다. 그러나 극한 고통 속에서도 삶의 의미를 잃지 말라고 다독인다. 왜냐하면 삶의 의미가 있을 때 살아갈 힘과 활력이 생기고, 고통을 이겨낼 수 있기 때문이다.

자신이 왜 살고 있으며, 어디로 가고 있는지 방향성을 찾아 회복하는 것이 필요하다. 하루하루 세상의 속도에 맞추기 위해 허덕이고 자신의 삶은 없어져 가고, 삶의 목표와 방향도 상실하게 된다. 남들의 눈을 의식한 것이 아닌, 내가 의미 있다고 여겨지는 일을 하면 피로감이 덜하다. 직장에서 자기 일이 의미 있다고 여겨질수록 스트레스나 우울증세가 줄어든다. 다른 사람을 도와준 뒤, 직장에서 치열하게 회의를 한 뒤 감사할 수 있는 것은 삶의 의미를 느꼈기 때문이다. 나의 삶에는 목적과 이유가 있다. 이것을 믿고 삶의 의미를 추구하는 사람은 내적으로 성장할 뿐 아니라 삶의 행복을 경험할 수 있다. 과거의 고통을 고통으로 남기지 않으려면, 그 고통에 의미가 있다고 믿어야 한다. 진정한 가치와 의미를 발견하게 되면 감사할 수 있게 된다.

프랭클은 정말로 필요한 건 삶에 대한 우리의 태도를 근본적으로 바꾸는 것이라고 봤다. 진짜 중요한 것은 삶이 우리에게 무엇을 기대하느냐는 것이다. 고통에 등을 돌리지 않고 하나의 과업으로 받아들이면 그 속에 성취할 기회가 있음을 깨닫게 된다. 이제 자신이 존재할 이유를 알게 됐으니 어떤 방식에도 참고 견딜 수 있는 것이다. 수용자 대부분은 자신의 삶에서 참된 기회는 다 지나가 버렸다고 믿었지만, 그는 인간이 고통과 불행을 겪을수록 삶의 의미는 그만큼 더 깊어지는 것이라는 낙관적인 믿음을 보여줬다. 수용소에서 그는 고난을 극복함으로써 자신의 삶을 내면의 승리로 변화시키거나, 아니면 다수의 수감자처럼 도전을 무시하고 그저 식물처럼 살아갈 수도 있었다. 자신의 미래에 대한 믿음을 상실한 수감자는 파멸했다. 미래에 대한 믿음을 잃으면 정신력까지 잃게 됐다. 슬프게도 자신의 삶에서 의미를 찾지 못하는 사람은 목표나 목적까지도 잃었다. 그러니 계속 살아봐야 아무 소용이 없었다. 그런 사람은 곧 죽었다.

CHAPTER 5

역경의 순간에도
'감사'를
택할 수 있나요?

역경의
순간에도
'감사'를
택할 수 있나요?

01 최악의 상황에도, 죽어도 긍정을 선택하기

세계적인 일본의 대기업 마쓰시타전기(현재의 파나소닉)를 창업한 마쓰시타 고노스케를 아는가. 그는 일본에서 '경영의 신'으로 추앙받으며, 그 성공스토리는 지금까지도 많은 이들에게 본보기가 되고 있다. 그는 사업을 돈벌이가 아닌 타인을 행복하게 해주는 방책으로 여겼고, 수많은 사람과 협력하고 서로를 독려하면서 구멍가게 수준의 기업을 거대 재벌 기업으로 키워냈다. 그는 네 살 무렵 집안이 몰락하자 화롯가게, 자전거 가게의 점원, 시멘트 운반 인부로 일하며 젊은 시절을 보냈다. 그러다가 스물두 살 스스로 개발한 전기 소켓을 토대로 사업을 시작해 13만 명의 종업원, 570개의 계열사에 이르는 대기업을 키워냈다. 마쓰시타는 자신의 과거에 대해 이렇게 술회한다.

"저는 가난한 집안에서 태어난 덕분에 어릴 때부터 갖가지 힘든 일을 하며 세상살이에 필요한 경험을 쌓았습니다. 저는 허약한 아이였던 덕분에 운동을 시작해 건강을 유지할 수 있었습니다. 저는 학교를 제대로 마치지 못했던 덕분에 만나는 모든 사람이 제 선생이어서 모르면 묻고 배우며 익혔습니다."

가난과 허약함조차 자신의 발판이라고 말했던 그는 이런 마음가짐을 통해 열정을 불태울 수 있었다. 이처럼 자신을 바꾸고 세상을 바꾸는 열정의 근원은 바로 마음과 태도에 있다. 열정은 감사하는 마음, 겸손한 마음에서 시작된다. 주어진 것 안에서도 최선을 다하려는 마음가짐이 우리의 심장을 뜨겁게 하는 것이다.

최악의 상황이든, 최고의 상황이든 항상 감사하는 마음을 연습하라. 감사하는 마음과 비관적인 생각을 동시에 가질 수 있을까? 불가능할 것이다. 당신은 '내 삶은 행운으로 가득 찼어.'라는 생각과 '빌어먹을 인생'이란 생각을 동시에 가질 수 없다. 그것은 상반되는 언어 이상의 의미가 있다. 파동이 전혀 다른 것이다. 당신이 낙천주의자라면 '삶은 근본적으로 행복한 것이며 살 만한 가치가 있다.'고 생각할 것이다. 당신은 최상의 가능성을 기대하며, 어떤 상황이든 가장 긍정적인 방향으로 눈을 돌릴 것이다.

사실 깨닫고 나면 감사 거리가 아닌 것이 없다. 깨닫지 못해서 감사하지 못할 뿐이다. 일반적으로 사람들은 좋은 일이 있을 때는 감사하고 안 좋은 일이 있을 때는 불평한다. 그러나 범사에 감사하는 것이 하나님의 뜻이다. 범사는 모든 일, 모든 상황을 말한다. 어떤 형편에 처하든지, 무슨 일을 당하든지, 좋은 일만 말하는 것이 아니다. 안 좋은 일을 당했을 때도, 기쁠 때만이 아니라 슬픈 일을 당했을 때도, 건강할 때만이 아니라 병들었을 때도, 성공했을 때만이 아니라 실패했을 때도, 한마디로 양지에서 잘 나가고 있을 때뿐만 아니라 음지에서 헤매고 있을 때도 감사를 잊어서는 안 된다는 말이다.

왜? 성경에서 가르치기로는 모든 것이 합력해서 선을 이루시기 때문에 어떤 상황에 부닥치든지 미리 감사하라는 것이다. 그러나 꼭 성경이 아니더라도 어쨌든 감사가 유익한 것임엔 틀림없다. 그렇지만 범사에 감사하라는 것을 실천하기는 쉽지 않다. '범사 감사' 속에는 우리가 생각하기에 안 좋은 것들이 너무 많이 들어 있기 때문에 그렇다. 안 좋은 일들을 내 뜻과 상관없이 감사하기란 쉽지 않다. 그러나 짜증 거리는 감사의 제목이다. 모든 짜증 요인을 감사 제목으로 바꿔라. 범사에 감사하라. 대부분 짜증은 자신의 안전이 위협받을 때 생긴다. 즉, 나쁜 스트레스와 신경질, 짜증, 분노가 일어나는 것은 '누군가 내 권리를 침해했을 때'이다. 사람은 무언가 빼앗겼을 때 큰 상처와 고통과 박탈감을 느낀다. 생존과 안전을 위협받게 되면 매우 위축되고 당혹감과 좌절감을 느낀다. 그래서 왜곡된 반응을 할 수밖에 없다. 마땅히 내가 누려야 할 권리를 누리지 못할 때, 내가 받아야 할 정당한 대우를 받지 못할 때 내면세계에 분노가 생긴다. 이런 짜증과 분노를 감사로 바꾸라.

감사의 재료는 무한하다. 매 순간 자신이 보고 받아들이는 것이 감사의 삶을 좌우한다. 감사가 넘치게 하려면 감사 환경 목록을 작성하고 시선이 자주 가는 데 항상

> 자신을 바꾸고 세상을 바꾸는 열정의 근원은 바로 마음과 태도에 있다. 열정은 감사하는 마음, 겸손한 마음에서 시작된다. 주어진 것 안에서도 최선을 다하려는 마음가짐이 우리의 심장을 뜨겁게 하는 것이다.

붙여놓을 필요가 있다. 첫째, 가정환경에 감사해야 한다. 부모님과 배우자, 자녀에게 감사해야 한다. 친척들에게 감사해야 한다. 둘째, 조국을 주신 국

가 환경에 감사해야 한다. 5천 년 역사의 대한민국, 한민족 한겨레에게 감사해야 한다. 조국을 지키는 군인들에게 감사해야 한다. 조국 광복에 이바지한 독립투사들, 한국전쟁 때 한국을 지켜준 참전국들에 감사해야 한다.

한편, 만일 18세에 전신 마비가 되어 휠체어에 갇혀 살아야 한다면, 우리 대부분은 삶을 비관할 것이다. 그러나 눌르 C. 넬슨이 《성공한 사람은 모든 것을 알고 있다(Winner Takes All)》에서 예로 든 랠프 호치키스(Ralph Hotch-kiss)의 반응은 달랐다. 그는 오토바이 사고로 인해 발생한 자신의 상황에 진심으로 감사했다. 그는 자신이 휠체어에 의해 구원을 받았다고 생각했다. 지금 50대가 된 랠프는 자신의 생애를 휠체어를 디자인하고 만드는 일에 바치고 있다. 휠윈드 네트워크(Whirlwind Network)라는 그의 회사는 25개국의 23명에 달하는 동업자들과 함께 더욱 편리하고 성능이 좋은 휠체어를 끊임없이 개발하고 있다. 사고를 당한 후 랠프는 전신 마비라는 악조건 속에서도 자신과 다른 사람들의 삶을 돕기 위한 기회를 발견하려고 노력했다. 그는 자신이 할 수 있는 것과 오토바이 사고로부터 얻은 교훈에 감사함으로써 위기에서 기회로, 지금 누리고 있는 긍정적인 미래로 건너가는 튼튼한 다리를 만든 것이다.

감사는 죽음에 직면했을 때조차 새로운 기회를 제공해준다. 넬슨의 《성공한 사람은 모든 것을 알고 있다》에서 인용한 또 다른 사례는 머틀 파이 럼프(Myrtle Faye Rumph)의 경우다. 그녀의 외아들인 서른다섯 살의 알우텐 주니어는 달리는 자동차에서 쏜 총에 맞아 숨졌다. 그의 친척들은 복수를 부르짖

었지만, 머틀은 이 위기 속에서 기회를 발견했다. 그녀는 아들의 죽음을 복수하기보다 아이들이 안전하게 자랄 수 있는 것에 대해 소중하게 여기고 감사함으로써 아들의 죽음을 기리는 방법을 택했다. 그녀는 로스앤젤레스에 '알우텐 주니어 헤리티지 센터'를 창설하고 젊은이들이 거리를 방황하지 않고 이곳에 와서 안전하게 놀이를 즐기거나 기술을 배울 기회를 제공했다. 센터가 자금난에 시달리자 머틀은 문을 닫는 대신 자신이 살던 집을 팔아 충당했다. 자신의 가치 있는 노력에 감사하는 마음을 가졌기에 가능한 일이었다. 그녀는 무언가 자신이 공헌함으로써 사회를 변화시킬 수 있다고 진심으로 믿었다.

그로부터 5년 후 센터는 머틀의 믿음대로 되었다. 다시는 경제적인 어려움 없이 든든한 젊은이들의 안식처로 자리를 잡은 것이다. 탈선한 젊은이들을 비난하는 대신 그들을 도울 수 있는 일에 감사함으로써 머틀은 아들의 죽음이라는 비극적인 상황에서도 긍정적인 결과를 얻는 기회를 발견했다.

사회적 위기는, 공동체는 물론 나라 전체에까지 영향을 미칠 수 있다. 감사는 이런 위기가 초래할 절망감과 위압감으로부터 우리를 구출해 준다. 특히 감사가 넘치려면 가장 고통스러웠던 사건 목록과 자신에게 섭섭하게 한 사람들의 목록을 만들어 감사해야 한다. 어린 시절 가난하고 고통스러웠던 가정환경, 대학 입시 낙방 후 재수 시절의 답답함, 의과대학 재학 시 낙제한 절망감과 무력감, 가정 폭력으로 가족들을 고통스럽게 했던 아버지, 중학교 시절 내 뺨을 때렸던 선생님, 고등학교 때 나를 따돌렸던 친구들, 대학 시절 어머니 빚을 대신 갚으라고 나를 법정에 세웠던 채권자들, 신입 시절 내게 모욕을 주었던 선배들, 비즈니스 현장에서 만난 욕심에 눈먼 사람들, 나를 거짓 비방하거나 사실을 왜곡시켜서 고통을 준 경쟁자들 등 나에게 가장 고통을 준 사건들을 모두 감사해야 한다. 이들을 허락하신 것에 감사하라. 이들을 통해 나의 연약함을 철저히 깨닫게 되고 발전하고자 노력할 수 있었다. 결론적으로 내게 고통과 상처를 주고 섭섭하게 한 사람들은 다 나를 성장시킨 사람들이다.

이렇게 감사의 마음을 가지는 것도 습관이다. 감사를 하면 할수록 감사할 일만 생긴다. 불평을 하면 할수록 불평할 일만 생긴다. 상처에 집중하면 상처의 사람이 된다. 문제에 집중하면 문제의 사람이 된다. 감사에 집중하면 감사의 사람이 된다. 우리는 우리가 매일 누리고 있는 수많은 은혜는 모르고 문제에만 집중한다. 받은 축복을 세어보라.

02 절망과 싸워 이긴 기적의 아이콘, 닉 부이치치

감사에 성공한 한 사람을 소개하려 한다. 그와 관련한 동영상과 강좌들은 그가 가는 곳마다 많은 사람에게 희망과 용기를 주기에 충분하다. 그는 팔도 다리도 없지만, 절망도 비관도 없다. 행복과 감사만 있을 뿐이다. 그는 닮고 싶지 않은 외양을 지녔지만 내면은 닮고 싶은 것들이 너무나 많다. 그에게는 용기가 있고, 희망과 기쁨과 평안과 행복을 주는 메시지가 있다.

닉 부이치치(Nick Vujicic), 그의 본명은 니콜라스 제임스 부이치치(Nicholas James Vujicici)이다. 그는 1982년 12월 4일생이다. 오스트레일리아에서 세르비아 출신의 루터교 목사인 아버지 보리스와 어민 두쉬카 사이에 태어났다. 양팔과 양다리가 없는 상태(해표지증)로 태어난 것이다. 의학계에서는 아무런 이유도 원인도 밝히지 못하는 희귀성 유전질환이다. 어린 시절에는 아버지와 어머니의 따뜻한 보살핌으로 자라났다. 하지만 청소년기를 거치며 자신의 삶을 비관하여 두 번씩이나 자살을 시도했다. 그때마다 그의 엄마는 극심한 장애인의 삶을 다룬 신문기사를 보여주며 장애로 어려움을 겪는 사람이 너만의 문제가 아님을 알려주었다. 하지만 쉽게 '왜! 나만 이렇게 태어났는지?' 그의 궁금증은 쉽게 가라앉지 않았다.

신실한 아버지와 자애로운 어머니는 그를 극진한 사랑으로 보살폈다. 최대한 그가 하고 싶은 취미와 운동을 도와주며 위기를 극복하기 위해 노력했다. 부모의 교육철학으로 그는 일반 중고등학교에 다니며 학생회장까지 지냈다.

그러나 부모님들의 보살핌과는 딴판으로 집 밖에서 만나는 사람들의 시선은 따가웠다.

"너는 극심한 사지가 없는 장애인이야. 너는 성공할 수 없어. 너는 아무런 운동도 할 수 없고 대학은커녕, 결혼도 하지 못할 거야. 너 같은 장애인을 어느 여자가 사랑한다고 다가오겠니? 결국 결혼도 하지 못하고 실패한 인생을 살게 될 거야!"

이런 식의 비난과 비판, 그를 평가 절하하는 이야기가 주변을 맴돌 뿐이었다. 하지만 닉은 수많은 유혹과 시험들을 이겨냈다. 어머니와 아버지의 진심 어린 돌봄과 사랑 덕분이었다. 어린 시절 그는 롱보드를 타고 동네를 휘젓고 다녔다. 보드를 타기 위해 그가 얼마나 많은 상처와 다치기를 반복했는지 모른다. 그러나 포기하지 않았다. 다이빙대에서 막대기 떨어지듯 하기를, 계단을 수없이 오르면서 곡예를 해내더니 결국엔 수영도 자유자재로 할 수 있게 되었다. 골프채도 잡았다. 손발이 없으니 이만저만 고생이 아니었다. 자신의 키보다도 더 큰 골프채를 목에 걸고는 스윙을 연습했다. 이제는 골프도 칠 수 있다. 파도타기 서핑도 한다.

어디 그뿐인가. 그는 심력을 키웠다. 책을 읽었다. 어머니와 아버지가 심어주는 믿음대로 긍정의 마인드, 감사의 마인드, 따뜻한 마인드를 소유하게 되었다. 호주의 명문 로건그리피스대학교에서 회계학과 경영학을 공부하였다. 서른 살이 되어갈 때 마음씨 착한 일본계 미국인 카나에 미야하라를 만나 결혼하였다. 두 명이나 자녀를 둔 가장이 되었다.

닉은 말한다.

"우리가 살다가 넘어지면 어찌해야 할까요? 또 넘어지면 어찌해야 할까요? 일어서야죠. 한 번 일어서려다가 실패해도 다시 도전해야 합니다. 만약 일어나려고 시도하다가 100번을 실패했다고 치죠. 내가 실패자일까요? 아닙니다. 절대로 포기하지 마십시오. 절대로 포기하지 마십시오. 절대로 포기하지 마십시오. 또다시, 또다시, 또다시 도전해야죠."

그는 말한다. "Never give up!", "Never give up!", "Never give up!"……

그는 또 말한다. "And Again!", "And Again!", "And Again!"……

자신이 수없이 넘어졌을 텐데……. 포기하지 않았고, 또다시 일어섰고, 도전하여 끝내 일어섰다. 그 때문에 오늘의 자신이 있다는 것이다. 넘어졌을 때마다 사탄은 옆에 다가와 속삭였다.

"너 다리가 없잖아, 너 손도 없잖아, 아무것도 할 수 있는 게 없잖아! 네 주제에……. 심지어 넌 병신이잖아! 할 수 없어! 넌 안 돼! 넌 다른 사람보다 반토막이잖아! 수영? 골프? 롱보드? 서핑? 가능치 않아~."

이렇게 사탄은 그를 수도 없이 유혹했다. 악한 영의 소리가 늘 그를 괴롭

했다. 하지만 그는 사탄의 속삭임을 거절했다. 그는 여러 번 나쁜 소리, 악한 소리, 비관의 소리를 완강하게 거절하였다. 그는 아버지와 어머니가 가르쳐 준 성령의 소리, 긍정의 소리, 믿음의 소리, 감사의 소리만을 들으려고 집요하게 그분을 의지하였다.

이스라엘을 그들 중(애굽)에서 인도하여 내신 이에게 감사하라 그 인자하심이 영원함이로다(시 136:11) (너희는) 위의 것을 생각하고 땅의 것을 생각하지 말라(고린도후서 1:4)

그는 '인생에서 넘어졌을 때 다시 일어서는 장면'을 직접 보여준다. 감동이다. 그런데 그가 머리를 대고 일어서는 지지대가 꼭 책과 성경이다. 필자는 그 책과 성경에 주목한다. 닉 부이치치가 독서광이라는 사실을 잊지 말라. 그가

> "우리가 살다가 넘어지면 어찌해야 할까요? 또 넘어지면 어찌해야 할까요? 일어서야죠. 한 번 일어서려다가 실패해도 다시 도전해야 합니다. 만약 일어나려고 시도하다가 100번을 실패했다고 치죠. 내가 실패자일까요? 아닙니다. 절대로 포기하지 마십시오. 절대로 포기하지 마십시오. 절대로 포기하지 마십시오. 또다시, 또다시, 또다시 도전해야죠."

저술한 책《닉 부이치치의 허그》,《닉 아저씨처럼 기도해봐》,《한계를 껴안는 결혼》이 벌써 베스트셀러를 넘어 스테디셀러가 되고 있다는 것을 기억하자. 〈뉴욕타임스〉지도 그를 '베스트셀러의 저자이며 세계를 누비는 희망전도자'라고 소개했다.

독서를 통해 자신의 인생을 지지하고 있다는 의미가 담긴다. 그뿐만 아니

라 성경을 머리에 대고 일어서는 시도를 한다. 책을 여러 권 놓으면 더 쉽다. 한데 성경 한 권만을 머리에 대고 일어설 때는 휘청거리며 넘어질 것 같다. 아슬아슬하다. 그가 주는 메시지가 보인다. 성경만을 의지해도 가능하다는 뜻이다. 성서를 의지하고 성서의 하나님을 믿는 것이 아무런 힘이 되지 못하는 것처럼 보일지라도 절대 그렇지 않다는 것을 텔레비전 시청자들(또는 관객)에게 보여준다.

닉 부이치치는 한국에도 초청되어 4차례나 다녀갔다. 2008년 첫 번째 방문, 〈MBC〉의 'W(더블유)'라는 프로그램에 출연하여 명성을 얻었다. 성루의 대형교회에서도 강연을 했다. 그는 미국을 무대로 '사지 없는 인생(LIFE WITHOUT LIMBS)'이라는 재단을 설립하고 전 세계의 청소년들에게 희망을 전한다. 희망을 잃고 절망하는 사람들 앞에 수없이 섰다. 희망과 긍정, 기쁨과 감사를 전하는 전도자가 되었다. 강좌를 듣는 이마다 감동하며 눈물을 훔친다.

그리고 닉은 수백 명의 청중에게 허그를 해준다. 아니 그들의 허그를 받아준다. 그는 팔이 없으므로 안아줄 수가 없지만, 그의 프리 허그는 유명세를 탔다. 많은 청소년을 눈물 나게 만든다. 그는 전 세계를 달리며 감사를 전하고 있다.

그는 꿈 쟁이다. 하고 싶은 일, 이루고 싶은 일이 참 많다. 꿈꾸고 이룬 일 중에는 그의 결혼이 있다. 부부의 한계를 껴안은 결혼, 카나에 미야하라와의 결혼이야기는 살을 에도록 아름답다. 그에게 붙여진 별명이라든지 그가 이루고 싶은 일은 계속된다. '플라잉, 점프, 프리 허그, 희망의 전도사, 희망의 씨앗, 불가능은 없다.' 등…….

닉이 이룬 지금까지의 사연과 사역 그리고 앞으로의 모든 일은 '감사'라고 하는 기초를 전제로 전개된다. 또한 감사 마인드를 가지고 계속해서 진행될 것이다. 그는 말한다. "나는 행복하다고. 대한민국도, 한국의 국민도 행복할 수 있다."고.

닉이 절망과 싸움에서 이긴 것은 감사의 힘이었다.

03 '장미꽃 감사'보다 '가시 감사'

전 세계인의 존경을 받는 노벨평화상 수상자이자 남아프리카공화국의 첫 흑인 대통령 넬슨 만델라. 그는 세계 정상 중에서 가장 오랫동안 감옥에 갇혀 있었다. 놀랍게도 그는 46세 때부터 27년 동안이나 감옥살이를 한 대통령으로도 유명하다. 만델라가 27년간 옥살이를 마치고 출소하던 날 세계 각국의 외신기자들이 몰려와 열띤 취재 경쟁을 벌였다. 모두 그가 아주 허약한 건강 상태로 나올 것으로 예상했다. 소중한 인생의 3분의 1을 감옥에서 보내야 했고, 그것도 사익을 위해서가 아니라 의로운 일을 하다 투옥됐다면 얼마나 억울하겠는가? 대부분은 분노와 좌절 속에서 건강이 극도로 쇠약해지거나 생명을 포기하고 말았을 것이다. 그러나 억울하게 감옥살이를 하면서도 '분노' 대신에 '감사'를 택한 사람이었다. 출옥 날 만델라는 나이가 70세가 넘었는데도 너무 건강한 모습으로 감옥에서 걸어 나왔다. 깜짝 놀란 기자가 만델라에게 다가와 물었다.

"다른 사람은 5년만 감옥살이를 해도 건강을 잃는데, 어떻게 27년 동안 감옥살이를 하고서도 이렇게 건강할 수 있습니까?"

그러자 만델라는 우렁찬 목소리로 이렇게 대답했다.

"저는 감옥에서도 항상 감사하는 마음을 잊지 않았습니다. 하늘, 땅, 물 등 어느 것 하나 감사하지 않은 일이 없습니다. 강제노역할 때조차 감사한 마음으로 했습니다. 그러잖아도 운동량이 부족했는데 강제노역이라는 명목으로 운동까지 시켜주니 얼마나 감사합니까?"

끝을 전혀 알 수 없는 지옥 같은 상황 속에서조차도 결코 감사의 마음을 잃지 않았던 넬슨 만델라. 그가 출소한 후에 대통령에 당선되고 노벨평화상까지 수상한 기적 같은 삶은 오직 감사의 힘으로 이루어 낸 결과였다. 감옥 밑바닥에서 감사로 일구어낸 기적이다. 기적은 절대 멀리 있지 않으며, 항상 우리 주변에 있다. 작고 사소한 일에도 항상 감사하는 습관이 바로 기적을 창조해낼 수 있는 비결이다. 감사는 기적을 창조해내는 마법 같은 도구라는 것을 기억하자.

한편, 영국의 천재 물리학자 스티븐 호킹(Stephen Hawking)은 항상 웃는 얼굴과 편안한 시선을 보여주었다. 호킹이 세계적인 사랑과 존경을 받는 이유는 뛰어난 지혜와 지식을 갖추었을 뿐 아니라 그는 삶의 역경을 당당히 극복한 진정한 인생의 '투사'이기 때문이다.

하루는 연설을 마친 그에게 젊은 연기자가 물었다.

"병마가 당신을 30년간이나 휠체어에 꼼짝없이 묶어 놓았는데 운명이란 녀석에게 너무 많이 빼앗겼다고 생각하지 않으신가요?"

호킹은 미소를 지어 보이고는 손가락을 이용해 타자를 두드렸다. 그러자 대형 모니터에 그의 말이 전해졌다.

'제 손가락은 이렇게 여전히 움직일 수 있고, 제 두뇌는 여전히 생각할 수 있습니다. 저는 평생 추구하고 싶은 꿈이 있고, 저를 사랑해주고, 제가 사랑하는 가족과 친구들이 있습니다. 그리고 저는 여전히 감사하는 마음을 가지고 있습니다.'

이렇게 스티븐 호킹처럼 항상 모든 것에 감사하는 습관을 지닌 사람은 언제나 사물의 긍정적이고 아름다운 면에 관심을 가지기 때문에 큰 성공을 거둘 수 있다.

우리가 하는 일이 잘 풀리고 좋은 일이 생길 때는 쉽게 감사의 마음을 가질 수 있다. 그러나 우리에게 고통과 시련이 찾아왔을 때 감사의 마음을 갖는 것은 힘겨운 과정이다. 오히려 고통 속에서는 분노와 좌절, 적개심이 자연스럽게 일어나는 감정이다. 아픔 속에서 부정적인 감정을 경험하는 것은 자연스러운 반응이지만, 그렇다고 해서 긍정을 경험하는 것이 불가능한 것은 아니다.

시련 속에서도 감사를 선택할 수 있다. 장미꽃의 가시는 따갑고 아파도 가시로 인해 감사할 수 있는 이유를 찾아보면, 아픔이 아픔으로만 끝나지 않는다. 감사는 고통에서 나를 지켜주는 심리적인 보호제다.

'내가 발을 다친 것은 큰 병을 발견하도록 한 것이었구나. 작은 것을 통해서 큰 것을 찾게 한 거예요. 약을 먹을 때도 감사하면서 먹었어요. 그동안 내 몸을 돌보지 않았는데, 이 기회에 내 몸을 돌보고 좋은 약도 먹고 운동도 규칙적으로 해야겠다고 생각하니까 감사한 거예요. 이 기회를 통해 내가 성숙해졌다고 생각하게 되죠. 작은 것을 통해 더 큰 감사를 갖게 되었죠.'

나의 삶에는 목적과 이유가 있다. 이것을 믿고 삶의 의미를 추구하는 사람은 내적으로 성장할 뿐 아니라 삶의 행복을 경험할 수 있다. 과거의 고통을 고통으로 남기지 않으려면, 그 고통에 의미가 있다고 믿어야 한다. 진정한 가치와 의미를 발견하게 되면 감사할 수 있게 된다.

한편, 생후 19개월 때 뇌척수막염과 함께 심한 열병에 걸려 목숨을 잃을 뻔했고, 간신히 살아났으나 그 여파로 청각과 시각을 잃게 된 헬렌 켈러(Helen Keller, 1880~1968). 장애라는 최악의 조건에서 그녀를 최고로 만든 것은 감사의 힘이다. 그녀는 장애라는 최악의 조건에 원망하기보다는 자신에게 주어진 작은 것에 감사했다. 그녀는 "행복의 한쪽 문이 닫힐 때, 다른 한쪽 문이 열린다. 하지만 우리는 그 닫힌 문만 오래 바라보느라 우리에게 열린 다른 문을 못보곤 한다."라고 말한다. 특히 〈리더스 다이제스트〉가 꼽은 20세기 최고의 수필은 다름 아닌 그녀의 자서전 《3일만 볼 수 있다면(Three Days to See)》. 감사 생활로 눈부신 업적을 나눈 그녀는 우리 가슴속에 다음과 같이 너무나도 찬란한 어록을 남겨줬다.

"세상에서 가장 아름답고 소중한 것은 보이거나 만져지지 않는다. 단지 가슴으로만 느낄 수 있다."

"맹인으로 태어나는 것보다 더 비극적인 일은 앞은 볼 수 있으나 비전이 없는 사람이다."

"절대로 고개를 떨어드리지 마라. 고개를 치켜들고 세상을 똑바로 보라."

"희망은 볼 수 없는 것을 보고, 만져질 수 없는 것을 느끼고, 불가능한 것을 이룬다."

"낙관주의는 성공으로 인도하는 믿음이다. 희망과 자신감이 없으면 아무것도 이루어질 수 없다."

"세상은 고난으로 가득하지만, 고난의 극복으로도 가득하다."

"독재는 신념의 힘을 꺾지 못한다."

"얼굴을 계속 햇빛을 응시하도록 하라. 그러면 당신의 그림자를 볼 수 있다."

"지식은 사랑이요, 빛이요, 통찰력이다."

"믿음은 산산조각이 난 세상을 빛으로 나오게 하는 힘이다."

인생이란 내 뜻대로만 흘러가는 게 결코 아님을 당신도 잘 알고 있을 것이다. 그렇기에 인생은 절대 쉽지 않은 여정이다. 감사할 줄 모르는 사람은 만족할 줄 모르고, 만

> 기적은 절대 멀리 있지 않으며, 항상 우리 주변에 있다. 작고 사소한 일에도 항상 감사하는 습관이 바로 기적을 창조해낼 수 있는 비결이다. 감사는 기적을 창조해내는 마법 같은 도구라는 것을 기억하자.

족할 줄 모르는 사람은 당연히 불평불만이 많아질 것이다. 이렇게 우리의 삶이 부정적인 방향으로 흘러가면 자연스럽게 창조적인 힘을 상실할 것이고, 더 위대한 일을 해낼 수 없을 것이다. 반대로 인생이 긍정적인 방향으로 흘러

가면 더욱 풍성하고 행복한 미래로 나아갈 수 있을 것이다.

　감사하는 마음이 없다면 세상은 미래에 대한 희망이 사라지고 황폐해질 것이다. 감사는 주변에 긍정적인 에너지를 전파하는 엄청난 힘을 갖고 있다. 감사하는 마음이 강할 때는 긍정적인 에너지 진동이 먼 우주까지 뻗어 나간다. 그리고 동시에 같은 진동 주파수를 가진 사물을 강하게 끌어들이는 특성이 있다. 그래서 세상에 감사하는 마음이 커지면 커질수록 더 많은 것을 끌어당기고 얻을 수 있는 것이다. 감사하는 삶을 살면 우리가 무엇을 기대하든 우주가 보답해 줄 것이다.

04 헬렌 켈러, 장애를 신화로 바꾼 기적

"우리가 가진 것 때문에 감사하는 것이 아니요. 우리가 되어진 바로 인해 감사한다." – 헬렌 켈러(미국의 작가이자 사회주의 운동가)

〈리더스 다이제스트〉가 꼽은 20세기 최고의 수필은 다름 아닌 헬렌 켈러의 자서전《3일만 볼 수 있다면(Three Days to See)》이다. 이 글 중에 가장 중요한 핵심 부분에서도 역시 그녀는 '감사의 기도를 드리고 싶다.'라고 글을 맺는다.

"내가 만약 3일 동안만 볼 수 있다면, 첫날에는 나를 가르쳐준 설리번 선생님을 찾아가 그분의 얼굴을 바라보겠습니다. 그리고 산으로 가서 아름다운 꽃과 풀과 빛나는 노을을 보고 싶습니다. 둘째 날엔 새벽에 일찍 일어나 먼동이 터 오는 모습을 보고 싶습니다. 저녁에는 영롱하게 빛나는 하늘의 별을 보겠습니다. 셋째 날엔 아침 일찍 큰길로 나아가 부지런히 출근하는 사람들의 활기찬 표정을 보고 싶습니다. 점 심때는 아름다운 영화를 보고, 저 녁때는 화려한 네온사인과 쇼윈도 의 상품들을 구경하고 집에 돌아 와, 3일 동안 눈을 뜨게 해주신 하 나님께 감사의 기도를 드리고 싶습니다."

앞을 볼 수 있고 호흡할 수 있다는 것, 어린 시절 다양한 경험이 있다는 것, 배울 수 있는 기회가 주어졌다는 것을 곰곰이 생각해보자. 그동안 잊고 지냈지만 나라는 존재를 만들어 준 경험들을 상기시켜보자. 그 경험들이 얼 마나 소중했는지 알게 될 것이다.

  헬렌 켈러는 우리가 당연하게 누리는 두 눈으로 세상을 똑바로 볼 수 있다 는 아주 사소한 것을 간절히 원했다. 3일만 볼 수 있는 기적이 일어난다면, 우리가 누리는 지극히 평범한 일상을 갖고 싶다고 말했다. 우리는 어떤 이에 게는 '기적'인 것에서 살고 있다는 것을 깨달아야 한다. 감사의 눈으로 봐야 기적도 보인다. "가진 것이 많고 다 누리고 있음에도 감사할 줄 모르는 사람 이 세상에서 가장 불행한 사람"이라는 헬렌 켈러 여사의 말이 생각났다. 앞 을 볼 수 있고 호흡할 수 있다는 것, 어린 시절 다양한 경험이 있다는 것, 배 울 수 있는 기회가 주어졌다는 것을 곰곰이 생각해보자. 그동안 잊고 지냈지 만 나라는 존재를 만들어준 경험들을 상기시켜보자. 그 경험들이 얼마나 소 중했는지 알게 될 것이다. "단언컨대 세상에서 가장 행복한 사람은 볼 수 있 는 사람이다."라고 말하는 헬렌 켈러 여사의 글을 읽어보면 우리가 누리고 가진 게 참 많음에도 그동안 감사 표현과 실천에 너무 인색했다는 생각이 든 다. "행복은 얼마나 많은 것을 소유했느냐가 아니라, 얼마나 많이 감사하다 고 말할 수 있느냐에 달려있다."라는 말이 맞다. 행복도 훈련이고, 연습이고, 반복이라면 오늘도 행복을 위해 감사로 무장하는 날을 살아야 함이 마땅하다는 생각이 든다.

한편, 미국의 작가요, 교육자이자 사회주의 운동가로 잘 알려진 헬렌 켈러는 생후 19개월 때 뇌척수막염과 함께 심한 열병에 걸려 목숨을 잃을 뻔했다. 간신히 살아났으나 그 여파로 청각과 시각을 잃었다. 그녀의 부모는 보스턴의 한 맹아학교에서 앤 설리번을 헬렌의 가정교사로 모셔왔다. 설리번과 헬렌이 함께 정신적, 지적으로 눈부신 성장을 이룬 시기의 이야기가 《내가 살아온 이야기(The Story of My Life)》에 오롯이 담겨있다. 헬렌 켈러는 1904년 가정교사 앤 설리번의 도움으로 비장애인도 힘들다는 하버드대학교의 래드클리프를 졸업했다. 그것도 인문계 학사 학위를 받은 최초의 시각, 청각 중복 장애인으로 알려진다.

그녀는 설리번을 만나고 수많은 변화를 경험했다. 짜증을 잘 내고 신경질적이며 성질 급하던 헬렌이었으나 가정교사 설리번의 눈물겹도록 정성 어린 돌봄과 감성적인 가르침과 교제가 헬렌을 변화시켰다. 청소년기를 지나며 헬렌은 점차 자신감, 성취감, 비전과 꿈, 인생 설계 등을 구체적으로 그렸다. 그가 1900년 스무 살이 될 때 기적적으로 하버드대학교에 입학했다. 세계적인 수재들이 즐비하다는 일류대학교에 당당히 합격한 것이다. 헬렌에게 서서히 자신감이 생겼다. 그녀는 당당한 감사 생활에 도전했다. 사실 이것 또한 설리번 선생님으로부터 전수된 감사의 힘이었다. 설리번의 인내와 교양 그리고 감사가 빚어낸 영향력이다. 감사는 전염성이 있다.

헬렌은 미국 시각장애인을 위한 기금 모금 운동을 벌이고 행동하는 지성인으로서 앞을 보지 못하는 시각장애인들을 위한 제도 마련을 위해 정치인들을 설득하는 등 정책을 제시했다. 또한 일생을 장애인들을 위해 바쳤다. 헬렌은 여성 인권운동가이기도 하다. 이로써 미국의 여권과 장애인들의 권리를 일취월장 드높이는 역할을 했다. 또 자존감 약한 여성에서 벗어나 당당하게 살기로 작정하고는 '감사 생활'을 실천에 옮기기 시작하였다. 담대하고도 당당한 감사 생활은 그녀를 장애에서 벗어나게 했다. 20세기 역대 미국 정부가 가장 두려워하는 인물이 헬렌이었다는 이야기도 있다. 이 모든 지식과 지혜 그리고 행동철학은 모두가 '감사의 마음 밭'에서 나왔음을 부인할 수 없다. 또한 그녀는 명사로 활약, 대통령 자유 메달과 수많은 명예 학위를 받았다. 그녀가 1968년 세상을 떠났을 땐 워싱턴DC 국립대성당에 안치되었다.

알다시피 헬렌 켈러 여사는 어린 시절 지독한 열병으로 장애인이 되었다. 그녀는 앞을 볼 수 없었고, 귀도 들을 수 없었으며, 또한 말도 할 수 없는 불쌍한 신세가 되었다. 하지만 이런 삼중고의 가련한 인생이 자리를 떨치고 일어나 그녀는 정상인보다 몇 배나 위대한 인생을 살았다. 그녀는 인문학 박사에 법학박사 학위까지 받을 정도로 학문적 성취를 이루었고, 희랍어를 비롯하여 라틴어와 독일어, 불어 등에도 능통했다. 어느 날 헬렌 켈러 여사가 정원을 거닐다가 매우 행복한 표정을 지었다. 곁에 있던 사람들이 그녀의 손바닥에 글을 써서 그 까닭을 물어보았다. 그녀는 이런 대답을 했다. "신선한 공기를 들이마실 때마다 향기가 참 좋군요. 얼마나 감사한지 모르겠습니다."

우리는 잘 보고, 듣고, 말할 수 있는 사람들이다. 정상인으로 우리가 누리는 것이 얼마나 많은가? 우리는 얼마든지 아름다운 음악을 감상할 수도 있고, 아름다운 사계절의 눈부신 변화를 볼 수 있으며, 말로 원하는 바를 분명하고 쉽게 전달할 수도 있다. 그런 은혜를 누리고 살면서도 벅찬 감격으로 하나님께 감사한 적이 얼마나 있었는지 생각해보아야 할 것이다. 신선한 공기한 모금 들이키며 그 속에서 느껴지는 향기만으로도 마음 가득 감사를 느끼는 그녀의 삶은 우리에게 정말 큰 깨달음을 준다.

한편, 감사 생활 말고도 헬렌 켈러를 키운 것은 독서의 힘이다. 김정진의 《독서 불패》에 보면 이런 말이 나온다. "듣지도, 보지도, 말하지도 못하는 삼중고를 갖고서도 훌륭한 삶을 살아낸 헬렌 켈러의 고백을 볼 때마다 제 자신을 반성하게 됩니다. '나는 과연 이런 간절함을 갖고 살아가고 있는지.'를 다시 한번 생각해보는 것이죠! …… 헬렌 켈러가 얼마나 독서를 사랑했고, 독서 덕분에 과거의 부정적인 사고가 긍정적인 사고로 바뀌었는지를 알게 되었습니다. 무엇보다 자기 자신을 사랑할 줄 알고, 남을 사랑할 줄 아는 사람이 된 것이죠. 사랑과 감사가 흘러넘치는 사람은 누구든지 제2의 헬렌 켈러가 될 수 있다고 저는 생각합니다. 단, 헬렌 켈러처럼 하루하루를 간절하게 감사함으로 살았을 때 말이지요."

05 '위기'는 새로운 '기회'로 넘어가는 징검다리다

"패배한다는 것은 일시적인 현상일 뿐이다. 그러나 포기한다는 것은 영원히 그만두는 것을 의미한다."

– 마릴린 사반

"만일 겨울이 없다면, 봄은 그다지 즐겁지 않을 것이다. 만일 우리가 때때로 역경을 경험하지 못한다면, 번영은 그리 환영받지 못할 것이다."

– 앤 브래드스트리트

"가장 빠르고, 가장 똑똑하고, 가장 총명하고, 가장 부유한 사람에게 큰 승리는 오지 않는다. 큰 승리는 넘어질 때마다 일어나는 사람에게 오는 것이다."

– 하이럼 스미스

세계적인 추세처럼 한국도 지난 수십 년간 성공 지향적인 사회였다. 그만큼 단시간 내에 많은 것들을 이뤘다. 보통 '실패'는 삶을 피폐하게 만들기에 오직 성공 경험만을 고평가했다. 그러나 무한 경쟁 사회를 살아가는 우리가 인생의 실패를 겪지 않는다는 것은 불가능하다. 인생은 위기의 연속이다. 살아 있는 한 인생의 위기와 실패는 피할 수 없다. 불청객처럼 위기는 수시로 우리를 찾아와 인생을 뒤흔들어 놓는다. 대부분 성공 경험보다 반복적인 실패와 좌절 그리고 위기상황과 마주치며 다이나믹한 인생을 살아간다.

그러나 희망적이게도 잦은 위기와 실패를 만나는 것은 행운이다. 인생의 위기에 결코 슬퍼하거나 노여워할 이유가 없다. 인생의 성공자일수록 열정을 갖고 도전과 모험을 많이 하는데, 도전을 많이 할수록 그만큼 위기상황과 실패를 많이 마주친다. 그래서 대부분의 성공자들은 실패를 성공을 위한 하나의 '과정'으로 당연히 여긴다. 뮤지컬 배우 '마이클 리'도 "실패를 환영한다! 성공을 향한 발판이기 때문에."라는 멋진 말을 남겼다.

'화가 바뀌어 오히려 복이 된다.'는 뜻의 '전화위복'이라는 고사성어를 자주 들어봤을 것이다. 이는 지금 겪는 재앙이 언젠가 복이 될 수도 있고, 지금 누리는 복이 언젠가 화가 되어 고난을 줄 수도 있으니 현재 자신에게 처한 상황에 크게 신경 쓰지 말라는 뜻이다. 항상 도전하는 우리 삶에는 성공과 위기, 실패가 항상 공존할 수밖에 없다. 그래서 위기와 실패의 상황 속에서도 그 속에 숨겨진 소망과 기회를 발견할 수 있는 '긍정의 힘'을 갖춘 사람만이 성공을 위한 보석 같은 기회로 역전시킬 수 있다. 위기와 실패경험을 통해 우리 내면은 더욱 단단해지고, 실패하거나 위기상황을 만나지 않았더라면 결코 깨닫지 못했을 소중한 배움과 지혜를 선물 받는다.

그래서 위기와 실패의 상황에서도 항상 감사해야 한다. '감사'하는 마음은 온 우주에서 가장 긍정적이고 위대한 에너지이다. 실패와 위기상황에서 삶을 뒤흔드는 혼란의 소용돌이를 잘 극복하도록 구해줄 것이다. 감사의 힘은 실패와 위기라는 어두운 구름다리에서 다이아몬드처럼 빛나는 성공으로 건너갈 수 있는 든든한 징검다리가 되어줄 것이다.

당신은 진실로 감사가 만든 기적을 믿는가? 미국 오하이오주 신시내티에 '프록터 갬블 비누회사'를 설립한 할레이 프록터 사장은 늘 감사하는 마음으로 살았다. 그는 신실한 신앙인으로 회사가 어려웠을 때도 두려워하거나 불평하지 않고 오히려 감사하며 철저히 십일조 생활을 한 사람이었다. 한번은 직원의 실수로 기계 작동 시간을 잘못 맞추는 바람에 엉뚱한 비누제품이 생산되어 회사는 막대한 손실을 보게 되었다. 부서 책임자는 담당 직원을 심하게 질책했고, 이 직원은 본인의 실수로 회사가 곤경에 처하게 된 것을 책임지고 사표를 제출했다.

그러나 회사가 큰 어려움에 직면할 수도 있는 상황에서 프록터 사장은 홍

> 위기와 실패의 상황에서도 항상 감사해야 한다. '감사'하는 마음은 온 우주에서 가장 긍정적이고 위대한 에너지이다. 실패와 위기상황에서 삶을 뒤흔드는 혼란의 소용돌이를 잘 극복하도록 구해줄 것이다. 감사의 힘은 실패와 위기라는 어두운 구름다리에서 다이아몬드처럼 빛나는 성공으로 건너갈 수 있는 든든한 징검다리가 되어줄 것이다.

분하거나 노하지 않았다. 그는 침착하게 문제를 수습해 나가는 과정에서 잘못 만들어진 비누제품을 분석한 결과 특이한 점을 발견했다. 그것은 비누가 가벼워서 물에 뜬다는 점이었다.

프록터 사장은 문득 좋은 아이디어가 떠올랐다.

'비누가 물에 뜨면 목욕할 때 더 좋지 않을까?'

결국 프록터 사장의 역발상으로 엉뚱한 이 비누는 연구를 거듭해 '아이보리'라는 상품으로 시장에 출시되었다. 아이보리 비누는 나오자마자 선풍적인 인기를 끌었다.

그 결과 회사는 유명세를 타 세계적인 비누회사로 발전했고, 늘 감사하는 프록터 사장은 아이보리 덕분에 거부가 되었다. 지금까지 아이보리는 세계적으로 유명한 비누로 그 명성을 유지하고 있다. 프록터 사장처럼 어려움과 절체절명의 순간을 감사하는 마음으로 극복하기란 쉽지 않다. 그러나 그것을 극복했을 때 전혀 예상치 못한 놀라운 기적이 결과로 돌아오게 된다.

한편, 앞의 이야기는 '행복한 실수'라고 말하는 세렌디피티(Serendipity)와 관련 있다. 이는 지금의 실수와 실패가 훗날 개인의 삶과 역사에 얼마나 큰 긍정적인 영향을 줄 수 있는지를 잘 표현하고 있다. 오히려 결핍과 실패가 축복이 될 수 있다는 것이다. 대표적인 예로, 플레밍 박사의 페니실린 발견 사례이다. 창문 옆에 방치했던 세균 배양접시에 창문을 통해 날아들어 온 곰팡이가 세균을 말갛게 녹여 버린다. 그 현상을 관찰하다가 그 곰팡이에 페니실린의 원료가 숨어 있다는 것을 알게 되었고, 그 후 10년 후에 이것을 토대로 페니실린이 만들어지게 된다. 즉, 원치 않았던 우연한 실수로 제2차 세계대

전에서 병사들의 감염을 막아 수많은 목숨을 살려내는 페니실린이라는 위대한 약품이 탄생한 것이다. 또 다른 예로 3M의 포스트잇(Post-it)의 상품화 과정이다. 초강력 접착제를 만들려다 실패한 작품이 바로 전 세계인의 사랑을 받는 문구류인 포스트잇이다. 다소 다른 상황이긴 하지만 우물을 파다 발견한 진시황릉의 지하군대도 우연한 발견, 즉 세렌디피티라고 할 수 있다.

　개인과 조직이 성과를 향해 나아갈 때 목표에 도달하지 못하거나 프로젝트의 실패로 인해 때론 팀의 사기가 저하되고 개인의 능력에 질책을 받을 수 있다. 그러나 실수와 실패가 전화위복의 기회가 될 수 있고, 앞으로 더 좋은 성과를 만들 수 있다는 기대감으로 감사와 긍정적인 자기 수용의 기회를 얻어야 한다는 것이다.

　당신은 이제 감정의 소용돌이를 극복하고 위기에 압도당하지 않기 위해 감사를 사용하게 되었다. 한 발 더 나가서, 눈앞에 닥친 위기에서 해결책과 가능성과 기회로 건너가는 다리를 만드는 데도 감사를 사용하라.

06 실패와 아픔도 성공에너지다

"나는 실패한 적이 없다. 어떤 어려움을 만났을 때 거기서 멈추면 실패가 되지만, 끝까지 밀고 나가 성공을 하면 실패가 아니기 때문이다."

– 마쓰시타 고노스케

"어떤 의미에서 실패는 성공으로 가는 지름길이다. 잘못됐다는 것을 알게 될 때마다 열심히 바른길을 찾기 때문이다."

– 존 키츠

"세상에서 주목받는 인물들은 성공하기 전에 반드시 큰 장애물에 부딪혔음을 역사가 증명해 준다. 그들은 거듭되는 실패에도 용기를 잃지 않았기 때문에 승리자가 될 수 있었다."

– B. C. 포브스

많은 사람은 한 번 실패는 모든 것이 끝난 것으로 생각한다. 그러나 시련과 실패는 성공으로 가는 길목의 한 과정일 뿐이다. 에디슨은 67세에 화재로 평생의 연구업적을 날렸다. 그로부터 3주 후, 축음기를 발명했다. 포드는 마흔 살에 파산했지만, 머지않아 자동차 왕이 되었다.

《영혼을 위한 닭고기 수프》의 저자 잭 캔필드와 마크 빅터 한센은 수많은 출판사로부터 거절당했다. 그러나 포기하지 않았다. 마침내 그들은 작은 출판사에서 자신들의 책을 펴내기로 했고, 단번에 베스트셀러에 올라 다른 '닭고기 수프 시리즈'와 함께 1,200만 부가 팔리는 경이적인 기록을 만들어 냈다.

영국의 소설가 존 크루제는 543권에 달하는 많은 작품을 발표했다. 그러나 첫 작품이 출판되기까지 753통의 편지를 출판사의 쓰레기통에 배달시켜야 했다. 이처럼 성공이라는 인생의 멋진 목표를 향해 달려가는 당신에게 시련은 당연한 과정으로 여기고, 시련을 당신의 애인으로 삼아라!

인생에서 가장 가혹한 일은 실패다. 이보다 더 충격적이고 힘든 사건은 없다. 실패했을 때 더 큰 늪에 빠져 허우적거리지 말고, 신이 나를 강하게 연단시키려 훈련하고 시험하는 거로 생각해 불만을 품거나 절망에 빠지지 마라. '인생은 새옹지마(塞翁之馬)'라는 말은 필자가 가장 좋아하는 고사성어다. 인생의 1막 1장만 있지 않다. 인생은 2~3번 이상의 새로운 계기를 맞게 되는 스릴 만점 장거리 경주이다. 그래서 늘 미래를 준비해 나가도록 해야 한다. 실패는 결코 끝이 아니고, 그렇다고 성공도 전부가 아니다. 이 스릴과 박진감

넘치는 인생에서 당신의 미래를 화려하게 창조하라!

실패를 멋지게 극복하고 더 큰 성공의 기회로 만든 이야기가 있다. 창업의 꿈을 안고 성인교육 아카데미를 차린 한 20대 젊은이가 있었다. 그는 광고와 홍보에 큰돈을 투자했고, 임대료와 물건 구매에 꽤 큰 비용을 투자했다. 그렇게 야심에 찬 사업을 시작한 지 수개월 후, 돈 한 푼 벌기는커녕 오히려 마이너스 상태인 것이었다. 고민 끝에 젊은이는 가족에게 돈을 빌려 뒷수습을 했다. 집에 틀어박혀 밖으로도 나오지 않고 꼼짝없이 집에만 있었다. 타인의 시선도 부담되고 온갖 추측이 난무하는 것이 싫었다. 누군가 자신의 실패를 맘대로 평가할까 봐 두려웠다.

그는 한참 오랫동안 실패의 늪에서 헤어 나오지 못한 채 몰래 은둔생활을 했다. 어느 날, 도무지 혼자서 재기할 방법을 찾을 수 없어 자신의 멘토를 찾아가 마음의 속사정을 털어놓았다. 그러자 멘토는 이렇게 답했다.

"실패가 뭐 별거니? 실패는 자신을 똑바로 볼 수 있는 기회일 뿐이야. 실패를 통해 이전의 방법이 잘못됐다는 게 증명됐으니 방법을 바꿔 새로운 마음으로 다시 시작하면 된단다."

멘토의 이 의미심장한 조언에 문득 깨달음을 얻은 젊은이는 기운을 차려 자신이 실패한 원인을 열심히 찾기 시작했다.

'대체 어디에서부터 문제가 생긴 거지?'

그는 한참의 고민과 사색 끝에 사업 방향을 살짝 바꿔 인성교육 프로그램 연구를 시작했다.

'인성교육 프로그램'이란 강연과 처세, 영업, 지능 개발을 하나로 융합한 독특한 성인교육 프로그램이었다. 젊은이는 낮에는 책을 쓰고, 밤에는 야간학교에서 학생들을 가르치며 열심히 일했다. 이후 직장인들을 위한 공개 강연반도 개설했다. 그리고 오늘날, 그는 미국의 유명한 기업가이자 교육가 겸 강연자로서 '성인교육의 아버지', '20세기에 가장 위대한 성공학의 대가'라는 칭송을 받고 있다. 이 이야기의 주인공은 바로 미국 인간관계학의 대가로 유명한 데일 카네기이다.

우리는 더 나은 미래를 위해서 실수로부터 배워야 한다. 이로써 문제 해결 능력을 키울 수 있다. 성공한 사람들은 대부분의 생각하는 시간을 문제 해결에 쓴다. 그

> "실패가 뭐 별거니? 실패는 자신을 똑바로 볼 수 있는 기회일 뿐이야. 실패를 통해 이전의 방법이 잘못됐다는 게 증명됐으니 방법을 바꿔 새로운 마음으로 다시 시작하면 된단다."

들은, 인생은 문제 상황의 연속이라는 사실을 정확하게 인식하고 있다. 그래서 그들은 문제 자체에 부정적으로 생각하거나 힘들어하지 않는다. 대신 '어떻게 하면 문제를 해결할 수 있는가?'를 끊임없이 고민해 해결책을 찾아내는 데만 초점을 맞춘다. 그들은 끊임없이 문제 해결에 대해 고민한다. 그렇기에 끊임없이 발전한다.

시련은 항상 성공의 길목에 있다. 인생도 나무와 비슷하다. 삶의 비바람과 뜨거운 햇빛을 받아보지 못한 사람은 잠시 소나기를 만나도 어찌할지 몰라 쉽게 무너진다. 여러 어려움을 겪고 이겨내 온 사람은 웬만한 비바람에도 꺾

이지 않고 든든히 버틴다. 예기치 않은 비바람을 만나면, 인생은 길고 이런 힘겨운 날들이 나를 더욱 강하게 단련한다 생각하고 피하지 말고 맞서라. 삶은 우리에게 충분히 이겨낼 수 있을 어려움만 준다.

하버드대에서 교편을 잡았던 미국의 유명 철학가이자 교육가 겸 심리학자 존 듀이 역시 실패와 성공의 관계에 대해 이렇게 말했다.

"실패는 단지 일시적일 뿐, 한 번의 실패가 영원한 실패를 의미하지는 않습니다. 한 사람이 발휘하게 될 기지의 크기나 삶의 방향성은 대개 실패 이후에 결정된다는 것을 잊지 마십시오."

이처럼 실패는 대수롭지 않은 일이다. 그러나 우리는 실패에 대해서 모두 끝난 것으로 생각하고 부정적으로 받아들이는 경향이 있다. 그러나 생각을 살짝만 바꾸면 실패는 곧 새로운 시작점이 될 수 있다.

존슨 앤드 존슨은 타이레놀 캡슐에 묻은 청산가리로 인해 사망사고가 난 즉시 제품을 전량 수거하고 사건의 발생과 진행 과정을 빠르게 언론에 공개함으로 84%나 하락했던 매출을 단 6주 만에 400% 이상 신장시켰다. 뜻밖의 위기가 닥치면 지금의 위기는 비즈니스와 인생의 한 흐름뿐이라고 생각하라. 위기를 기회로 반전시킨 사례는 수없이 많다.

위기를 기회로 만드는 것은 낙관적이고 적극적인 태도이다. 위기는 당신의 약점을 보완할 수 있는 절호의 기회다. 일상에서 흔히 나타나는 단기적인 상승과 하강에 편승해 롤러코스터를 타듯 굴곡을 즐겨라. 모든 것에는 항상 주기와 흐름이 있다. 어떤 상황에서도 마음의 평정을 유지하라. 신념을 갖고,

단기적인 행운과 불행에 얽매이지 마라. 씨앗이 굳은 땅과 바위를 피해 뿌리 내려 대기와 태양 빛을 맞고 폭풍 그리고 눈과 비를 맞을수록 더 튼튼하고 크게 자란다. 시련을 이겨낸 만큼의 힘이 나를 키워준다. 참나무가 오랜 시간 수많은 폭풍우를 견뎌내며 뿌리내리고 가지를 뻗듯이 시련, 고통, 슬픔이 우리를 성장시켜준다.

하버드대의 저명한 심리학자 벌허스 프레더릭 스키너(Burrhus Frederic Skinner) 박사도 "많은 성공 인사가 성공할 수 있었던 이유는 그들이 수백 번의 실패를 겪고 거기에서 값비싼 교훈을 얻었기 때문"이라고 한다. 만일 그들이 실패를 경험하지 않았다면 큰 성공을 거두지 못했을 것이라고 한다. 때로는 크나큰 시련 앞에서 내면에 잠재된 폭발적인 힘을 드러낸다. 실패는 더 이상 끝이 아닌, 또 다른 출발점이다.

한편, 인생의 잦은 실패로 엉망인 듯 보이는 한 사람이 있다. 바로 미국 전 대통령 에이브러햄 링컨이다. 사람들은 그 끈기에 놀라 어떻게 수많은 실패의 충격에서 벗어날 수 있는지 궁금해했다. 그는 이렇게 말했다.

"기억하십시오. 성공하겠다는 결심은 무엇보다도 중요하다는 사실을 요."

닐르 C. 넬슨의 《소망을 이루어주는 감사의 힘》에는 이런 말이 나온다. "상황이 힘들어지면 어려움이 해결되는 중이라고 생각하라." 삶에서 어려움은 항상 있다. 하지만 그 상황에서도 감사할 점들을 짧게라도 써 보면, 좋은 인연들이 다가오고 어려운 상황이 좋아진다. 주위에서 불평하는 사람들을 보라. 할 수 없다고 무엇이든 불만인 사람의 삶은 주위에 좋은 인연이 잘 다가오지 않는다. 최악의 악순환이다.

07 삶의 역경에 잘 견뎌준 나를 토닥여주기

인생을 살다 보면 항상 역경과 위기가 찾아온다. 위기는 사람을 압도한다. 한꺼번에 너무 많은 일을 겪기에 견디기 벅찬 힘에 의해 우리는 위협을 느끼게 된다. 위기에 압도당하게 되면 무력해지고 의욕을 잃는다. 두려움, 충격, 절망감이 당신을 지배하기에 활동이 둔해지고 대처능력도 떨어진다. 또 시야가 매우 좁아져서 오직 눈앞에 닥친 재난밖에 생각할 수 없다.

그러나 세상의 발전에 공헌한 위인들은 결코 안락한 환경에서만 자란 것이 아니다. 시련이라는 이불을 덮고 시련을 베개 삼아 눈물과 피를 삼키며 힘들게 성장한 사람들이 많다. 훌륭한 칼은 오랜 시간 불꽃에 단련되고 예리하게 날이 선다. 고귀한 인격도 마찬가지다. 다이아몬드는 단단할수록 아름다운 빛을 발하는데, 그 빛을 발하기 위해서는 더욱 단단하고 강한 연마제가 필요하다. 이 보석을 연마하기 위해서는 똑같은 강도의 연마제, 즉 다이아몬드 분말이 없다면 그 아름다움을 완전히 창조해 낼 수 없다.

당신은 이 세상에서 가장 빛나는 다이아몬드이다. 자신의 인생을 더욱 빛나는 보석으로 담기 위해서는 시련이라는 강한 연마제로 자신을 단련시켜라. 낙천적이고, 긍정적이고, 감사하는 마음을 가진 사람은 모든 일에 부정적이고 불만이 많은 사람보다 삶에 대한 만족도와 성취도가 높다. 성공적인 삶을 사는 사람들은 다른 사람들이 절망하는 어려운 상황에서도 감사하는 마음을 잃지 않는 특별한 능력을 지녔다. 이들은 힘든 상황에서도 희망을 잃지 않고 항상 감사했다. 감사는 엄청난 '에너지'이다. 행복과 성공을 방해하는 삶의 환경을 변화시키고, 도움이 되는 부분을 강화하는 힘의 원천이 될 수 있는 것이다. 감사는 자부심과 자신감을 높이고, 변화와 위기대처 능력을 증진시킨다.

감사는 당신의 대응 능력을 향상시켜 무기력감을 극복하게 한다. 감사는 당신을 무력함에서 강력함으로 이동할 수 있게 만드는 스위치다. 위기에 처한 자신이나 상황에서 감사한 점을 발견하는 순간 당신은 억압된 자아에서 풀려난다. 따라서 재난보다 대응책에 눈을 돌려 적절한 행동을 취할 수 있다. 당신의 능력이 회복된다. 감사는 갖지 못한 게 아니라 가진 것에 관심을 집중해 무기력감에서 빠져나오게 한다. 감사는 당신의 단점보다 장점, 할 수 없는 것보다 할 수 있는 것에 초점을 맞추게 한다. 현재 소유한 것에 대한 감사는 당신이 무기력하고 절망적인 희생양이 되지 않도록 여러 가능성에 눈을 돌리게 한다. 반면, 현재 갖고 있지 않은 것에 초점을 맞추면 당신을 희생양으로 만들게 할 뿐이다. 감사는 두려운 상황에 대처하는 우리 능력을 강화한다.

또 감사의 힘은 나를 있는 그대로 받아들이게 한다. 감사는 나의 부끄러운 모습을 회피하거나 부정하지 않고 그대로 껴안을 수 있게 한다. 더 이상 나의 실패의 모습에 절망하지 않게 한다. 당신 삶의 감사를 찾아보면, 과거의 실패와 고통도 삶의 자원인 것을 깨닫게 될 것이다. 고통의 상황에서는 절망에 빠져 하루빨리 벗어나고 싶겠지만, 그 아픈 과거도 고마울 것이다. 혹시 실패감과 무력감에 빠진 독자가 있다면, 그 아픔을 보듬을 수 있는 계기가 되길 바란다. 삶에 의미가 없고 공허감으로 살아가는 독자가 있다면, 감사가 새로운 활력을 일으켜 줄 것이다.

고난과 역경을 만나면 많은 좌절과 두려움, 불안감이 찾아온다. 이런 감정들을 부정할 필요는 없다. 오히려 부정적인 감정들을 당연하게 여기며 받아들여야 한다.

> 감사는 엄청난 '에너지'이다. 행복과 성공을 방해하는 삶의 환경을 변화시키고, 도움이 되는 부분을 강화하는 힘의 원천이 될 수 있는 것이다. 감사는 자부심과 자신감을 높이고, 변화와 위기대처 능력을 증진시킨다.

부정적인 감정을 받아들이는 과정에서 고난과 역경을 통해 배울 수 있고, 얻게 되는 이득이 있다. 고난과 역경도 훗날 내게 좋은 자원이 될 것이라는 긍정적인 믿음을 갖는 것이 중요하다.

당신이 경험한 역경 속에서 긍정적인 면을 발견하는 것도 감사라고 할 수 있다. 과거의 아픔과 어려움을 다시 돌이켜보니 그 역경을 통해 당신은 성장했고 성숙해졌다. 그때의 어려움이 없었더라면 지금의 당신은 없었을 것이다. 힘들었던 과거의 역경 속에 숨어 있는 보석을 발견하는 것이 감사다. 즉, 감사는 부정을 부정으로만 보지 않게 한다. 부정적인 이야기를 긍정적인 이야기로 바꿀 수 있는 시각, 당신의 인생 이야기를 재구성하는 과정이 감사다.

《맹자(孟子)》에 이런 말이 있다.

'하늘이 장차 누군가에게 큰일을 맡기려 할 때는 먼저 그 마음과 뜻을 흔들고, 그 몸을 힘들게 하고, 그 육체를 굶주리게 하고, 그 생활을 곤궁하게 하여서 하는 일마다 어지럽힌다. 이는 그의 마음을 두들기고 참을성을 길러 지금까지 하지 못했던 일을 잘할 수 있게 하기 위해서다.'

이는 아무리 힘든 운명을 타고났어도 절망할 필요가 없다는 뜻이다. 시련은 당신을 더욱 강하게 단련시켜주는 선생이며, 더 나은 미래를 가져다주기 위한 과정일 뿐이다. 이 세상에 시련과 역경 없는 순탄한 인생을 사는 사람은 한 명도 없다. 시련을 달게 받으면 아픈 만큼 성장한다. 누구에게나 시련이 주어지지만, 그것에 어떻게 대처할지는 당신 선택에 달렸다.

독일의 철학자 쿠노 피셔(Kuno Fischer)는 "안락은 악마를 만들고, 고난은 사람을 만드는 법이다."라고 말했다. 진정한 성공을 꿈꾸고 원하는 인생을 살고 싶다면 시련을 즐거운 마음으로 받아들여라. 시련과 실패를 즐기며 점점 성장하는 사람은 반드시 성공한다.

또 위기는 오히려 약점을 보완하는 절호의 기회라고 생각한다. 등산가가 산 하나를 정복하고 나서 다시 다른 산을 오르려면 일단은 그 산을 다시 내려와야 한다. 인생이나 직장도 똑같다. 오르막이 있으면 반드시 내리막이 있는 법이다. '인생은 두 걸음 전진, 한 걸음 후퇴의 과정'이라는 말도 있다. 비즈니스도 마찬가지다. 어떤 사업도 주기와 흐름이 있다. 상승 곡선과 하강 곡선이 있다. 비즈니스의 흐름은 종종 산업 전반을 완전히 뒤바꾸어 놓는 변화로 이어지기도 한다. 그렇기에 고난의 상황에서도 감사하고, 고난을 극복해온

나 자신에게도 감사해야 성공할 확률이 높아진다.

자신에게 감사하는 것은 효과적인 자기성찰 과정이다. 그렇다면 자기성찰이 왜 중요할까? 흔히 IQ가 높으면 똑똑해서 높은 성취를 이룰 것으로 생각한다.

하지만 하워드 가드너(Howard Gardner)의 '다중지능이론'은 이런 통념을 완전히 뒤집는다. 그의 이론에 따르면 인간의 지능은 IQ 하나로 결정되는 것이 아니다. 언어, 음악, 논리수학, 공간, 신체 운동, 인간 친화, 자기 이해, 자연 친화라는 독립된 8개의 지능으로 구성된다. 이중 가장 중요한 것은 자기 이해 지능이다. 자기 생각과 느낌을 파악하고 통제하는 EQ 지능인 자기 이해지능은 감성 지능과 관계되어 있다. 뛰어난 업적을 이룬 수많은 각계의 인사들은 특정 분야의 지능 이외에도 자기 이해지능이 뛰어나다는 공통점이 있다. 왜냐하면 이 자기 이해지능이 대인 지능과도 깊은 연관이 있기 때문이다. 자신의 상태와 감정을 읽고, 이해하고, 통제하는 기능은 결론적으로 조직 안에서 조화를 구하고 타인을 이해하는 능력으로 이어진다. 타인과 나를 구분하고, 타인의 입장과 나의 입장을 헤아려 조장하는 능력은 이 시대의 리더들이 갖춰야할 중요한 덕망이며, 각계 유명인사들은 이 부분에서 뛰어난 사람들이다.

자기 이해지능을 높이기 위해 나에게 감사함을 표현해보자. "지금까지 어려움과 힘든 과정이 있었지만, 잘 견디고 극복해줘서 고마워.", "화가 났을 텐데, 화내지 않고 감정조절을 잘 해줘서 고마워.", "건강하게 있어 줘서 내

몸에게 고마워."라고 자신에게 말해주자.

늘 나의 단점과 실망스러운 부분만 집중하지는 않았는가. 과거의 실수하고 실패했던 나를 비난하고 채찍질하기에 급급했을지도 모른다. 잘 해 보려고 했으나 잘하지 못한 자신을 원망하며 미워하기도 했을 것이다. 이제 나 자신에게 그동안 못했던 말을 해주자. "솔직히 참 힘들었을 거야. 그래도 잘 견디고 버텨준 나에게 고맙다.", "그래도 끝까지 포기하지 않은 나에게 고맙다."라고 진심으로 격려해주자. 나를 지지해주고 격려해 줄 때 다시 도전하고 싶은 마음이 생길 것이다.

《자존감 수업》을 쓴 윤홍균 정신과 의사도 자존감을 높이기 위해 자신에게 감사하고 격려해주는 것이 필요하다고 말한다. 그는 "불평과 비난을 하면 일시적으로 감정의 카타르시스를 느낄 수 있으나 감정이 배설될 때뿐이지, 달라지는 것은 없고 상황은 더 악화된다."고 말한다. 대상이 가족일 경우에는 더 심각하다. 공격 성향을 가중시키고 강박을 가지게 하여 문제를 해결하지 못하고, 마음을 위축시킨다고 한다. 자존감 있는 삶을 살아 힐링 에너지를 얻기 위해서는 매일 자신을 위해 자존감 훈련을 해야 한다고 말한다. 나 자신을 있는 그대로 받아들이고 치유하기 위해서 꾸준히 자신을 보듬어주고 자신에게 "수고했다. 힘들었구나. 사랑한다. 고맙다."라는 말로 표현해주는 것이 좋다. 진정한 힐링 에너지는 지금 이 순간 자신에게 감사를 전하는 데서부터 시작된다.

08 나를 힘들게 하는 원수에게도 감사하다

문화부 장관, 비평가, 칼럼니스트, 소설가, 시인 등 수많은 직함을 가진 대한민국의 지성이자 한국의 대표적인 석학 이어령 교수는 말한다.

"감사하는 마음, 그것은 자기가 아닌 다른 사람에게 보내는 감정이 아니라 실은 자기 자신의 평화를 위한 것이다. 감사하는 행위, 그것은 벽에 던지는 공처럼 자신에게로 돌아온다."

현재 암 판정을 받고도 삶의 순간순간이 새롭고 귀하다고 말하는 이어령 교수는 천국을 소망하며 하루하루를 신앙인으로서의 삶을 살고 있다. 이처럼 감사하는 사람은 죽음의 위기에서도 평안함으로 의연함을 잃지 않는다. 용서와 감사는 누구보다 나 자신을 위한 선물이다.

그러나 나를 힘들게 한 사람을 용서하기는 솔직히 쉽지 않다. 우리는 누군가가 준 상처로 속이 끓으며 분노가 차오를 때가 많다. 어떻게든 상대방에게 복수하고 싶은 욕구에 타오르기도 한다. 또 나 자신의 행동과 모습에 실망하고 나 자신에게 화가 나, 자신을 학대하며 깊은 좌절감에 빠지기도 한다. 이러한 행동은 무익한 것을 잘 알고 있어도 복수와 분노의 기회를 노리며, 깊게 상처 난 자리를 더욱 후벼 파 더욱 악화시키는 경우가 많다. 그래서 오래도록 씻을 수 없는 상처로 남아서 당신을 끝없이 괴롭히고 있다.

부처도 "분노하는 것은 마치 뜨거운 석탄을 누군가에게 던지기 위해 쥐고 있는 것과 같다."고 말했다. 뜨거운 석탄을 쥐고 있으면 상대방이 고통스러운 게 아니다. 석탄을 쥐고 있는 내 손이 가장 뜨겁고 고통스럽다. 그 석탄을 던져버린다면 고통에서 벗어나게 되고 평안을 경험하게 된다. 즉, 용서는 가해자가 아닌 나를 위한 선택이다.

용서(Forgiveness)는 누군가를 위하여(for) 주는 것(giveness)이다. '누군가'는 먼저 나 자신이다. 용서는 나에게 해를 끼친 상대방을 위한 것이 아닌, 나 자신을 위한 것이다. 분노와 복수심은 뜨거운 불을 품고 있는 것과 같아서, 나 자신을 해친다. 분노라는 독은 정신은 물론, 건강에도 매우 치명적이다. 내 마음에서 끓고 있는 분노라는 불을 끄면 내가 건강해지고 편안해진다.

실제 임상적으로도 용서는 몸을 건강하게 만든다는 연구결과가 많다. 한 연구에서는 단순히 용서를 상상하는 것만으로도 스트레스를 완화하고 혈압과 심박동을 안정시키는 데 효과가 있었다. 이 연구는 다른 누군가의 부당한 행동으로 인해 마음의 상처를 받은 71명의 대학생을 대상으로 실험했다. 참여자들이 상처를 준 상대방을 용서하지 않고 증오심을 가득 느끼고 있을 때와 용서하는 장면을 상상할 때의 심장박동과 혈압을 측정하였다. 그 결과 증오심을 품고 있을 때는 분노나 슬픔을 더 많이 경험하고, 이마 근육이 심하게 수축하면서 심장박동률과 혈압이 상승했다.

그러나 자신에게 상처를 준 사람을 최대한 이해하려고 하고 공감하면서 용서하는 모습을 상상하도록 했을 때는 슬픔도 덜 느끼고 스트레스도 적게 받았다. 심장박동과 혈압도 떨어졌다. 단지 용서하는 장면을 상상하는 것만으로도 엄청난 정신적인 고통에서 벗어나고 슬픔과 스트레스도 덜 느끼고, 행복하고 건강해질 수 있다. 혹시 당신에게 용서하지 못한 사람이 있는가? 그를 용서하는 장면을 상상하고 그 사람에게 어떻게 말할지, 그때 어떤 기분일까 상상해보라. 그러면 몸도 마음도 한결 가볍고 편해질 것이다.

이처럼 용서가 중요하다는 것을 머리로는 이해한다. 그러나 실제 실천하기는 쉽지 않다. 마음과 감정을 다스린다는 것은 긴 훈련이 필요하다. 그렇기에 직접 실천할 수 있는 용기와 연습이 필요하다. 물론 용서하기로 마음먹어도 완전히 분노가 사라지지는 않는다. 그렇기에 굳은 결심이 필요하다. 용서하는 연습은 습관이 되어 안정감과 평안함을 가져올 것이다.

인생을 살면서 사람 때문에 받은 많은 상처, 번뇌는 자신의 마음과 몸에 깊은 상처를 준다. 최대한 상대를 이해하고 용서해보자. 상대를 용서하는 것은 결국 내 마음이 편안해지기 위한 것이다. 결국 용서는 나 자신을 위한 길이다.

용서할 사람은 어떤 식으로든 과거에 당신에게 상처를 입힌 모든 사람이다. 그들을 한꺼번에 모아 '합동용서'를 하자. 과거에 당신을 불행하게 한 모든 사람을 용서하라. 그들에 대한 분노를 영원히 풀겠다고 결심하라. 그 후에는 그것들에 대해 결코 말, 생각 그리고 떠올리지도 말라. 이미 끝난 문제로 여겨라.

용서해야 할 네 번째 사람은 바로 당신이다. 얼마나 많은 사람이 아직도 과거에 저지른 실수 때문에 자신에 대한 부정적인 생각에 머물고 있는지 안다면 놀랄 것이다. 행복을 위해 자신을 먼저 용서하고, 사랑하고, 안아줘야 한다. 잘 버텨준 자신에게 감사하는 것도 효과적이다.

이희숙 작가는 '원수를 친구로 만드는 능력'이라는 글에서 링컨 대통령을 예로 들면서 '용서'를 링컨의 능력 중 하나로 꼽는다. 대통령이 되기 전의 링컨에게는 에드윈 스탠턴이라는 정적이 있었는데, 그는 당시 유명한 변호사였다고 한다. 그러나 교만했던 그는 법정에서 만난 무명의 변호사인 링컨에게 '시골뜨기'라며 무례를 범하곤 했다. 링컨이 당선되자 "링컨이 당선된 것은 미국의 입장에서는 국가적인 재난이다."라는 독설을 퍼부었다. 그런데 놀랍게도 링컨은 그를 장관으로 임명했다. 참모들은 그의 장관 임명을 극렬히 반대했다. 그러나 반대하는 참모들에게 링컨은 "나를 수백 번이나 무시한들 어떻습니까? 그 사람은 사명감이 투철하기 때문에 장관을 하기에는 충분한 사람입니다."라고 말해줬다.

무례하기 짝이 없던 스탠턴에 대한 링컨의 이러한 믿음과 용서는 훗날 링컨이 총탄에 맞아 숨을 거뒀을 때 커다란 감동의 장면을 연출했다. 쓰러져 죽어가는 링컨을 부둥켜안고 대성통곡을 하며 스탠턴은 이렇게 울부짖었다. "여기, 이 세상에서 가장 위대한 사람이 누워 있습니다!"라고. 원수도 사랑으로 품었기에 그처럼 위대한 인물로 오래도록 기억될 수 있었다.

또 링컨과 관련된 일화 중에 이런 것이 있다. 그가 대통령이 되기 전, 한가롭게 시골길을 걷다가 쟁기질을 하는 농부 한 사람을 발견했다. 그런데 그 농부 앞에서 쟁기를 끄는 말이 쉼 없이 꼬리를 흔드는 것이 매우 특이했다. 링컨이 자세히 살펴보니 파리 한 마리가 말을 계속 귀찮게 했다. 보다 못한 링컨이 말을 괴롭히는 파리를 쫓아주려고 팔을 들어 올리자 일하던 농부가 링컨을 말렸다.

"그냥 내 버려두세요. 그 파리 때문에 이 늙은 말이 그나마 몸을 움직이고 있으니."

링컨은 당시 농부가 했던 이 말을 마음속 깊이 담아 두었다. 세월이 흘러 링컨은 대통령이 되었다. 그의 주변에는 많은 정적이 있었고, 그들은 링컨을 지독하리만큼 괴롭히고 공격했다. 그런데 그때 링컨은 농부가 했던 말을 기억하면서, 그들 때문에 자신이 더 열심히 일할 수 있으니 도리어 그들에게 감사해야 마땅하다는 마음까지 가졌다. 이처럼 감사는 놀라운 기적을 창조한다.

우리 주위에 우리를 못마땅하게 여기며 적대적인 말이나 행동을 거침없이 표현하는 사람들이 있으면 삶이 얼마나 힘들겠는가? 직장생활이나 사회생활 중 누구도 이

> "감사하는 마음, 그것은 자기가 아닌 다른 사람에게 보내는 감정이 아니라 실은 자기 자신의 평화를 위한 것이다. 감사하는 행위, 그것은 벽에 던지는 공처럼 자신에게로 돌아온다."

런 사람들을 만나고 싶지 않다. 그러나 우리의 희망과는 달리 살다 보면 온갖 종류의 사람들을 만난다. 아무 이유도 없는데 헐뜯는 사람이나 헛소문을 퍼

트려 곤경에 빠뜨리는 사람들을 만난다. 이런 사람들과 만남은 삶을 고통스럽게 한다. 이런 고통의 때에 우리는 어떻게 해야 할까? 이런 일을 당할 때, 우리도 링컨처럼 할 수 있어야 한다. 그래야 행복하고 모두에게 인정받는 성공적인 인생을 살 수 있다.

그런 사람들로 인해 더 열심히 인생을 살 수 있고,

그런 사람들로 인해 나 자신을 더 철저히 지켜 낼 수 있으며,

그런 사람들로 인해 더 철저히 주변 단속을 할 수 있는 것으로 생각하면서 그들로 인해 도리어 감사하는 것이다. 물론 어려운 일일 것이다. 하지만 충분히 도전해볼 만한 가치가 있다고 확신한다.

한편, 정말 놀랍고 기적과 같은 용서를 보여준 인물이 있다. 일제의 신사참배 강요에 맞서 저항한 항일 운동가이기도 한 손양원 목사가 두 아들의 순교 소식을 듣고 즉시 하나님 앞에 감사 기도를 드렸고, 두 아들을 죽인 원수를 살려내 양자 삼았다는 일화는 정말 유명하다.

다음은 손양원 목사가 두 아들의 발인예배 때 한 감사 내용이다.

"여러분, 내 어찌 긴 말의 답사를 드리리요. 내가 아들들의 순교를 접하고 느낀 몇 가지 은혜로운 감사의 조건을 이야기함으로써 답사를 대신할까 합니다."

첫째, 나 같은 죄인의 혈통에서 순교의 자식들이 나오게 하셨으니 하나님께 감사합니다.

둘째, 허다한 많은 성도 중에 어찌 이런 보배들을 주께서 하필 내게 맡겨주셨는지 그 점 또한 주께 감사합니다.

셋째, 3남 3녀 중에서도 가장 아름다운 두 아들 장자와 차자를 바치게 된 나의 축복을 하나님께 감사합니다.

넷째, 한 아들의 순교도 귀하다 하거늘 하물며 두 아들의 순교이리요, 하나님, 감사합니다.

다섯째, 예수 믿다가 누워 죽는 것도 큰 복이라 하거늘 하물며 전도하다 총살 순교 당함이리요, 하나님, 감사합니다.

여섯째, 미국 유학 가려고 준비하던 내 아들, 미국보다 더 좋은 천국 갔으니 내 마음 안심되어 하나님, 감사합니다.

일곱째, 나의 사랑하는 두 아들을 총살한 원수를 회개시켜서 내 아들 삼고자 하는 사랑의 마음을 주신 하나님께 감사합니다.

여덟째, 내 두 아들의 순교로 말미암아 무수한 천국의 아들들이 생긴 것이 믿어지니 우리 아버지 하나님께 감사합니다.

아홉째, 이 같은 역경 중에서 이상 여덟 가지 진리와 하나님의 사랑을 찾는 기쁜 마음, 여유 있는 믿음 주신 우리 주 예수 그리스도께 감사합니다.

끝으로, 나에게 분수에 넘치는 과분한 큰 복을 내려주신 하나님께 모든 영광을 돌립니다.

만일 보통 사람들처럼 자기 아들을 죽인 원수를 원망하고 슬퍼하기만 했다면 화병이 나거나 평생을 지옥 속에서 살았을 것이다. 그러나 원수를 용서하고 오히려 감사하는 마음이 손양원 목사의 남은 인생을 천국으로 살 수 있도록 했을 것이다. 용서와 감사는 위대한 기적을 낳는다.

감사는 기적을 창조한다.

— 미상

우리는 불평을 가짐으로 불평을 말하게 되는데 모든 것을 참고 감사하면 불평은 사라진다.

— 헬렌 켈러

불행할 때 감사하면 불행이 끝나고, 형통할 때 감사하면 형통이 연장된다.

— 찰스 스펄전

감사하는 마음은 타인을 향하는 감정이 아니라 자신을 향하는 감정이다.

— 이어령

누군가는 먹을 것이 있어도 먹을 수 없고, 누군가는 먹고 싶어도 먹을 것이 없다. 그러나 우리는 먹을 것도 있고, 먹을 수도 있다. 그러니 신께 감사하라.

– 로버트 번스

감사는 최고의 항암제요, 해독제요, 방부제다.

– 존 헨리

의식 있는 사람은 자신이 갖지 못한 것에 대해 슬퍼하지 않고, 자신이 갖고 있는 것에 대해 기뻐한다.

– 에픽테토스

행복과 풍요로운 인생은 "감사합니다."라고 하는 간단한 말로 시작하며, 그때부터 인생은 가볼 만한 여행이 된다.

– 린다 캐플런 탤러

감사의 마음은 창조적인 반응과 삶의 힘을 증진시켜준다.

– 스트라잇

감사하는 마음은 거만해지지 않도록 하며 조용하고 겸손한 인간을 만든다.

– 보도 새퍼

배은망덕은 자연스러운 들풀 같아서 가꾸지 않아도 무성하지만, 감사는 장미와 같아서 물을 주어 곱게 기르고 사랑해야만 자란다.

– 카네기

감사하는 마음의 밭에는 절망의 씨가 자랄 수 없다.

– 피터 쉐퍼

사람들이 감사하지 않을 때 인간성을 상실하게 된다. 사람의 됨됨이는 그 사람의 감사 태도로 알 수 있다.

– 엘리 바젤

마귀에게는 감사가 없다. 감사는 하나님께 속한 것이고, 불평은 마귀에게 속한 것이다.

– 마틴 루터 킹

없어진 것을 한탄할 것이 아니라 남아 있는 것을 헤아려 감사하라.

– 헤럴드 러셀

하루에도 수백만 가지의 기적이 일어나지만, 그 기적을 기적으로 믿는 사람에게만 기적이 된다.

– 로버트 슐러

앞날에 있는, 알지 못할 그 축복들에 감사하라.

– 아메리카 원주민 속담

원하는 것을 손에 넣을 수 없다면, 손 닿는 곳에 있는 것을 사랑하라.

– 프랑스 속담

빵이 생명의 양식이듯 감사는 영혼의 양식이다.

– 프리실라 웨인

감사를 많이 한다고 해서 힘든 시기가 오지 않은 것은 아니다. 그러나 감사는 이러한 시기를 큰 상처 없이 잘 넘기게 해주며 삶을 오히려 풍성하게 만들어준다.

– 뇔르 C. 넬슨

그대가 매일 아침 눈을 떠 가장 먼저 해야 할 일은 무사히 아침을 맞았음을 감사하는 일이다.

– 프랑스 속담

감사하는 법을 배울 때 우리는 인생에서 나쁜 일이 아니라 좋은 일에 집중하는 법을 배우는 것이다.

– 에이미 반데빌트

감사라는 보석을 지닌 사람은 누더기를 걸치고 있어도 행복하다.

— 매튜 헨리

그대가 평생 감사하는 마음을 가져야 할 대상이 셋이 있다. 그것은 바로 부모와 스승과 조국이다.

— 이스라엘 격언

감사는 창의력을 증진하고 삶에 큰 활력을 준다.

— 스트라잇

항상 기뻐하십시오 늘 기도하십시오 어떤 처지에서든지 감사하십시오 이것은 그리스도 예수를 통해 여러분에게 보여주신 하나님의 뜻입니다

— 데살로니카1서 5:16~22

교만은 감사의 마음을 죽인다. 그러나 겸손한 마음은 감사가 자연히 자라게 하는 토양이다.

— 헨리 워드 비처

다른 공부보다 먼저 감사할 줄 아는 방법부터 배워라. 감사의 기술을 배울 때 그대는 비로소 행복해진다.

— 제임스 깁슨

감사하는 사람은 젊어진다.

– 칼 힐티

감사 기도는 가장 강력한 위력이 있다.

– 칼빈

사람이 얼마나 행복한가는 그의 감사의 깊이에 달려 있다.

– 존 밀러

내 몫으로 돌아온 것이 비록 작더라도 만족하고 감사하게 여겨라.

– S. 스마일즈

행복은 바로 감사하는 마음이다.

– 조셉 우드 크루치

감사하는 마음에는 사탄이 슬픔의 씨앗을 뿌릴 수 없다.

– 노르웨이 속담

비위에 맞을 때 하는 수천 번의 감사보다 이와 어긋날 때 드리는 한 번의 감사가 더 값지다.

– 아빌라

가장 축복받는 사람이 되려면 가장 감사하는 사람이 되어라.

- C. 쿨리지

나의 주된 인생관은 모든 것을 감사함으로 받고 당연한 것으로 여기지 않도록 연습하는 것이다.

- 체스터튼

감사는 과거에 주는 덕행이라기보다 미래를 살찌게 하는 덕행이다.

- 영국 속담

나는 감사할 줄 모르면서 행복한 사람을 한 번도 만나보지 못했다.

- 지그 지글러

하루 한 번 감사하는 습관은 부가 당신에게 흘러갈 통로로 작용한다.

- 월러스 워틀스

감사하는 태도가 나, 주위 사람들 그리고 세상까지 환하게 만들어준다.

- 켄 블랜차드

감사하기는 삶을 풍요롭게 해주는 확실한 방법이다.

- 마시 시모프

항상 즐겁게 생활하고 싶으면 사소한 일에 화내지 말 것이며, 가장 행복한 사람은 가장 많이 소유한 사람이 아니라 가장 많이 감사하는 사람이다.

－ 빌헬름 웰러

말로만 감사하는 것은 진정한 감사가 아니다. 진정한 감사는 마음으로 감사하고 행동으로 나타내는 것이다.

－ 윌리엄 블레이크

당신이 가진 것에 감사하세요. 결국 더 많이 갖게 될 것입니다.

－ 오프라 윈프리

마음에 감사함을 심는 것은 절대로 헛수고가 아니다. 감사를 심으면 틀림없이 보상을 얻게 되기 때문이다.

－ 바실

다리가 부러졌다면 목이 부러지지 않은 것에 대해 감사하라.

－ 웨일스 속담

그대가 모든 것을 가질 수 없다 해도 그대가 가진 것에 최선을 다해 감사하라.

－ 랄프 왈도 에머슨

인류의 첫 번째 범죄는 감사의 결핍에서 비롯된 것이다.

— 쉐퍼

감사하는 사람은 진흙 속에 살면서도 그것을 은혜로 안다. 그 이유는, 보석은 진흙 속에서도 보석이기 때문이다.

— 매튜 헨리

만족과 행복을 찾는 가장 빠르고 확실한 방법은 어떤 일이 일어나든지 그 일에 대해서 무조건 감사하는 것이다.

— 로우 윌리엄

감사를 통해 인간은 부자가 된다.

— 디트리흐 본회퍼

감사는 의욕만으로 되는 것이 아니며 내면에 평화를 깃들게 하는 습관이다.

— 뇔르 C. 넬슨

다른 면에서는 모두 바르게 살아가는 수많은 사람들이 감사함을 느끼지 않아서 가난에 허덕인다.

— 월러스 워틀스

감옥과 수도원의 공통점은 세상과 고립되어 있다는 점이다. 그러나 차이가 있다면 불평을 하느냐, 감사를 하느냐 그뿐이다. 감옥이라도 감사가 넘치면 수도원이 될 수 있다.

– 마쓰시타 고노스케

어떤 사람이 가장 부유한 사람인가? 자신이 가진 것에 감사하는 사람이다.

– 탈무드

감사하라. 그러면 젊어진다. 감사하라. 그러면 발전이 있다. 감사하라. 그러면 기쁨이 있다.

– 칼 힐티

손안에 얼마나 많은 것을 쥐었는지는 그대의 행복과 아무런 관계가 없다. 그대 마음속에 감사가 없다면 그대는 파멸의 노를 젓고 있는 것이다.

– 제임스 깁슨

나는 흑인으로 태어난 것을 감사한다.

– 마틴 루터 킹

감사는 환경의 문제가 아니라 믿음의 문제다.

– 매튜 헨리

감사는 성공을 이끄는 중요한 동기 부여이자 평범한 사람들을 성공에 이르게 하는 에너지의 근원이다.

– 도널드 트럼프

나는 나의 역경에 대해서 하나님께 감사한다. 왜냐하면 나는 역경 때문에 나 자신, 나의 일 그리고 나의 하나님을 발견했기 때문이다.

– 헬렌 켈러

감사를 습관화한 사람의 평균 수명이 그렇지 않은 사람보다 길 수밖에 없다.

– 로버트 에먼스

당신이 지금 가지지 못한 것을 소유하고자 하는 욕망에 사로잡히기보다는, 당신이 가진 축복들을 헤아려보라.

– 마르쿠스 아우렐리우스

하루에 일만 번씩만 감사하면 못 고칠 병이 없다.

– 후지다

감사는 긍정적인 엔도르핀을 분비해 건강하게 해준다.

– 샤론 허프맨

나는 감옥에서도 물을 마시며 감사했고, 음식을 먹으며 감사했고, 강제 노동을 할 때도 감사했다. 그랬더니 세상의 모든 즐거움이 나를 감쌌다.

— 넬슨 만델라

감사하는 사람들은 인생의 힘들고 비통한 기억 속에서도 기뻐하는 법을 배운다.

— 헨리 나우웬

서로 관계가 좋을 때 상대방을 향한 감사를 비축해두면 어려운 시기에 큰 도움이 된다.

— 뇔르 C. 넬슨

감사하는 마음, 그것은 자기 아닌 다른 사람을 향하는 감정이 아니라, 자기 자신의 평화를 위하는 감정이다. 감사하는 행위, 그것은 벽에다 던지는 공처럼 언제나 자기 자신에게로 돌아온다.

— 이어령

갖고 있는 것에 감사하세요. 그러면 결국 더 많이 갖게 될 거에요. 만약 갖고 있지 않은 것에 집중하게 되면 당신은 절대로 평생 충분히 갖지 못할 거에요.

— 오프라 윈프리

감사는 고결한 영혼의 얼굴이다.

— 토머스 제퍼슨

나에게 그것들이 없었다면 나는 얼마나 그것을 갈망했을 것인가를 생각해 보고 감사하게 여겨라.

— 마르쿠스 아우렐리우스

항상 기뻐하라 쉬지 말고 기도하라 범사에 감사하라 이것이 그리스도 예수 안에서 너희를 향하신 하나님의 뜻이니라

— 살전 5:16–18

세상에서 가장 지혜로운 사람은 배우는 사람, 세상에서 가장 행복한 사람은 감사하며 사는 사람

— 탈무드

감사 일기를 만들어 매일 밤 고마운 것들 5가지를 적어라. 새로운 희망을 갖게 될 것이다.

— 오프라 윈프리

감사는 마음의 기억이다.

— J. B. 마시외

대부분의 인간이 가진 감사한 마음은 더 큰 은혜를 얻으려는 은밀한 욕심에 지나지 않는다.

– 라 로슈푸코

남에게 베푼 이익을 기억하지 말라. 남에게 받은 은혜를 잊지 말라.

– 바이런

감사는 예의 중에 가장 아름다운 형태다.

– J. 마르뎅

작지만 "고맙다."라는 말 속에는 마법이 들어 있다.

– 아나스 로에일

작은 감사가 큰 감사를 낳는다.

– 알렉스 헤일리

감사하라. 그러면 그대는 영원한 잔치를 즐길 것이다.

– 맥더프

불행할 때 감사하면 불행이 끝나고, 형통할 때 감사하면 형통이 연장된다.

– 스펄전

우리는 삶이 곧 역경이 될 수 있다는 점을 잘 안다. 몸이 망가지고 악기 줄이 끊어지며, 자녀를 비극적으로 잃고, 직장에서 불공평하게 쫓겨날 수 있는 것이 삶이다. 이러한 일들은 대부분 받아들이기 힘들다. 하지만 감사는 이러한 혼돈 속에서 의미와 일종의 자족을 찾는 데 도움이 된다.

– 제니스 캐플런